管理者终身学习

SPSS 其实很简单

第 3 版

罗纳德·约克奇（Ronald D.Yockey）／著
胡 强 译
李静萍 校译

SPSS DEMYSTIFIED

中国人民大学出版社
·北京·

译者序

作为一名统计学老师，我多次给非统计专业的学生讲过统计学。与本书作者一样，对学生们在学习和应用统计学的过程中所产生的畏难情绪和焦虑感深有体会，也深知拥有一本好的统计软件使用手册对于他们多么重要。当完成本书的校译之后，发现书如其名，确实可以让读者产生 SPSS 其实很简单的体会，我觉得当初接下这个翻译工作还是很值得的。

本书的突出特点有两个。首要是细致。作者选取了十几种最基本也是最常用的统计方法，介绍在 SPSS 中使用这些方法的详细步骤，从数据输入、到数据分析、再到输出结果的解读，各个环节的操作和设置，作者不厌其烦，一一讲来。对于读者而言，一定会产生作者在手把手指导的感觉，只要按照教材去做，绝无做不出来的道理。其次是严谨。作者在每章都以案例开头，对案例中的变量类型加以说明，然后按照统计分析的规范流程（提出假设→数据分析→结果解释→结果报告）展示统计方法的应用。如果读者在自己的学习和研究中遵循本书的分析流程，应该会避免很多对统计方法的误用。

本书的细致可以帮助读者轻松使用 SPSS，本书的严谨则可以帮助读者正确使用统计方法。学完本书后，既能会用统计，又能用对统计，还担心什么呢？

跟着作者动手去操作吧，SPSS 真的很简单！

前　言

对社会科学和行为科学的学生来说，统计学毫无疑问是最令人生畏的课程之一。初次接触统计课程时，他们往往会对课程内容感到忧虑、害怕或格外焦虑。虽然 IBM SPSS Statistics 软件（SPSS）易于上手，但考虑到自己还要再学一个新软件，心有焦虑的学生会认为学习任务难以完成。

我深知学生们对统计学的焦虑（这种焦虑会影响其表现），因此在本书中融入一些新元素，以缓解学生们的焦虑情绪，同时帮助他们用 SPSS 分析数据，积累经验。下文介绍本书的主要特点。

本书特点

本书偏向实践，即在通读各章节时，读者也能在自己电脑上执行分析。为了帮助读者上手，本书采用一种循序渐进的方式，即每章均以创建变量开始并以 APA（American Psychological Association）格式书写的报告结束。SPSS 中所执行的每步操作，书中均给出截图，同时借助文本框和箭头突出重要信息。这些特点都是为了让读者在使用 SPSS 时能有一种用户友好的成功体验，最终目的是减轻焦虑。它们（还有本书的一些其他特点）的详细介绍见表 1。

表 1　本书特点

特点	介绍
数据分析的四个步骤	每个章节中[a]，数据分析的过程都分为 4 个易于遵循的步骤，包括： 步骤 1：创建变量。创建变量并输入必要的值标签。 步骤 2：录入数据。阐明正确的数据文件结构。 步骤 3：分析数据。阐明如何在 SPSS 中通过使用下拉菜单执行正确分析。 步骤 4：解释输出结果。讨论每张输出表格，并在第 4～16 章给出用 APA 格式书写的示例报告。
截图	各章节均配以截图，用于帮助读者在通读各章时跟上所述内容。
文本框和箭头	用文本框和箭头来突出重要信息并使读者注意 SPSS 中容易引起混淆的地方（例如，进行单样本 t 检验时，在检验值方框输入什么）。
研究问题以及原假设和备择假设	给出每个程序的研究问题以及原假设和备择假设，用以帮助读者更好地在数据和研究问题之间以及数据与假设之间建立联系（适用于第 5～16 章）。

续表

特点	介绍
效应值	介绍如何计算、报告和解释效应值（建议用 APA 格式报告效应值，并且向几本杂志投稿时，须在文章中包含效应值；适用于第 5～14 章和第 16 章）。
假设条件	给出每个推断程序的假设条件，还有违反假设条件情况下准确性所受影响。这有助于读者自己判断数据是否符合统计程序的要求。

a. 第 3 章中不包括步骤 1 和步骤 2。

除了表 1 中介绍的特点之外，各章结尾均附有练习，答案见附录 B。建议学生自主做题，从而积累更多精通统计和 SPSS 的经验。

本书内容及框架

本书的读者对象为参加初级统计学或研究方法课程的学生，也可以是参加中级统计学和研究生计量方法课程的学生。初级统计学或研究方法课程所讲授的内容有：描述性统计、t 检验、主体间单因素方差分析、主体内单因素方差分析、主体间双因素方差分析、卡方检验、相关系数和回归分析。在中级统计学和研究生课程中讲授的内容有：主体间双因素方差分析（第 9 章）、多元回归分析、主体内有交互作用的方差分析和可靠性。因为每个班级所讲授的内容可能不同，所以本书各章的教学内容是独立的，教师可以依据其课程目标及学生需要选用最合适的章节。

关于本书框架，本书分为两部分。第一部分包括 SPSS 介绍（第 1 章）、描述性统计（第 2 章）、如何用 SPSS 绘制不同图形（第 3 章）和用 alpha 系数估计量表可靠性的内在一致性（第 4 章）。第二部分介绍推断统计，包括 t 检验（第 5、6、7 章）、方差分析（第 8、9、10、11 章）、相关系数（第 12 章）、一元回归与多元回归（第 13、14 章）以及卡方检验（第 15、16 章）。此外，数据转换和有关数据库管理的其他主题见附录 A。

对于初次使用 SPSS 并想通过本书了解具体步骤的读者，读完介绍内容后，你应该就可以转向相应章节，根据相关指令录入并分析你的数据。

书中使用的格式

就书中格式而言，变量和重要术语都以**加粗**形式呈现。当涉及具体窗口、对话框或者对话框中的选项时，使用楷体字（若为英文使用斜体）。楷体字（英文斜体）也用于被录入 SPSS 的信息（变量除外）。

SPSS 24 版本（以及以前版本）

虽然本书内容是基于 SPSS 24 版本所写的，但使用以前版本去分析数据，读者应该也不会觉得有困难。对于将在书中介绍的程序，所有的近来版本（SPSS 23 版、22 版、21 版、20 版和更早版本）都非常类似。再看输出结果中的表格，本书采用经典样式，因为我相信教材格式比 SPSS 24 版中使用的默认样式更易于阅读和解释。这一改变只在表格格式上存在较小差异，例如表格线和底纹的使用，表中数字和结果完全一致。如果有兴趣的话，你也可以在自己的电脑上将表格转换成经典样式。为转成经典样式，请在菜单栏依次选择编辑，选项，再选中透视表标签，然后在表外观方框内选择〈经典缺省〉并单击确定。设置后，任何新的输出结果将以本书所采用的经典样式呈现。这些样式差别仅指输出结果中的表格，书中数据视图窗口与其他所有截图以及菜单命令都与 IBM SPSS 24 版的默认格式完全相同。

致　谢

本书已经出到第 3 版，我想对所有帮助过我的人表达谢意，包括审稿人、编辑和校对本书的朋友。我还要特别感谢我这些年来的所有学生，他们的问题和反馈为我提供了极其宝贵的信息，我从中学到了统计学和 SPSS 的授课经验。感谢 Routledge 的高级责任编辑 Hannah Shakespeare，不仅要感谢她对我的一贯支持，还要感谢她对本书第 3 版非常及时且有用的反馈。

虽然我已经努力写书，想“解密”用 SPSS 分析数据的过程，但我是否做到这一点还得让你来评判。我真诚地希望本书能够帮助你成功分析并解读你的数据。如果你对本书有任何反馈，请随时联系我（ryockey@csufresno. edu；还请你在电子邮件的主题行注明 SPSS Demystified）。

既然你已了解我们将在本书采用的方法和将在本书介绍的主题，就开始阅读吧。潜心学习是我所知道的最好方法。

罗纳德·D. 约克奇

目　录

第一部分　SPSS 介绍，描述性统计，绘制图形和用系数 alpha 计算信度

第二部分　推断统计

第一部分

SPSS介绍，描述性统计，绘制图形和用系数alpha计算信度

此部分为本书第一单元。第1章介绍 SPSS 软件，包含创建变量、录入并分析数据、保存文件和打印结果。第2章介绍如何使用 SPSS 去进行一些描述统计分析，包括频率、集中趋势的测度和变异性的测度。第3章阐述怎样在 SPSS 中绘制各种图形，包括条形图、直方图、散点图和箱形图。最后，第4章介绍如何在 SPSS 中用系数 alpha 表示内在一致性信度的估计。

第1章
SPSS介绍

本章介绍 SPSS 软件程序，包含启动 SPSS，创建变量，录入数据，用下拉菜单进行基础分析，保存文件和打印结果。让我们从启动 SPSS 开始。

启动 SPSS

要启动 SPSS，你首先需要在电脑中找到它的位置。SPSS 应该位于如下一个或者多个地方：

1. 在电脑桌面（电脑桌面是电脑屏幕上工作空间的主要区域）上，显示为一个图标[1]（）。

2. 在程序菜单中。

3. 在快速启动工具栏（快速启动工具栏位于电脑屏幕下方，在开始按钮右侧）。

接下来分别介绍从上述位置启动 SPSS 的步骤（为避免在电脑上打开多个 SPSS 软件，只需从如下方法中选择一种即可）。

从屏幕图标启动 SPSS

1. 在电脑桌面上找到 SPSS 图标（）。

2. 双击[2]该图标。SPSS 就会立即启动。

从程序菜单启动 SPSS

1. 单击开始按钮（）。

2. 单击程序（或者所有程序），若电脑为 Windows 10 版本则不需要此步骤。

3. 找到并点选 IBM SPSS Statistics。

4. 点选 IBM SPSS Statistics 24（如果版本不是 24，则选择你正在使用的当前版本）。详细情况可见图 1－1。

从快速启动工具栏启动 SPSS

根据你的电脑配置，你可能已将 SPSS 图标放入开始按钮右侧的快速启动工具栏。如果你在开始按钮右侧找到 SPSS 图标，单击它即可启动 SPSS 程序。

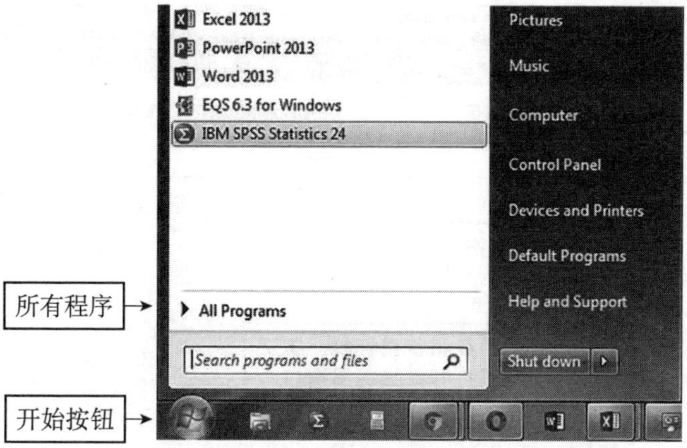

图1-1　从程序菜单启动SPSS

注：虽然你的屏幕不一定与上面完全一致，但是SPSS应该在你电脑的程序菜单中。

图1-1中，SPSS图标是开始按钮右侧第二个图标。

如果你还未启动SPSS，从上述方法中选择一种即可。

数据编辑器窗口

成功启动SPSS后，电脑屏幕上会出现数据编辑器窗口（数据编辑器窗口见图1-2）。可用数据编辑器窗口在SPSS中创建变量和录入数据。窗口最上方显示的是SPSS文件名称（英文版“Untitled”和汉化版“无标题”表示该文件还未被赋予名称）。文件名称下方是菜单栏，它包含数个不同菜单选项（文件、编辑、查看，等等），可用这些菜单选项在SPSS中完成多种不同任务（例如保存文件，打印结果，等等）。位于菜单栏正下方的是一行工具栏按钮，单击它们可以快速访问相应选项。数据编辑器窗口的主要区域由若干白色矩形框（也称作单元格）组成，它们被用于录入数据。

数据编辑器由两个不同窗口组成，它们分别是数据视图窗口和变量视图窗口。这两个窗口都可以通过单击屏幕左下角的相应标签进行访问。金色背景标签表示二者中当前正被访问的窗口（图1-2表示当前打开的是数据视图窗口）。如果你电脑上当前打开的不是数据视图窗口，那么单击数据视图标签即可打开它。

接下来，我们将分别讨论数据视图窗口和变量视图窗口。

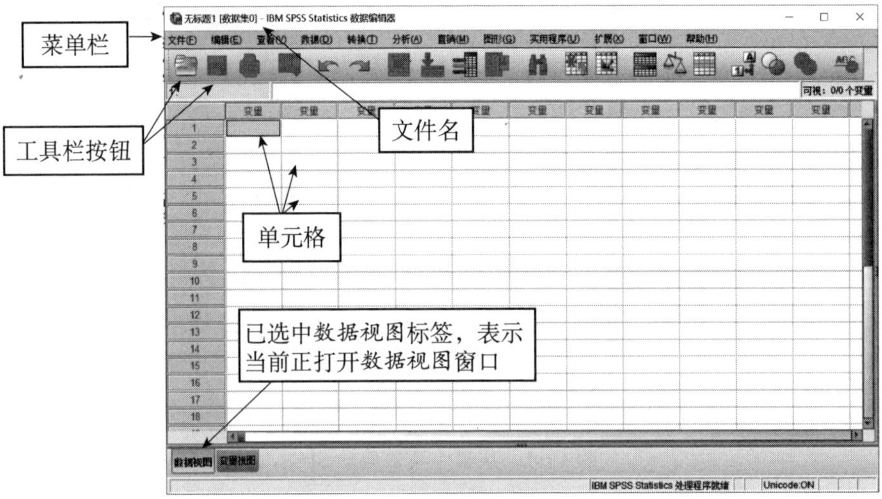

图 1-2　SPSS 中的数据编辑器窗口（已选中数据视图标签）[3]

数据视图窗口

数据视图窗口是 SPSS 中用于录入数据的窗口。如图 1-3 所示，数据视图窗口的主要区域由单元格组成，可向这些单元格录入**数据**（数据通常为数字，也可以是字母或者符号）[4]。数据视图窗口的每行均被编上行数（如图 1-3 所示 1～25 行），所有列均以“变量”为初始名称。第一个单元格（位于左上角的单元格）的背景为金色，这表示它处于**现用**状态或已经准备好接受数据输入。

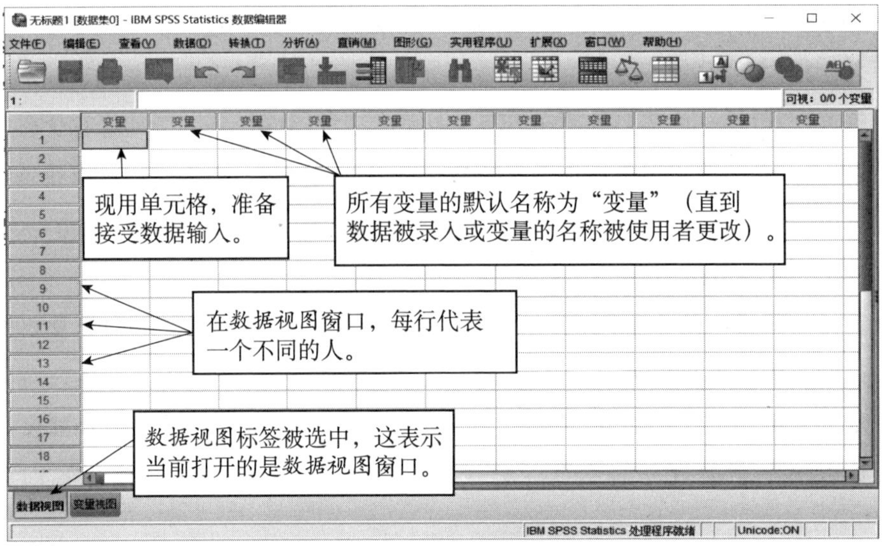

图 1-3　SPSS 中的数据视图窗口

数据视图窗口——SPSS中用于录入数据的窗口。

变量视图窗口

变量视图窗口用于在SPSS中创建变量和对数据文件添加信息。可通过单击屏幕左下方的变量视图标签对变量视图窗口进行访问。由于当前打开的是数据视图窗口，我们需要单击变量视图标签来打开变量视图窗口。

通过单击变量视图标签打开变量视图窗口。变量视图窗口如图1-4所示。

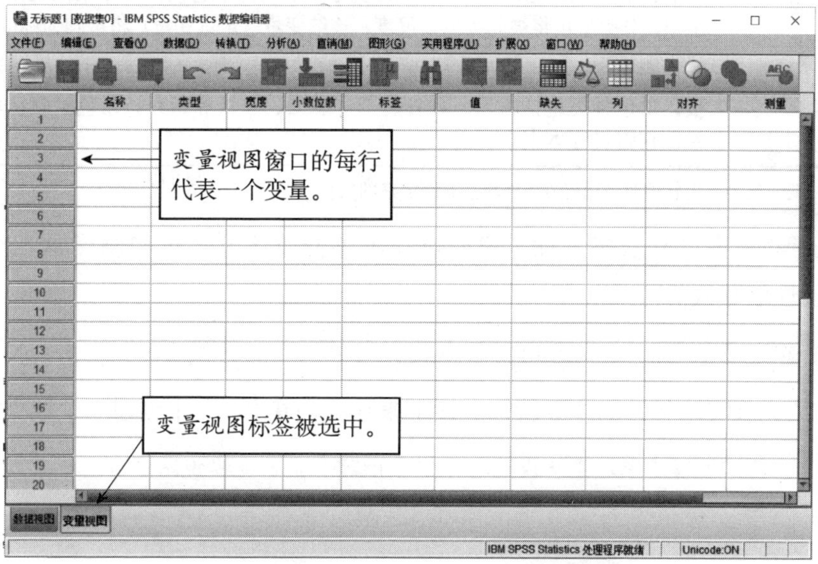

图1-4 SPSS中的变量视图窗口

与数据视图窗口情况类似，变量视图窗口的每行均被标上行数，窗口的主要区域由若干单元格组成。与数据视图窗口不同的是，变量视图窗口中各列有不同名称和不同功能。具体介绍见表1-1。

表1-1 变量视图窗口各列名称及功能

列名称	功能
名称	名称用于为变量命名。变量名称长度最长为256个字符。变量名称可以是中文名称，也可以是英文名称，其中英文名称必须以字母开头。任意两个变量的名称不能相同。变量名称中不允许有空格。
类型	类型表示变量的数据类型。SPSS中的不同数据类型包括数值、逗号、点和科学记数法，等等。本书中，我们将处理数值数据。
宽度	宽度表示数据视图窗口所显示字符的数目，其默认值为8。
小数位数	小数位数表示数据视图窗口所显示小数的位数，其默认值为2。

续表

列名称	功能
标签	标签用于描述变量。标签的字符长度应不大于256。录入标签列的信息将会出现在打印结果中。
值	值用于编码分类变量（分类变量将在后文予以介绍）。它的使用将贯穿本书。
缺失	缺失表示数值被读作缺失数据（缺失数据表示变量的特定取值不可获得或缺少）。缺失的默认值是一个句点，即“.”。
列	列表示数据视图窗口所显示各列的宽度，默认值为8个字符。
对齐	对齐可在数据视图窗口中将数据放在单元格的左边、右边或中间。默认对齐方式是靠右对齐。
测量	测量表示变量的度量水平，可选的为名义、有序和标度。在本书的几乎所有例子中，分类变量将被归为名义尺度，连续变量（定量变量）将被归为标度尺度。
角色	角色在SPSS中是一个相对较新的特征，它考虑用于特定对话框的预分类变量。角色种类包括输入、目标、两者、无、分区和拆分。角色的默认值是输入，它将贯穿本书。

注：默认值为开启软件时就已经在SPSS中被设定好的数值。

变量视图窗口有众多属性。我们仅在本书修改名称、值和测量这三个属性（其余属性取默认值）。

变量视图窗口——SPSS中用于为数据文件创建变量和添加信息的窗口。

介绍完数据编辑器的主要特征，接下来让我们在SPSS中创建一个数据文件。

记住：在数据编辑器中，变量视图窗口用于创建变量，数据视图窗口用于录入数据。

在SPSS中创建数据文件

SPSS数据文件是一个包含一个或多个变量信息（数据）的计算机文件。**变量**是两个或多个数值具有的属性或特征。

数据文件——包含一个或多个变量信息的计算机文件。

变量——两个或多个数值所具有的属性或特征。

为了在SPSS中创建数据文件，我们将使用表1-2所示数据集。表1-2包含5个人的数据，数据有关这5个人的**性别**、**年龄**、**就业状况**和**智商得分**（变量将在全文以黑体字形式呈现）。注意表1-2中每一行包含不同人员的目标变量取值。以第一行为例，该行显示第一个人的变量取值为：人员1是男性，23岁，已就业，智商得分为115。余下4个人的变量取值见2～5行。

表1-2 要录入SPSS的示例数据

人员	性别	年龄	就业状况	智商得分
人员1	男	23	已就业	115
人员2	男	19	未就业	90
人员3	女	32	已就业	120
人员4	女	28	未就业	90
人员5	男	18	已就业	116

注：人员列仅为了便于说明，该列不被录入SPSS。

在表1-2中，**年龄**和**智商得分**这两个变量是数值形式（变量取值为数字），**性别**和**就业状况**为字符形式（变量取值为中文或英文词组）。应记住一个要点（适用于本书涵盖的绝大部分程序），即在SPSS中对一个变量进行分析时，该变量必须是数值形式。因此，在向SPSS录入数据前，我们需要将目前是字符形式的变量（**性别**和**就业状况**）转为数值形式。稍后将介绍这一转变过程。

为性别和就业状况的各类别赋值

我们首先对**性别**的不同类别进行赋值。就赋值规则而言，只要各类别被赋予不同数值，任何数字都可用于赋值（你可以将此看作用名义尺度进行度量的例子）。为阐述该过程，我们将"男"赋值为"1"，"女"赋值为"2"。这样，我们将对数据集中每个男性录入1，对每个女性录入2。

对**就业状况**而言，我们将"已就业"赋值为"1"，"未就业"赋值为"2"。**性别**和**就业状况**被更替为数值之后，数据集如表1-3所示。

表1-3 性别和就业状况被更替为数值的修正数据

	性别	年龄	就业状况	智商得分
人员1	1	23	1	115
人员2	1	19	2	90
人员3	2	32	1	120
人员4	2	28	2	90
人员5	1	18	1	116

注：对**性别**，1="男性"，2="女性"；对**就业状况**，1="已就业"，2="未就业"。

称**性别**和**就业状况**这样的变量为分类变量。分类变量的取值为有限多个。只取两个值的分类变量（如**性别**和**就业状况**）称为二分变量。像**年龄**和**智商得分**这样的变量是连续变量。连续变量有大量的不同取值。

分类变量——取有限个值的变量。

二分变量——只取两个值的分类变量。

连续变量——有大量不同取值的变量。

数据输入和分析

现在所有变量均为数值形式，我们可以在 SPSS 中输入并分析数据。贯穿本书，数据输入和分析过程将被分为如下四个步骤：(1) 创建变量；(2) 录入数据；(3) 分析数据；(4) 解释结果。本章，每个步骤都将采用表 1－3 给出的示例数据。

步骤 1：创建变量

我们需要先创建**性别**、**年龄**、**就业状况**和**智商得分**这四个变量。为了在 SPSS 中创建变量，应遵循如下指令。

在 SPSS 中创建变量

1. 确保变量视图窗口被打开。如果它没被打开，则单击屏幕左下角的变量视图标签。

2. 变量视图窗口左上角第一个单元格的背景应为金色，即处于现用状态。如果第一个单元格不处于此状态，则单击它。

3. 在变量视图窗口的第一行，输入**性别**并按回车键。注意右边的所有单元格被填入默认值（标签的默认值是一个空的单元格）。

4. 在第 2 行，输入**年龄**并按回车键。

5. 在第 3 行，输入**就业状况**并按回车键。

6. 在第 4 行，输入**智商得分**并按回车键。至此，在 SPSS 中四个变量都已创建。

7. 最后，在测量（在变量视图窗口中倒数第 2 列）下，将分类变量**性别**和**就业状况**归为名义尺度，将连续变量**年龄**和**智商得分**归为标度尺度。详见图 1－5。

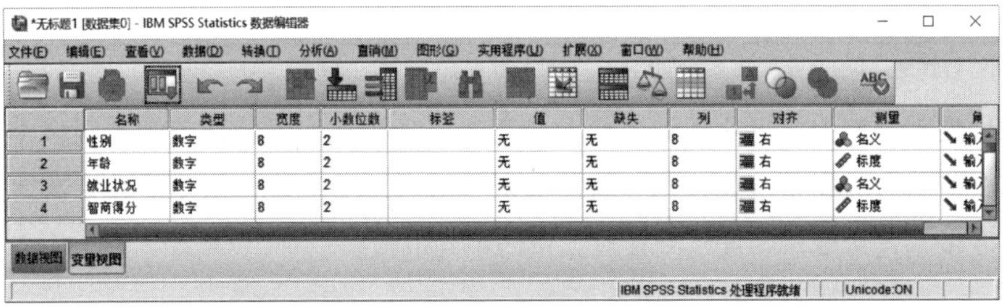

图 1－5　录入性别、年龄、就业状况和智商得分的变量视图窗口

值标签

回想一下，因为**性别**和**就业状况**需要被转为数值形式才能在SPSS中进行分析，所以我们为这两个变量的不同类别赋了值（如1，2）。你可能会发现赋值是任意的（可选用任意两个值），这是因为它们只用于区分变量的两个类别。为帮助我们更容易地记录所赋数值，我们将向SPSS录入数字，这些数字就代表不同类别（如1代表男性，2代表女性）。该过程称为创建值标签过程。我们将为**性别**和**就业状况**这两个分类变量分别创建值标签。

让我们先为**性别**创建值标签。

为性别创建值标签

1. 确保变量视图窗口被打开。在变量视图窗口的第一行（**性别**这一行），单击值列单元格。随后，省略号按钮（...）应该出现在单元格右侧[5]。

2. 单击省略号按钮。详见图1-6。

3. 弹出值标签对话框。详见图1-7。

4. 首先，我们在SPSS中将“男”赋值为“1”。对话框中，在值的右侧录入1，在标签的右侧录入男。详见图1-8。

5. 单击添加，将在添加按钮的右侧方框出现1.00=“男”。详见图1-9。

6. 接下来，我们在SPSS中将“女”赋值为“2”，即继续在值的右侧录入2，在标签的右侧录入女。

7. 单击添加。至此，在添加按钮右侧方框中应出现1.00=“男”和2.00=“女”。详见图1-10。

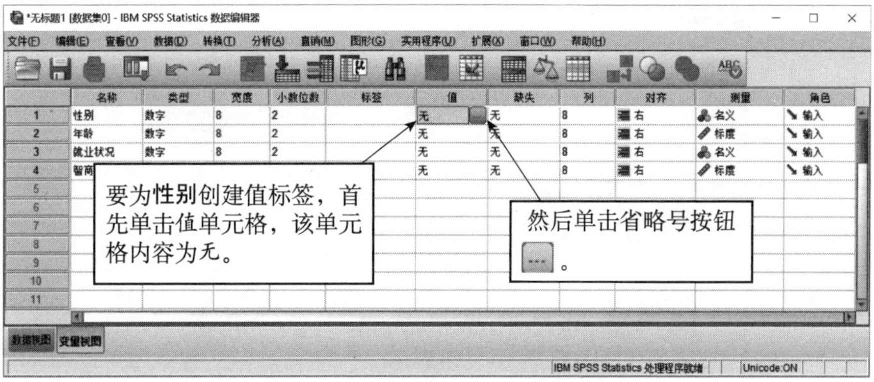

图1-6 选择性别的值单元格

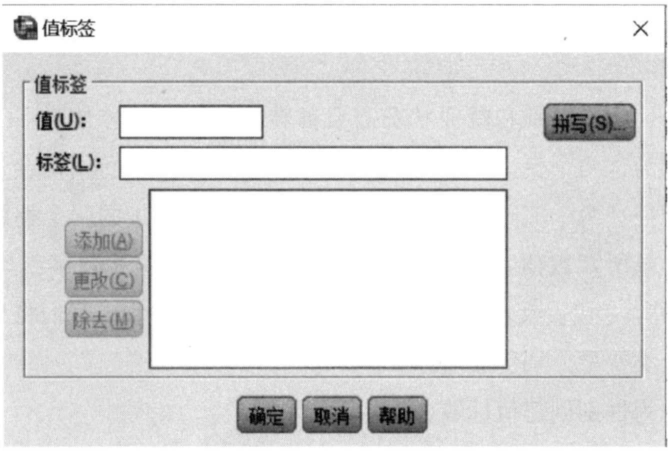

图 1-7　值标签对话框

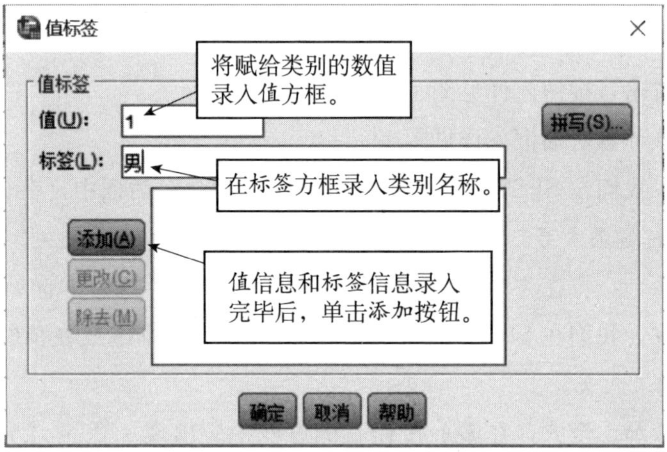

图 1-8　值标签对话框（接上图）

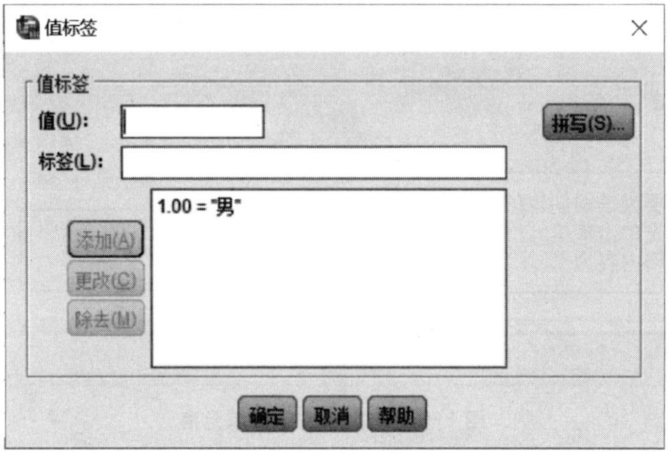

图 1-9　值标签对话框（接上图）

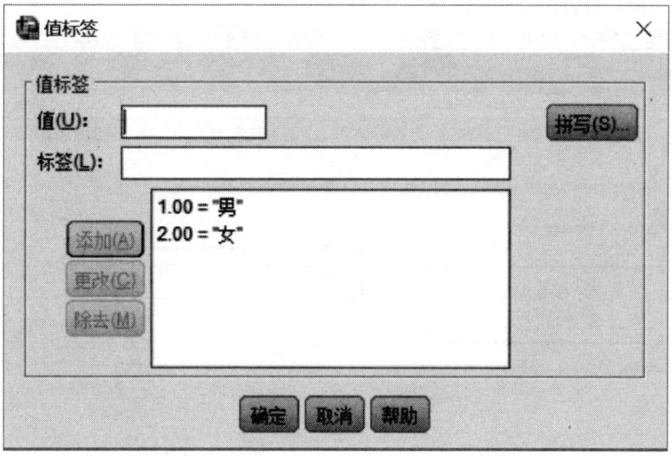

图1-10 值标签**对话框（接上图）**

8. 单击确定。

性别的值标签已被录入，接下来我们将为**就业状况**录入值标签，即“已就业”赋值为“1”，“未就业”赋值为“2”。

为就业状况创建值标签

1. 在变量视图窗口的第三行（**就业状况**这一行），单击值列单元格。

2. 单击省略号按钮（…）。

3. 弹出值标签对话框，在值的右侧录入1，在标签的右侧录入已就业。

4. 单击添加，将在添加按钮的右侧方框出现1.00=“已就业”。

5. 继续在值的右侧录入2，在标签的右侧录入未就业。

6. 单击添加。至此，添加按钮的右侧方框应出现1.00=“已就业”和2.00=“未就业”。

7. 单击确定。

性别和**就业状况**的值标签就创建好了。接下来我们将向SPSS录入数据。

步骤2：录入数据

向SPSS录入数据

1. 单击数据视图标签以打开数据视图窗口（见图1-11）。

需要注意的是，在数据视图窗口，前四列已被命名为**性别**、**年龄**、**就业状况**和**智商得分**，这与我们早先在SPSS中创建的4个变量相对应。前面提过，在数据视图窗口中，每行代表数据集里的不同人员，那么在录入数据时，第1行应包含第一个人的变量取值，第2行应包含第二个人的变量取值，其余依此类推。

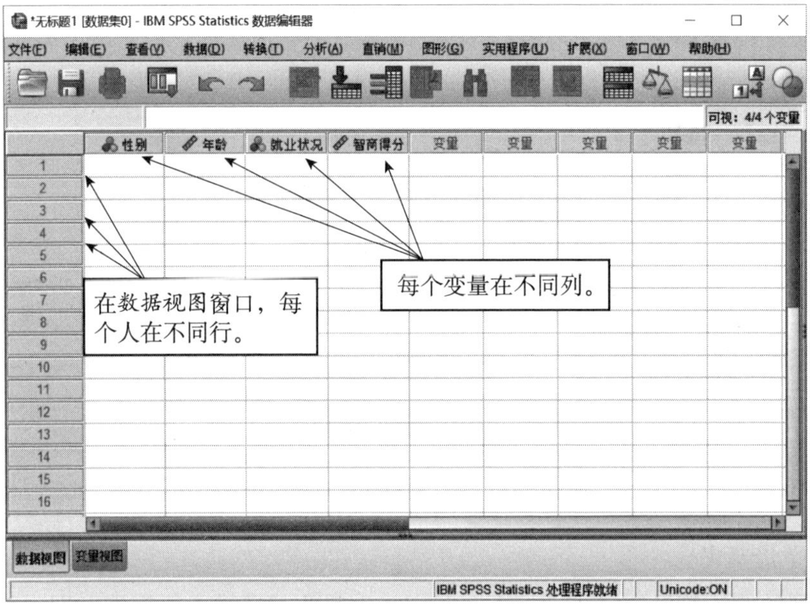

图 1 - 11　前四列显示为性别、年龄、就业状况和智商得分这四个变量的 SPSS 数据视图窗口

2. 参照表 1 - 3（示例数据集），我们将为每个人录入四个目标变量的取值。为人员 1 录入信息时，需要先单击数据视图窗口中第 1 行首个单元格，然后依次为**性别**、**年龄**、**就业状况**和**智商得分**这四个变量分别输入 1，23，1 和 115。（一个数据录入的高效做法是，在输入每个变量的取值后，敲击右箭头键（→）。例如，你将为第一个人的**性别**录入 1，敲击右箭头键后，再为**年龄**录入 23，其余依此类推。）

3. 为人员 2 录入信息时，需要先单击数据视图窗口中第 2 行首个单元格，然后依次为**性别**、**年龄**、**就业状况**和**智商得分**这四个变量分别输入 1，19，2 和 90。

4. 为其余 3 个人录入数据。完整的数据文件如图 1 - 12 所示。

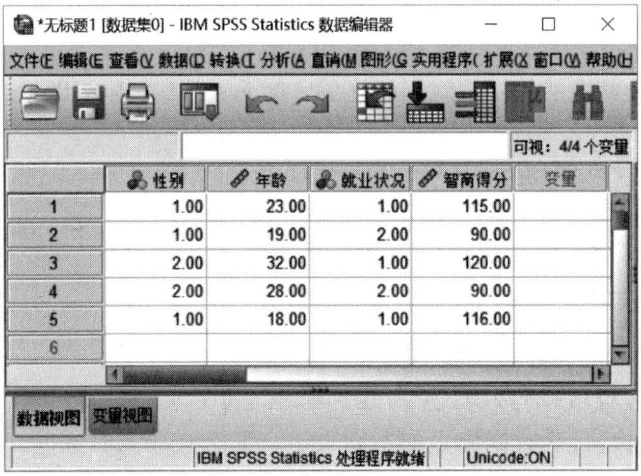

图 1 - 12　SPSS 中的完整数据文件

既然数据已全被录入，我们将在 SPSS 中进行一个简单分析。

步骤 3：分析数据

贯穿本书，我们将在 SPSS 中通过使用下拉菜单的方式对数据进行统计分析。下面以 SPSS 中一个基本程序开始我们的首次分析——通过使用个案摘要程序对每个变量生成总结报告。

在 SPSS 中执行个案摘要程序

1. 从菜单栏选择**分析>报告>个案摘要…**（见图 1－13）。（当出现菜单命令时，符号“>”表示可以继续选择。本例中，**“分析>报告>个案摘要”**表示先选择**分析**，再选择**报告**，然后选择**个案摘要**。）

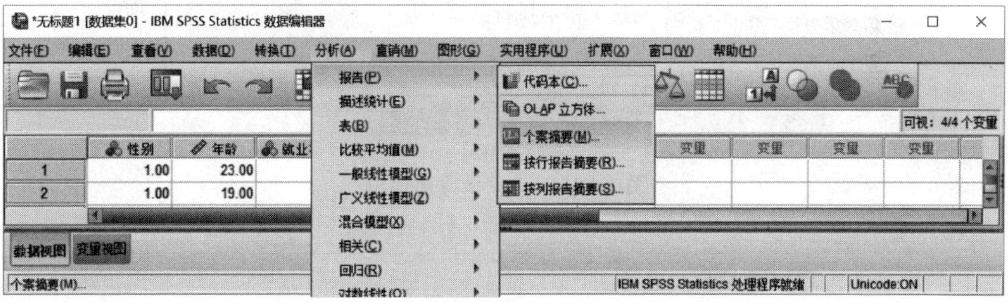

图 1－13　SPSS 中个案摘要程序的菜单命令

个案摘要对话框如图 1－14 所示，它与你将在 SPSS 中遇到的众多对话框类似。首先，可以注意到，弹出对话框时，**性别**、**年龄**、**就业状况**和**智商得分**这四个变量均位于对话框左侧。变量方框右侧是两个右箭头按钮（➡），它可将待分析变量从左侧方框移入右侧方框。还有一些执行不同操作的按钮（如统计，选项，确定，粘贴，重置，等等）。复选框用于选择是否执行选项内容。弹出对话框时就已经勾选的复选框为默认设置。

要对这四个变量执行个案摘要程序，我们需要将它们移入变量方框。

2. 要将各变量移入变量方框，先选择**性别**，然后按住 Shift 键，在不松开按键的情况下，点选**智商得分**，此时四个变量应该都被选中。接着单击位于上方的右箭头按钮（➡）即可将四个变量全都移入变量方框。[6] 详见图 1－15。

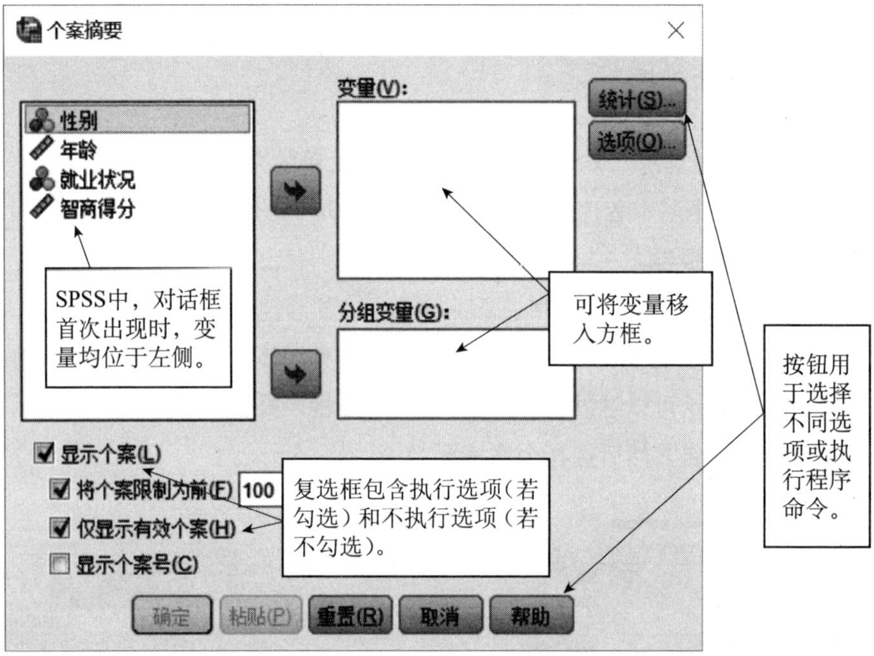

图 1-14　个案摘要对话框

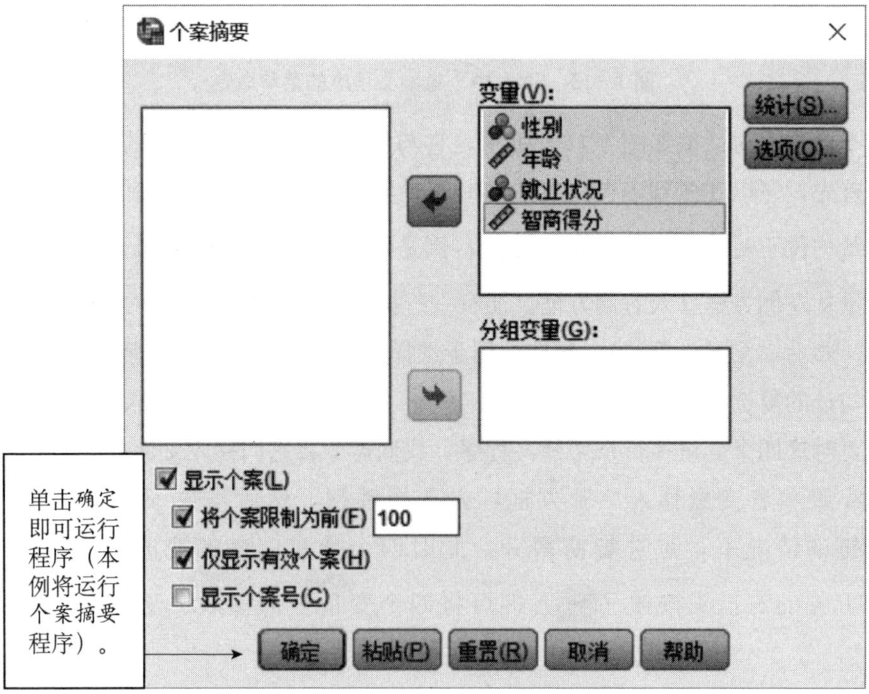

图 1-15　个案摘要对话框（接上图）

3. 单击确定。

SPSS 会弹出一个新窗口，称作查看器窗口。该窗口将给出个案摘要程序的输出结果。接下来，我们将讨论相应输出内容。

步骤 4：解释结果

个案摘要程序的输出信息如图 1-16 所示。

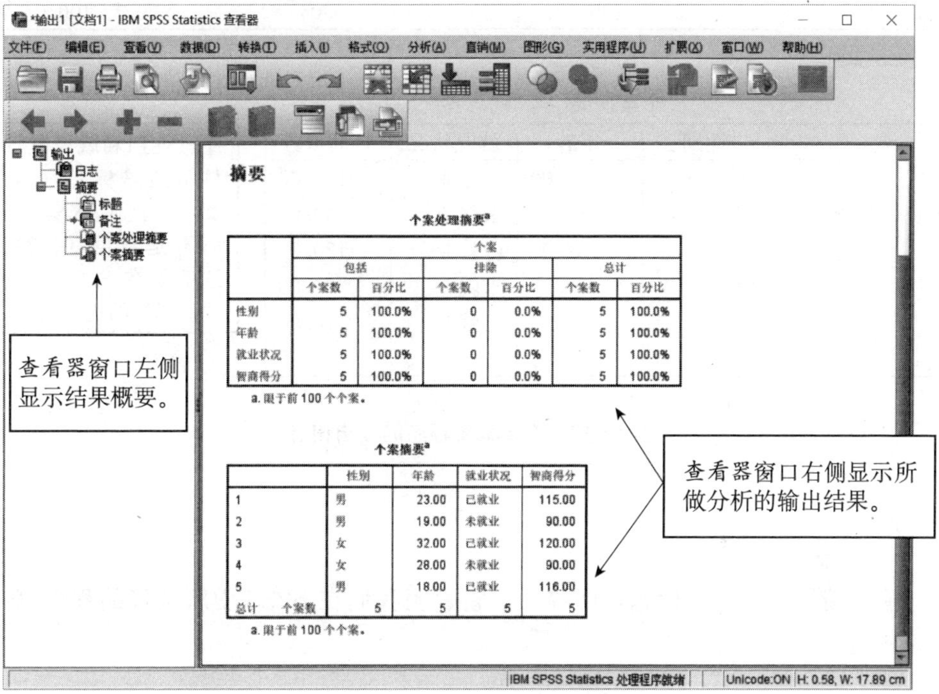

图 1-16　显示个案摘要程序输出结果的查看器窗口

查看器（输出信息）窗口

在 SPSS 中，查看器窗口被分为左右两个不同区域，窗口左侧包含所做分析的结果概要，窗口右侧包含所做分析的输出结果。我们将在全书把关注点放在查看器窗口右侧。本案例的分析结果包括个案处理摘要表和个案摘要表。将在后文讨论这两张表。

个案处理摘要表和个案摘要表见图 1-17。

摘要

个案处理摘要[a]

	个案					
	包括		排除		总计	
	个案数	百分比	个案数	百分比	个案数	百分比
性别	5	100.0%	0	0.0%	5	100.0%
年龄	5	100.0%	0	0.0%	5	100.0%
就业状况	5	100.0%	0	0.0%	5	100.0%
智商得分	5	100.0%	0	0.0%	5	100.0%

a. 限于前 100 个个案。

个案摘要[a]

		性别	年龄	就业状况	智商得分
1		男	23.00	已就业	115.00
2		男	19.00	未就业	90.00
3		女	32.00	已就业	120.00
4		女	28.00	未就业	90.00
5		男	18.00	已就业	116.00
总计	个案数	5	5	5	5

a. 限于前 100 个个案。

注意**性别**和**就业状况**显示的是标签（男/女，已就业/未就业）而不是数值（1/2），这就是在 SPSS 中创建值标签的优点之一。

图 1-17　个案摘要程序的输出信息

摘要

输出结果最上方为标题，即摘要，它表明我们在 SPSS 中所选择的程序（个案摘要程序）。

个案处理摘要

个案处理摘要表是输出结果里第一张表，列示了数据文件中每个变量的人员个数（个案数）。包括为该表第一列，它给出每个变量的 N 为 5（N 对应数据文件中的人员数或案例数），这表明每个变量有 5 个人进入分析。排除为第二列，它给出每个变量的 N 为 0，这表明没有人员被排除在分析之外（每个人在这四个变量均有取值）。总计是最后一列，该列显示人员总数，即 5。

个案摘要

个案摘要表是输出结果里第二张表，列示了每个人在四个变量的取值。注意，表中**性别**和**就业状况**显示的是我们为这两个变量创建的值标签，而不是起先我们为便于读取结果而录入 SPSS 的数字取值（1 和 2）。

至此，我们结束对个案摘要程序的讨论。接下来，我们将讨论如何保存 SPSS 文件。

保存文件

在 SPSS 中，输出文件和数据文件分别用不同的文件拓展名进行保存。文件拓展名一般位于文件名末端，由 3 个或 4 个字母组成，与文件名之间以点号隔开（如：“. docx”， “. html” 和 “. mp3”）。在 SPSS 中，数据文件的拓展名是 “. sav”，输出文件的拓展名是 “. spv”。

我们将分别演示在 SPSS 中保存数据文件和输出文件的过程。我们从保存输出文件开始。要保存输出文件，首先得保证查看器（输出信息）窗口处于现用状态。（如果查看器窗口处于现用状态，屏幕上窗口顶栏文字为黑色。）如果查看器窗口未处于现用状态，单击它即可。

保存输出文件

1. 查看器窗口处于现用状态，选择**文件**>**另存为 ...**（见图 1 - 18）。
2. 弹出将输出另存为对话框（见图 1 - 19）。

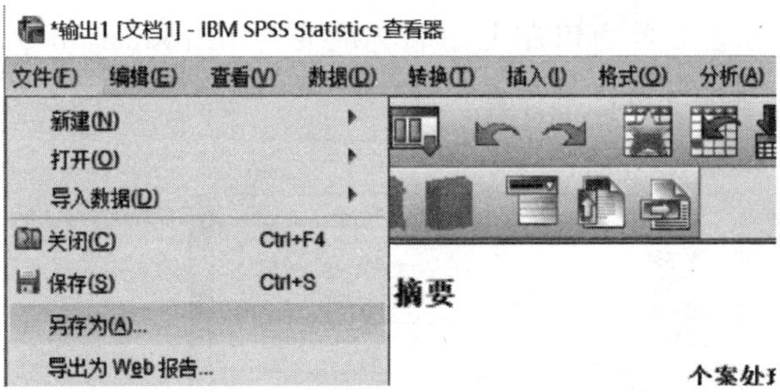

图 1 - 18　保存文件的菜单命令

将输出另存为对话框底部是文件名方框和保存类型方框（见图 1 - 19）。默认名称输出 1 出现在文件名方框中，并且保存类型方框显示文件类型为查看器文件（*. spv），这证实了我们正在保存查看器窗口的输出结果。文件名方框出现闪烁光标则表示文件名处于编辑模式，输出 1 可被替换为任意从键盘输入的名称。

我们将文件名命名为 Introduction output。

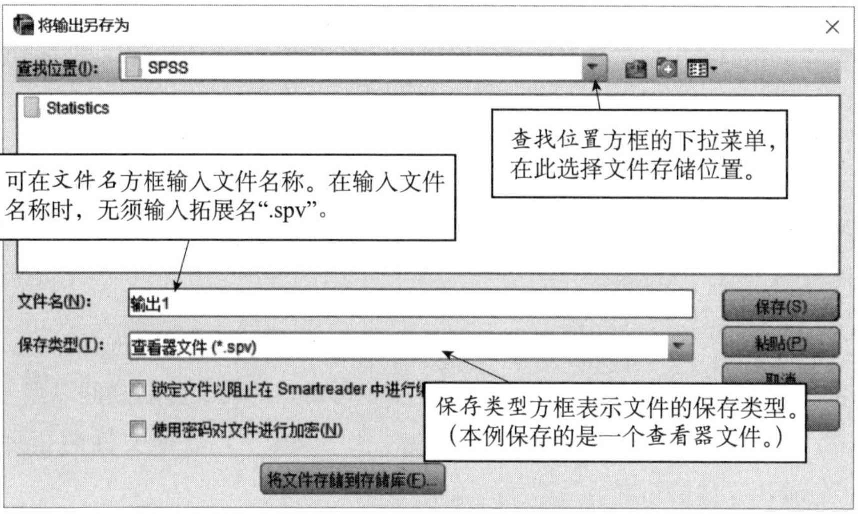

图 1－19 将输出另存为对话框

3. 键入名称 Introduction output。（你将看到 Introduction output 在文件名文本框中。）

接下来我们将为文件选择存储位置。我们将文件保存在电脑桌面上。

4. 单击对话框顶部查找位置方框右侧的下拉菜单（▼）。应该会出现一列文件夹或驱动盘。

5. 选择桌面（如图 1－20 所示）。（注：如果你想把文件保存在其他位置，则将文件保存到你选择的路径。）

6. 单击保存。查看器窗口左上角名称应变为 Introduction output. spv（有无拓展名均可），这表明文件已被保存。

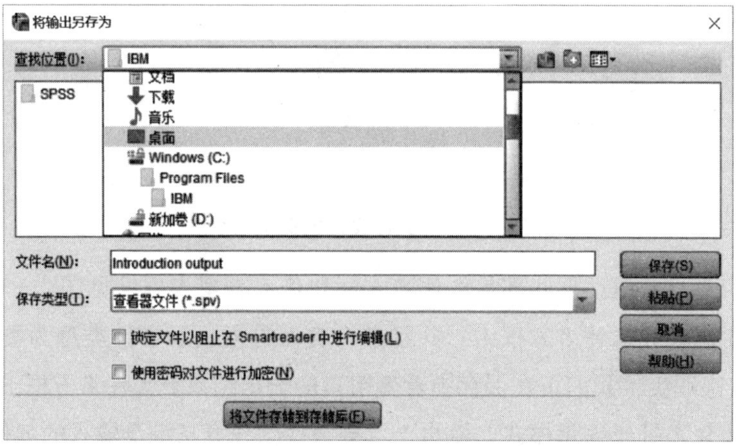

图 1－20 将输出另存为对话框（接上图）

保存数据文件

为保存数据文件，我们首先需要使数据编辑器窗口处于现用状态。

使数据编辑器窗口处于现用状态

在菜单栏依次选择**窗口>IBM SPSS Statistics 数据编辑器**（见图 1 - 21）。

图 1 - 21　使数据编辑器窗口处于现用状态的菜单命令

保存数据文件

1. 数据编辑器窗口处于现用状态后，选择**文件>另存为 ...**（见图 1 - 22）。
2. 弹出将数据另存为对话框。
3. 在文件名方框键入名称 Introduction data。
4. 单击查找位置方框右侧的下拉菜单（▾），选择保存路径。
5. 单击保存。数据编辑器窗口左上角名称应变为 Introduction data. sav（有无拓展名均可），这表明文件已被保存。

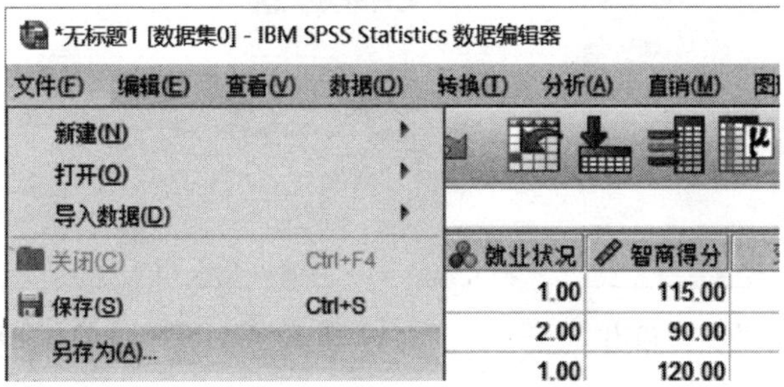

图 1 - 22　文件菜单内的另存为命令

打印文件

接下来，将介绍如何在 SPSS 中打印输出文件。要打印输出结果，我们首先需要使查看器窗口处于现用状态。

使查看器窗口处于现用状态

在菜单栏依次选择**窗口>Introduction output. spv-IBM SPSS Statistics 查看器**。

打印输出结果

1. 查看器窗口处于现用状态后，选择**文件>打印 ...**（如图 1 - 23 所示）。

2. 弹出打印对话框（详见图 1 - 24）。（出现在你屏幕上的打印对话框可能与图 1 - 24 有所不同。）

3. 单击确定。

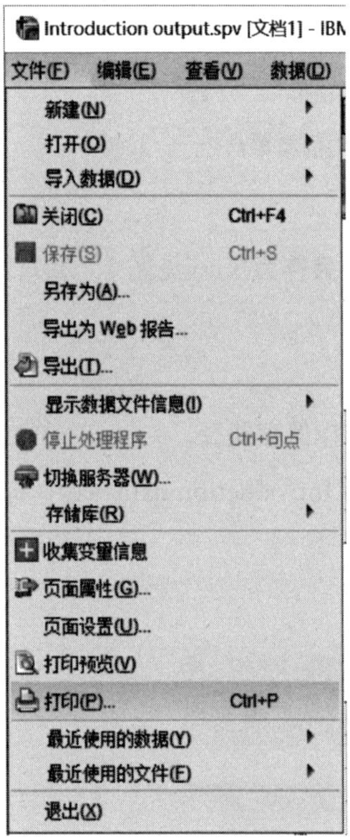

图 1 - 23　SPSS 中打印输出结果的菜单命令

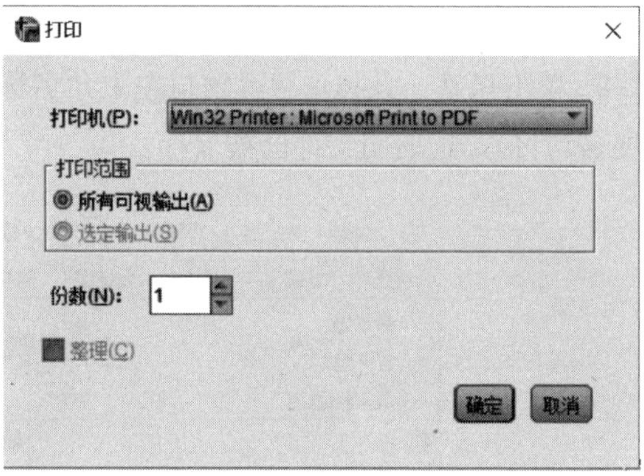

图 1 - 24　SPSS 中的打印对话框

如果你已连接打印机，个案处理摘要表和个案摘要表就应该打印出来了（标题摘要也一并被打印）。你也可以只打印一张表，先点选需要打印的表格，然后在文件菜单中选择打印。同样，数据编辑器窗口处于现用状态时（选中数据视图标签），我们也可以通过点选文件菜单中的打印来打印数据文件。

对 SPSS 的介绍到此结束。

练习

1. 数据如表1-4所示，包含7名养老院住户的年龄、性别、健康水平（取值范围是1～10，数值越高表明健康水平越高）和每周参加活动的次数。

表1-4 养老院住户数据

人员	年龄	性别	健康水平	活动次数
1	86	男	4	2
2	72	女	7	6
3	59	女	6	5
4	86	女	8	7
5	92	女	4	1
6	68	男	2	3
7	73	男	8	5

注：人员列仅为了便于说明，该列不被录入SPSS。

向SPSS录入数据，然后执行适当分析以回答如下几个问题。将变量分别命名为**年龄**（age）、**性别**（gender）、**健康水平**（wellbeing）和**活动次数**（activities）。

A. 为**性别**创建值标签，将男赋值为1，标签记为男；将女赋值为2，标签记为女。

B. 保存数据文件到任意位置，并给文件命名为养老院数据。

C. 为数据执行个案摘要程序并打印结果。

D. 在个案摘要表中，输出的是数字取值（如1和2）还是值标签（如男和女）？为什么？

2. 现有两类治疗儿童自尊心和愤怒情绪管理技巧的方法，研究者想比较二者异同。治疗方法为非引导性游戏疗法（儿童主导游戏）和引导性游戏疗法（治疗者引领儿童参加规划好的游戏）。共有12名儿童参与研究，每类治疗分别有6名儿童（6名儿童又分为3男童和3女童）。经过6周治疗，专家将对儿童的自尊心（取值为10～50）和愤怒情绪管理（取值为5～25）进行评分。数据文件见网址www.routledge.com/cw/yockey上章节1（Chapter 1）文件夹下Chapter 1 _ Exercise 2.sav（数据文件中各变量分别被命名为**therapy**，**gender**，**selfesteem**和**angermanage**）。为回答如下问题，请在SPSS中打开文件并执行恰当分析。

A. 为**therapy**和**gender**创建值标签。对**therapy**，1=“非引导性”，2=“引

导性”。对 **gender**，1= “男”，2= “女”。

B. 为数据执行个案摘要程序并打印结果。

3. 网址 www.routledge.com/cw/yockey 上章节 1（Chapter 1）文件夹下 Chapter 1 _ Exercise 3.sav 这个数据文件给出 10 个学生有关如下 3 个变量的数据：**gender**（性别），**numberclasses**（所在班级人数）和 **hoursworked**（每周用来学习的小时数）。为回答如下问题，请在 SPSS 中打开数据文件并执行恰当分析。

A. 为 **gender**（性别）创建值标签，1= “男”，2= “女”。

B. 为数据执行个案摘要程序并打印结果。

注 释

1. 图标是你电脑上的图片，和为图标示例。

2. 为保证全书表述清晰，“双击”表示快速地连击鼠标左侧按钮两次，“单击”表示点击鼠标左侧按钮一次，“右击”表示点击鼠标右侧按钮一次。

3. 再版由 IBM 提供，© International Business Machines Corporation。

4. 数据是复数概念，指两个或多个取值。资料是单数概念，指一个取值。

5. 如果你单击“值”单元格最右侧，即单击单元格后省略号按钮所在处，那么将会直接弹出值标签对话框（仅需一个步骤就可以打开对话框）。

6. 如果你喜欢将变量逐个移入变量方框，那么选择**性别**后单击位于上侧的右箭头按钮，然后选择**年龄**再单击此右箭头按钮，重复该过程直至所有变量被移入变量方框。

第 2 章
描述性统计：频率，集中趋势和变异性

本章我们将使用 SPSS 进行一系列描述性统计分析，包括频率、集中趋势和变异性。下面讨论相关统计指标。

频率表示变量各类别的观测个数。例如，**性别**变量下若有 4 名男性和 6 名女性，那么 SPSS 将给出男性的频率为 4，女性的频率为 6。通常对分类变量计算频率。

集中趋势用于描述一组得分的中心位置，包括**平均值**、**中位数**和**众数**。**平均值**是算术平均值（得分总和除以得分数据个数）。**中位数**表示得分数据中间位置的取值（假定数据由低到高排列）。**众数**为数据集中出现次数最多的一个或多个得分值。

变异性用于描述得分数据偏离数据中心的程度。**标准差**和**方差**是最常用的两个变异性指标。**标准差**用于衡量得分数据偏离平均值的平均程度。**方差**等于标准差的二次方。其他变异性指标还包括极差（最高得分与最低得分之差）和四分位差（得分的 75％分位数与 25％分位数之差）。

下面使用表 2－1 中示例数据来阐明如何在 SPSS 中计算频率、集中趋势和变异性。

表 2－1　示例数据

人员	性别	数学成绩	大学位置	SAT 数学成绩
1	1	24	1	570
2	1	18	2	450
3	2	34	1	600
4	2	27	2	450
5	1	15	1	580
6	1	26	1	550
7	1	42	2	480
8	2	25	1	520
9	2	31	1	450
10	2	44	2	550

注：人员列仅为了便于说明，该列不被录入 SPSS。

数据

表 2－1 记录了每个人员的**性别**，一次数学考试成绩（**数学成绩**），大学所处位置（**大学位置**），即在当地还是在外地上大学，以及 SAT 考试中数学部分的得分（**SAT 数学成绩**）。**性别**和**大学位置**是分类变量，**数学成绩**和 **SAT 数学成绩**是

连续变量，得分越高表明在考试中的表现越好（**数学成绩**的取值范围是 0～50，**SAT 数学成绩**的取值范围是 200～800）。对**性别**，将男赋值为 1，女赋值为 2；对**大学位置**，将在当地上大学赋值为 1，在外地上大学赋值为 2。

介绍完所给数据，接下来我们将向 SPSS 录入数据。

在 SPSS 中录入数据并分析

步骤 1 和步骤 2 将介绍如何向 SPSS 录入数据。也可以从网上下载数据文件，见网址 www. routledge. com/cw/yockey 上章节 2（Chapter 2）文件夹下 descriptive statistics. sav。如果你倾向于使用网站上的数据文件，请直接转向步骤 3。

步骤 1：创建变量

1. 启动 SPSS。

2. 单击变量视图标签。

将在 SPSS 中创建四个变量，分别将其命名为**性别**、**数学成绩**、**大学位置**和 **SAT 数学成绩**。

3. 采用第 1 章介绍的过程，在变量视图窗口的前四行，分别输入**性别**、**数学成绩**、**大学位置**和 **SAT 数学成绩**这四个名称。在测量列，将**性别**和**大学位置**归为名义尺度，将**数学成绩**和 **SAT 数学成绩**归为标度尺度（见图 2-1）。

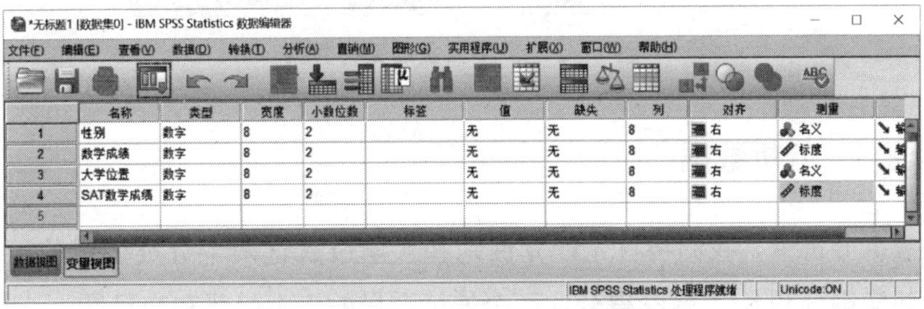

图 2-1　SPSS 中已录入性别、数学成绩、大学位置
和 SAT 数学成绩这四个变量的变量视图窗口

在录入数据前，我们需要在 SPSS 中为分类变量（**性别**和**大学位置**）创建值标签。

4. 采用第 1 章介绍的过程，为**性别**和**大学位置**创建值标签。对**性别**，1＝“男”，2＝“女”；对**大学位置**，1＝“当地”，2＝“外地”。

步骤 2：录入数据

接下来，我们将向 SPSS 录入数据。

录入数据

1. 单击数据视图标签，**性别**、**数学成绩**、**大学位置**和 **SAT 数学成绩**将出现在数据视图窗口前 4 列。

2. 参照图 2 - 1，录入每个人员在这四个变量的取值。对人员 1，录入 1，24，1 和 570，它们分别对应**性别**、**数学成绩**、**大学位置**和 **SAT 数学成绩**。使用该方法，录入所有人员的信息。完整数据集如图 2 - 2 所示。

	性别	数学成绩	大学位置	SAT数学成绩	变量
1	1.00	24.00	1.00	570.00	
2	1.00	18.00	2.00	450.00	
3	2.00	34.00	1.00	600.00	
4	2.00	27.00	2.00	450.00	
5	1.00	15.00	1.00	580.00	
6	1.00	26.00	1.00	550.00	
7	1.00	42.00	2.00	480.00	
8	2.00	25.00	1.00	520.00	
9	2.00	31.00	1.00	450.00	
10	2.00	44.00	2.00	550.00	

图 2 - 2　10 个人员的完整数据

步骤 3：分析数据

在数据分析中，我们将首先计算**性别**和**大学位置**这两个分类变量的频率，然后计算**数学得分**和 **SAT 数学得分**这两个连续变量的集中趋势和变异性。

频率

要计算**性别**和**大学位置**的频率，需要执行以下步骤。

1. 从菜单栏选择**分析**>**描述统计**>**频率 ...**（见图 2-3）。

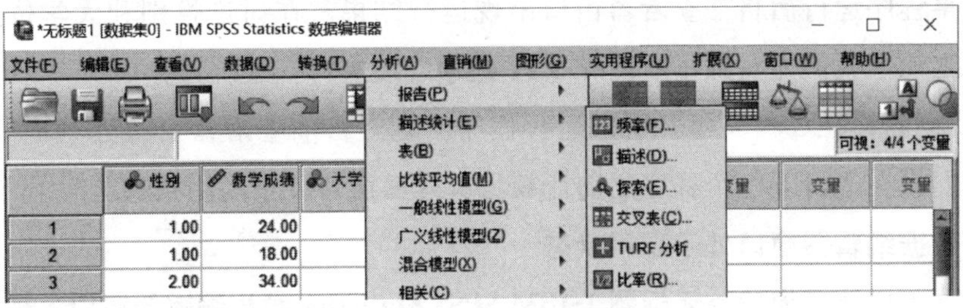

图 2-3 频率程序的菜单命令

随后弹出左侧带有**性别**、**数学成绩**、**大学位置**和 **SAT 数学成绩**这四个变量的频率对话框（如图 2-4）。

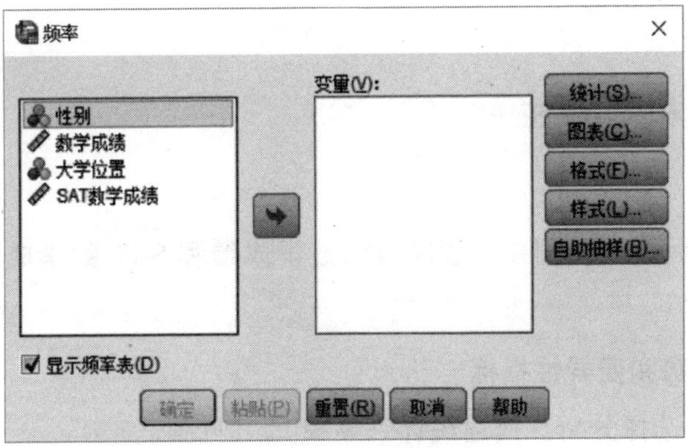

图 2-4 频率对话框

2. 选择**性别**变量，然后按住 Ctrl 键不放（Ctrl 键位于键盘左下角；Mac 用户可选择 Command 键，⌘）。接着选择**大学位置**变量（此时**性别**和**大学位置**应该全被选中）。然后单击右箭头按钮（）将这两个变量移入变量方框[1]。详见图 2-5。

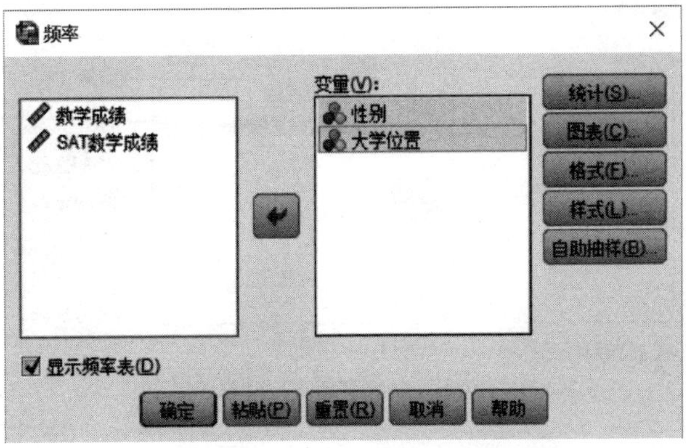

图 2-5 频率对话框（接上图）

3. 单击确定。

频率程序运行后将在查看器窗口出现运行结果。在讨论**性别**和**大学位置**的输出结果之前，我们先对**数学成绩**和 **SAT 数学成绩**进行描述统计分析。

（我们始终在数据编辑器窗口运行程序。既然目前查看器窗口处于现用状态，那么我们将在运行下一个程序之前让数据编辑器窗口处于现用状态。）

使数据编辑器窗口处于现用状态

从菜单栏选择**窗口**>**无标题 1-IBM SPSS Statistics 数据编辑器窗口**。现在数据编辑器窗口应处于现用状态。（如果你使用网站上的数据文件，那么你应该从菜单栏选择**窗口**>**descriptive statistics. sav-IBM SPSS Statistics 数据编辑器窗口**。若数据是网上文件，你应在全章使用后一个指令。）

集中趋势和变异性

接下来我们将通过使用频率程序得到**数学成绩**和 **SAT 数学成绩**的集中趋势和变异性。

得到集中趋势和变异性指标

1. 从菜单栏选择**分析**>**描述统计**>**频率 …**（见图 2-3）[2]。

2. 弹出频率对话框后，单击重置按钮将变量方框中的现有变量清除。选择**数学成绩**，然后按住 Ctrl 键不放，接着选择 **SAT 数学成绩**（此时**数学成绩**和 **SAT 数学成绩**应该全被选中）。随后单击右箭头按钮（➔）将这两个变量移入变量方框。详见图 2-6。

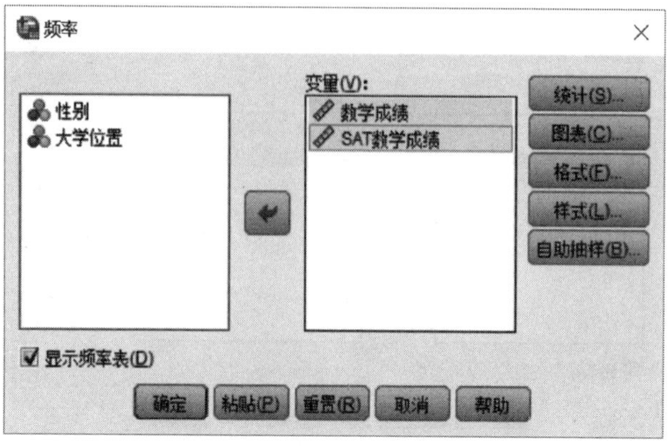

图 2-6　频率对话框（接上图）

3. 单击统计按钮，弹出频率：统计对话框。在集中趋势下选择平均数、中位数和众数，在离散下选择标准差、方差、范围（极差）、最小值和最大值。详见图 2-7。

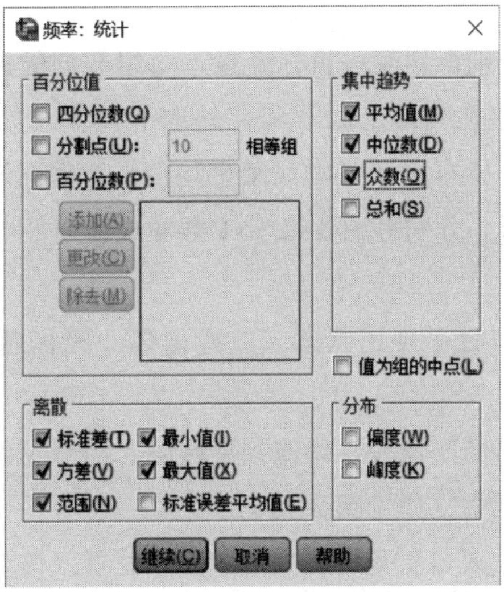

图 2-7　频率：统计对话框

4. 单击继续。

5. 在频率对话框，通过单击显示频率表左侧复选标记取消该选项。现在小方框应该是空的，表示将不生成**数学成绩**和 **SAT 数学成绩**这两个变量的频率表（通常不生成连续变量的频率表，因为集中趋势和变异性提供的信息更多）。详见图 2-8。

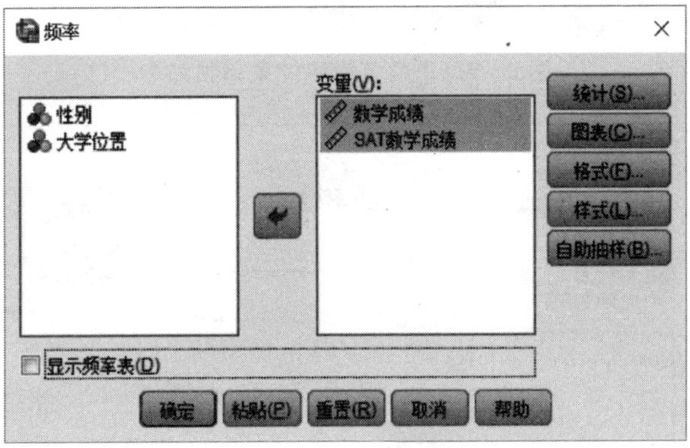

图 2-8　频率对话框（不勾选显示频率表）

6. 单击确定。

频率程序在 SPSS 中运行后，运行结果会显示在查看器窗口。在讨论频率程序的输出结果之前，我们先介绍平均值程序。

用平均值程序分析分组数据

平均值程序用于分别得到某一目标变量下每组数据的描述统计分析结果。例如，可以分别计算那些在当地上大学和在外地上大学人员的 **SAT 数学成绩**平均值，而不是计算所有人员的 **SAT 数学成绩**平均值。为阐述该程序，我们将对两组**大学位置**数据进行分析，分别得到各组 **SAT 数学成绩**的平均值和标准差。

运行平均值程序

1. 使数据视图窗口处于现用状态（选择**窗口**＞**无标题 1-IBM SPSS Statistics 数据编辑器**）。

2. 在菜单栏选择**分析**＞**比较平均值**＞**平均值 ...**（详见图 2 - 9）。

3. 弹出平均值对话框（详见图 2 - 10）。

将 **SAT 数学成绩**放入因变量列表方框，**大学位置**（该变量分为两组）放入自变量列表方框，即可得到各组 **SAT 数学成绩**的平均值和标准差。

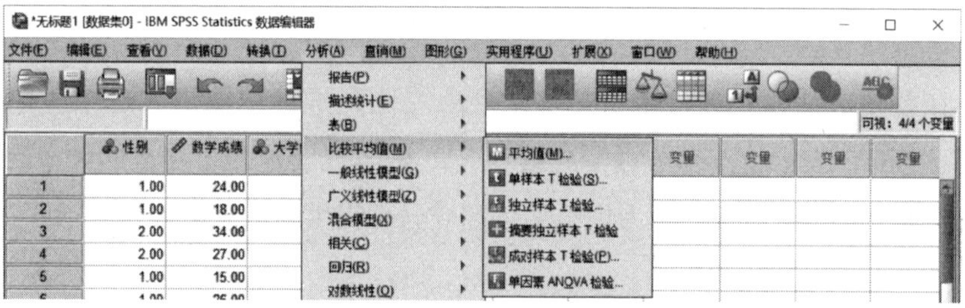

图 2 - 9　平均值程序的菜单栏命令

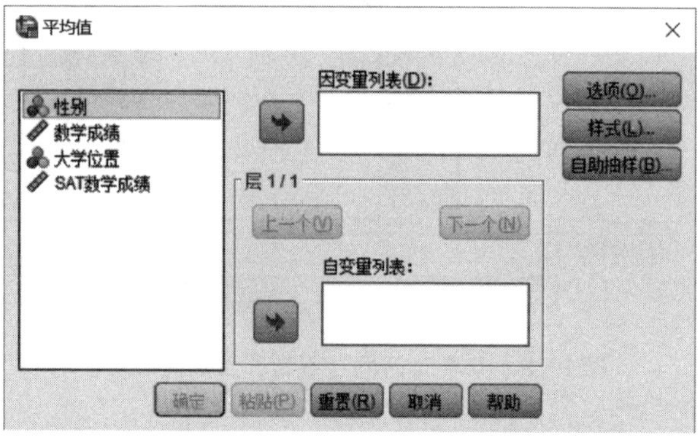

图 2 - 10　平均值对话框

4. 选择 **SAT 数学成绩**并单击位于上方的右箭头（➔）将其移入因变量列表。

5. 选择**大学位置**并单击位于下方的右箭头（ ）将其移入自变量列表（见图 2-11）。

6. 单击选项按钮，弹出平均值：选项对话框（见图 2-12）。

对话框左侧（名为统计）给出了一些可供选择的统计量，对话框右侧（名为单元格统计）是默认要计算的统计量。既然平均值和标准差已经位于对话框右侧，我们将保留此默认选择。可通过点选个案数并单击箭头按钮将其移回统计方框，不过因为它不影响分析结果，所以我们无须这样操作。

7. 单击继续。

8. 单击确定。

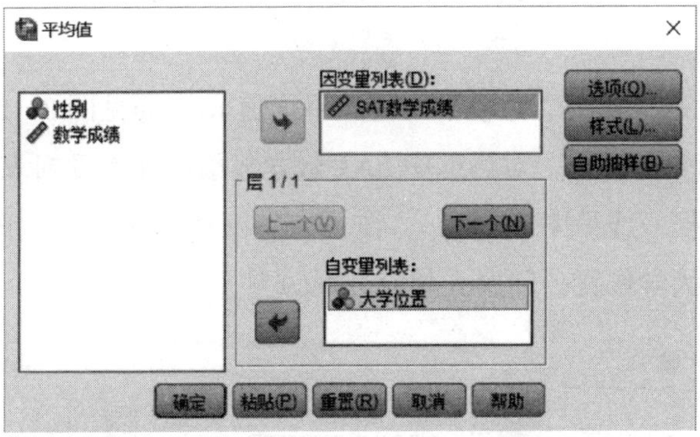

图 2-11　平均值对话框（接上图）

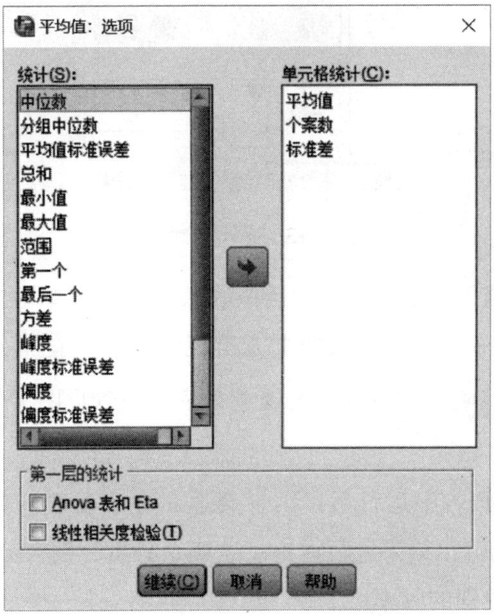

图 2-12　平均值：选项对话框

平均值程序在 SPSS 中运行后，结果会显示在查看器窗口。在讨论结果之前，我们将用平均值程序进行最后一个分析。除了分别算得单一变量不同分组数据的平均值和标准差（如我们对**大学位置**所做分析）之外，通过使用分层选项，我们还可以进一步算得分组数据在分类变量下的均值。为阐述该程序，我们将对被**性别**分层的**大学位置**分组数据（数据按**性别**进一步分组）进行分析，计算其 **SAT 数学成绩**的平均值。这意味着将有 4 个不同 **SAT 数学成绩**平均得分：在当地上大学的男性、在当地上大学的女性、在外地上大学的男性以及在外地上大学的女性。

在平均值程序中使用分层选项

1. 使数据视图窗口处于现用状态（选择**窗口**>**无标题 1-IBM SPSS Statistics 数据编辑器**）。

2. 在菜单栏选择**分析**>**比较平均值**>**平均值 ...**（详见图 2－9）。

3. 弹出平均值对话框，对话框中 **SAT 数学成绩**在因变量列表方框，**大学位置**在自变量列表方框（详见图 2－13）。（注：如果没有运行先前的平均值程序，需将 **SAT 数学成绩**和**大学位置**分别放入相应方框。）

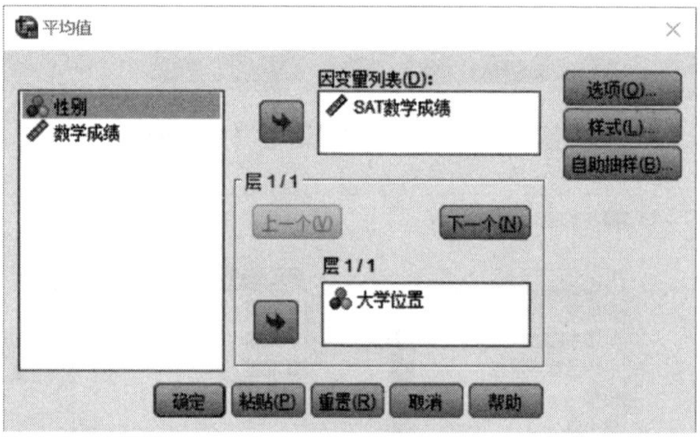

图 2－13　平均值对话框

4. 为用**性别**对结果分层，需在对话框的层 1/1 区域单击下一个按钮（单击下一个按钮后，你应该看到上一个按钮上方出现层 2/2）。随后点选**性别**并单击位于下方的右箭头按钮（）将其移入自变量列表方框（见图 2－14）。

5. 单击确定。

平均值程序在 SPSS 中运行后，结果会显示在查看器窗口。接下来我们将对本章所做四个分析的输出结果进行讨论。这四个分析分别为：

1. **大学位置**和**性别**的频率。

2. **数学成绩**和 **SAT 数学成绩**的集中趋势和变异性。

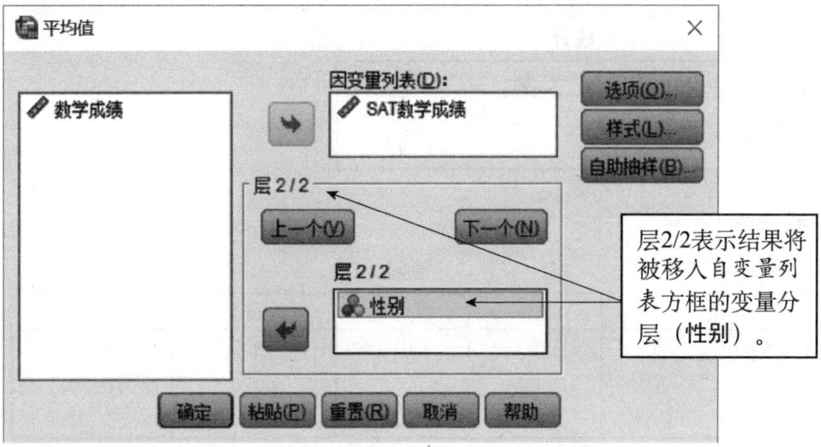

图 2-14　使用分层选项的平均值对话框

3. 以**大学位置**分组的 **SAT 数学成绩**平均值和标准差。

4. **大学位置**进一步被**性别**分层时，组内各层 **SAT 数学成绩**的平均值和标准差。

步骤 4：解释输出结果

图 2-15 至图 2-18 给出输出结果。在通读本章时，如果你已经在电脑上执行了这些分析，那么请将查看器窗口滑动到顶部首个输出结果——**性别**和**大学位置**的频率。

分析 1：频率程序——性别和大学位置

图 2-15 给出首个分析的输出结果——**性别**和**大学位置**的频率。

频率——统计

统计表给出**性别**和**大学位置**的样本个数。表格显示**性别**和**大学位置**分别有 10 个有效样本观测值（所有 10 个人员在这两个变量均有取值）。缺失行数值为 0，这表示每个变量都没有缺失值（以**性别**为例，其缺失值表示某一人员的**性别**没被记录）。

频率表——性别

性别频率表给出各**性别**类别的频率，即相应人员个数。表中有 5 个男性和 5 个女性，这表示男和女所占比重均为 50%。

频率

统计

		性别	大学位置
个案数	有效	10	10
	缺失	0	0

频率表

性别

		频率	百分比	有效百分比	累计百分比
有效	男	5	50.0	50.0	50.0
	女	5	50.0	50.0	100.0
	总计	10	100.0	100.0	

大学位置

		频率	百分比	有效百分比	累计百分比
有效	当地	6	60.0	60.0	60.0
	外地	4	40.0	40.0	100.0
	总计	10	100.0	100.0	

图 2－15　对性别和大学位置执行频率程序的输出结果

频率表——大学位置

大学位置频率表给出**大学位置**的频率。表中有 6 名学生在当地上大学，有 4 名在外地上大学，分别占比 60％和 40％。

分析 2：频率程序——数学成绩和 SAT 数学成绩

图 2－16 给出第二个分析的输出结果——**数学成绩**和 **SAT 数学成绩**的频率。

统计表给出**数学成绩**和 **SAT 数学成绩**这两个连续变量的频率程序输出结果。（我们先前为这两个变量选择过集中趋势指标和变异性指标。）如图 2－16 所示，**数学成绩**的平均值和标准差分别为 28.60 和 9.38（保留两位小数），**SAT 数学成绩**的平均值和标准差分别为 520.00 和 58.31。最小值和最大值表示数据中的最小数和最大数，它们有助于保证所有数据在给定取值范围内（在取值范围以外的数据很可能存在录入误差）。**数学成绩**的最小值和最大值分别为 15.00 和 44.00，**SAT 数学成绩**的最小值和最大值分别为 450.00 和 600.00，这表明两个变量都没有超出取值范围的值（前文已经给出，**数学成绩**的取值范围是 0～50，**SAT 数学成绩**的取值范围是 200～800）[3]。

频率

统计

		数学成绩	SAT 数学成绩
个案数	有效	10	10
	缺失	0	0
平均值		28.600 0	520.000 0
中位数		26.500 0	535.000 0
众数		15.00[a]	450.00
标准差		9.383 20	58.309 52
方差		88.044	3 400.000
范围		29.00	150.00
最小值		15.00	450.00
最大值		44.00	600.00

a. 存在多个众数。显示了最小的值。

图 2-16　对数学成绩和 SAT 数学成绩执行频率程序的输出结果

分析 3：平均值程序——用大学位置分组的 SAT 数学成绩

图 2-17 给出第三个分析的输出结果——不同**大学位置**的 **SAT 数学成绩**平均值。

平均值

个案处理摘要

	个案					
	包括		排除		总计	
	个案数	百分比	个案数	百分比	个案数	百分比
SAT 数学成绩 * 大学位置	10	100.0%	0	0.0%	10	100.0%

报告

SAT 数学成绩

大学位置	平均值	个案数	标准差
当地	545.000 0	6	53.944 42
外地	482.500 0	4	47.169 91
总计	520.000 0	10	58.309 52

图 2-17　对当地和外地这两组 SAT 数学成绩执行平均值程序的输出结果

个案处理摘要

个案处理摘要表给出包含在分析中的观测值数目（10），排除在分析外的观测值数目（0）和数据集观测值总数目（10）。表格表明所有 10 个人员均包含在分析中（所有人员在 **SAT 数学成绩**和**大学位置**均有取值）。

报告

报告表分别给出当地组、外地组和所有人员的相关数据，即 **SAT 数学成绩**平均值、个案数和标准差。观察两组数据的平均值可以发现，在当地上大学的 6 名学生，其 **SAT 数学成绩**平均值（545.00）比在外地上大学的 4 名学生（482.50）高，其分数变异性也比在外地上大学的学生大（当地组和外地组的标准差分别为 53.94 和 47.17）。所有人员 **SAT 数学成绩**的平均值为 520.00，标准差为 58.31（这与图 2－16 所示第二个分析的结果相一致）。

分析 4：平均值程序——组内再分层的 SAT 数学成绩

图 2－18 给出最后一个分析的输出结果——组内再分层的 **SAT 数学成绩**平均值和标准差。组内再分层即先根据**大学位置**对 **SAT 数学成绩**分组，然后各组再用**性别**进一步分层。

平均值

个案处理摘要

	个案					
	包括		排除		总计	
	个案数	百分比	个案数	百分比	个案数	百分比
SAT 数学成绩 * 大学位置 * 性别	10	100.0%	0	0.0%	10	100.0%

报告

SAT 数学成绩

大学位置	性别	平均值	个案数	标准差
当地	男	566.666 7	3	15.275 25
	女	523.333 3	3	75.055 53
	总计	545.000 0	6	53.944 42
外地	男	465.000 0	2	21.213 20
	女	500.000 0	2	70.710 68
	总计	482.500 0	4	47.169 91
总计	男	526.000 0	5	57.706 15
	女	514.000 0	5	65.038 45
	总计	520.000 0	10	58.309 52

图 2－18　对 SAT 数学成绩执行平均值程序的输出结果（组内再分层）

个案处理摘要

个案处理摘要表给出包含在分析中的观测值数目（10），排除在分析外的观测值数目（0）和数据集观测值总数目（10）。表格表明所有 10 个人员均包含在分析中（所有人员在 **SAT 数学成绩**、**大学位置**和**性别**均有取值）。

报告

报告表分别给出各分组内每一分层的相关数据，即 **SAT 数学成绩**平均值、个案数和标准差。第一部分给出在当地上大学男性和女性的平均值和标准差。值得注意的是，男性的 **SAT 数学成绩**平均值比女性高（566.67 比 523.33），但女性的标准差比男性大（75.06 比 15.28）。第二部分给出在外地上大学男性和女性的平均值和标准差。对这组学生，女性的 **SAT 数学成绩**平均值比男性高（500.00 比 465.00），并且女性的标准差比男性大（70.71 比 21.21）。表格最后一部分把在当地和在外地上大学的学生综合起来考虑，分别给出男性和女性的 **SAT 数学成绩**平均值和标准差。将各组数据混合时，男性的 **SAT 数学成绩**平均值比女性高（526.00 比 514.00），但女性的标准差比男性大（65.04 比 57.71）。

对频率程序和平均值程序的讨论到此结束。

总结：频率和平均值程序的运行步骤

Ⅰ. 数据输入

1. 在变量视图窗口录入变量名称即可在 SPSS 中创建变量。

2. 为每个分类变量创建值标签。在变量视图窗口，正确录入数值取值和标签。单击确定。

3. 在数据视图窗口录入每个人员的数据信息。

Ⅱ. 数据分析

用频率程序得到频率

1. 从菜单栏选择**分析**>**描述统计**>**频率…**。

2. 将需做分析的分类变量移入变量方框。

3. 单击确定。

用频率程序进行描述统计分析

1. 从菜单栏选择**分析**>**描述统计**>**频率…**。

2. 将需做分析的连续变量移入变量方框。

3. 单击统计。

4. 选择需要计算的统计指标。

5. 单击继续。

6. 在频率对话框，取消显示频率表。

7. 单击确定。

用平均值程序对一个或多个分类变量进行描述统计分析

1. 在菜单栏选择**分析**>**比较平均值**>**平均值...**。

2. 将需要显示在描述统计中的变量移入因变量列表方框，将分类变量移入自变量列表方框。

3. 如果你想再用一个分类变量对结果进一步分层，则单击分层按钮并把第二个分类变量移入自变量列表方框。（如果你不想再对结果进一步分层，则跳过此步骤。）

4. 单击确定。

练习

1. 一位足球教练评估了两种不同击球方式（脚尖击球和脚后跟击球）对击球效果的影响。4 名男孩和 4 名女孩各用两种方式中的一种击球，记录每次击球的距离（单位为英尺）和准确性（取值范围为 1～10）。同时记录每位儿童的体验水平，取值越高表明体验越好。一半儿童（两个男孩和两个女孩）用脚尖击球（toe kick），另一半儿童用脚后跟击球（heel kick）。数据如表 2-2 所示。对**性别**，1＝“男孩”，2＝“女孩”；对**击球方式**，1＝“脚尖击球”，2＝“脚后跟击球”。

表 2-2　击球研究中 8 名儿童数据

性别	击球方式	个人体验	距离	准确性
1	1	5	50	5
1	1	6	45	4
1	2	2	35	6
1	2	9	40	9
2	1	2	42	3
2	1	7	39	6
2	2	4	28	7
2	2	2	32	6

为回答如下问题，请向 SPSS 录入数据并执行恰当分析。为**性别**和**击球方式**正确录入值标签。

A. 计算**性别**和**击球方式**的频率。

B. 对所有样本，计算**个人体验**、**距离**和**准确性**的平均值和标准差。

C. 分别对男孩和女孩计算**个人体验**、**距离**和**准确性**的平均值和标准差。对其中每个变量，哪一组平均值更大？哪一组标准差更大？

D. 分别对脚尖击球和脚后跟击球计算**个人体验**、**距离**和**准确性**的平均值和标准差。对其中每个变量，哪一组平均值更大？哪一组标准差更大？

E. 用**击球方式**对**性别**进一步分层，对各层分别计算**个人体验**、**距离**和**准确性**的平均值和标准差。比较四种情况的平均值，哪种情况下平均**个人体验**最不好？哪种情况下平均**准确性**最低？哪种情况下平均击球**距离**最远？

2. 一名学生收集了美国 3 个不同城市的水质认知数据。她在中西部（Midwest）主要城市、西海岸（West Coast）主要城市和东海岸（East Coast）主要城市各抽样调查 10 人（5 名男性和 5 名女性）。每人品尝其所在城市的城市用水（水由研究者提供），然后对水的口感和纯净度打分，打分范围为 1～10（分值越高表明其对水的口感和纯净度感觉越好）。数据文件见网址 www. routledge. com/cw/yockey 上章节 2（Chapter 2）文件夹下 Chapter 2 _ Exercise 2. sav。数据文件包含 30 名人员的数据信息，其中变量分别为 **location（位置）**，**gender（性别）**，**taste（口感）**和 **clarity（纯净度）**。对 **location**，1＝“西海岸”，2＝“中西部”，3＝“东海岸”。对 **gender**，1＝“男”，2＝“女”。为回答如下问题，请在 SPSS 中打开数据文件并执行恰当分析。

A. 计算 **location** 和 **gender** 的频率。

B. 对所有样本，计算 **taste** 和 **clarity** 的平均值和标准差。

C. 分别对不同位置计算 **taste** 和 **clarity** 的平均值和标准差。对其中每个变量，哪个位置平均值最大？哪个位置标准差最大？

D. 分别对男性和女性计算 **taste** 和 **clarity** 的平均值和标准差。对其中每个变量，哪一组平均值更大？哪一组标准差更大？

E. 用 **location** 对 **gender** 进一步分层，对各层分别计算 **taste** 和 **clarity** 的平均值和标准差。比较这六种情况，哪种情况下 **taste** 平均值最小？哪种情况下 **clarity** 平均值最小？哪种情况下 **taste** 和 **clarity** 的平均值最大？

3. 研究者收集了 30 名儿童的数据。数据内容是这些儿童的阅读成绩和每周看电视小时数，以及每位儿童的性别和社会经济地位。数据文件见网址 www. routledge. com/cw/yockey 上章节 2（Chapter 2）文件夹下 Chapter 2 _ Exercise 3. sav。数据文件中变量为 **gender**（性别），**ses**（社会经济地位），**hourstv**（每周看电视小时数）和 **readingscores**（阅读得分）。对 **gender**，1＝“男”，2＝“女”。对 **ses**，1＝“低”，2＝“中”，3＝“高”。阅读得分取值范围为 0～50，分数越高表明阅读成绩越好。为回答如下问题，请在 SPSS 中打开数据文件并执行恰当分析。

A. 计算 **gender** 和 **ses** 的频率。

B. 对所有样本，计算 **hourstv** 和 **readingscores** 的平均值和标准差。

C. 分别对男性和女性计算 **hourstv** 和 **readingscores** 的平均值和标准差。这两个变量，哪一组平均值更大？哪一组标准差更大？

D. 用 **ses** 对 **gender** 进一步分层，对各层分别计算 **hourstv** 和 **readingscores** 的平均值和标准差。比较这六种情况，哪种情况下平均看电视最久？哪种情况下平均阅读得分最高？

注　释

1. 另一种方法可将变量逐个移入变量方框。选择**性别**后单击右箭头按钮，然后选择**大学位置**并单击此右箭头按钮。

2. 集中趋势和变异性指标也可使用描述程序得到。为运行描述程序，在菜单栏依次选择**分析**＞**描述统计**＞**描述...**，然后将需分析的变量移入变量方框。在描述程序中，默认选择平均值、标准差、最小值和最大值。更多的描述统计量可通过单击选项按钮进行选择。

3. 超出取值范围的值是在变量最小值和最大值以外的取值（对 **SAT 数学成绩**而言，50 就是一个超出取值范围的值）。虽然没有超出取值范围的值不能保证一定不存在录入误差（误差有时也会处于可能的取值范围中），但它可用于核对一种常见的数据录入误差类型。为防止取值范围内的数据录入误差，请仔细录入数据并至少复查所有录入值。

第 3 章
绘制图形

本章我们将在 SPSS 中绘制不同图形。通过这些图形，你可以直观地看到数值分布的大致形状和数据变异性，还可以发现异常值或者数据中不能代表大部分数据的数值。我们将用 SPSS 绘图，包括条形图、直方图、散点图和箱线图。

本章绘制图形时，我们仍然使用第 2 章的数据文件。该数据文件保存在网址 www. routledge. com/cw/yockey 上章节 3（Chapter 3）文件夹下 descriptive statistics. sav。（注：下述命令假定你已将 SPSS Dcmystified 文件从网站下载到你的电脑。）

在电脑上打开文件

1. 启动 SPSS。

2. 从菜单栏选择**文件**>**打开**>**数据 …**。

3. 弹出打开数据对话框，单击列表箭头并选择 SPSS Demystified 文件所在位置。

4. 双击打开章节 3（Chapter 3）文件夹。你应该可以看见 descriptive statistics. sav 这个文件（你的电脑上可能不显示文件拓展名“. sav”）。双击该文件即可打开它。稍等片刻后，该文件会在 SPSS 的数据编辑器窗口中打开。数据文件如图 3－1 所示。（注：如果你在电脑屏幕上没有看到该文件，请从菜单栏选择**窗口**>**descriptive statistics. sav-IBM SPSS Statistics 数据编辑器**，这样就可以让数据编辑器窗口处于现用状态。）

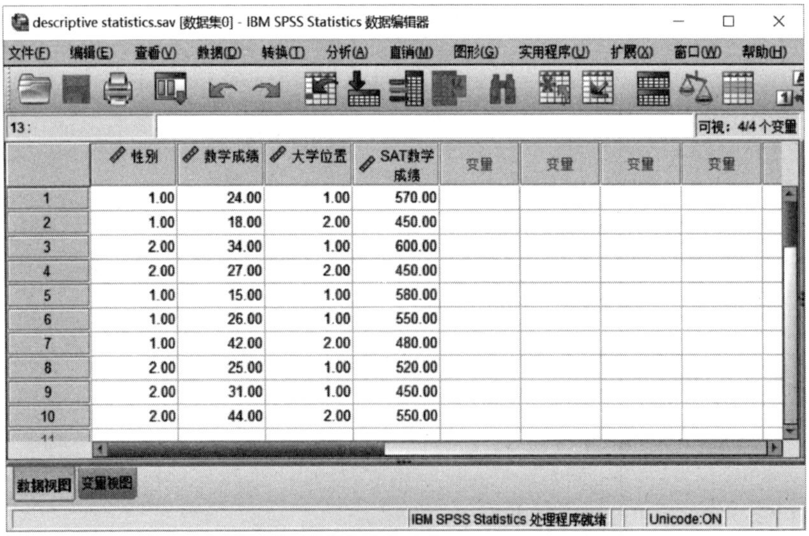

图 3－1　descriptive statistics. sav 数据文件

条形图

条形图是我们将在 SPSS 中绘制的第一个图形。条形图表示分类变量的各类别频数，即观测值个数（条形图一般适用于分类变量）。我们将对**大学位置**绘制条形图。

在 SPSS 中绘制条形图

1. 从菜单栏选择**图形**>**旧对话框**>**条形图 ...**（见图 3-2）。

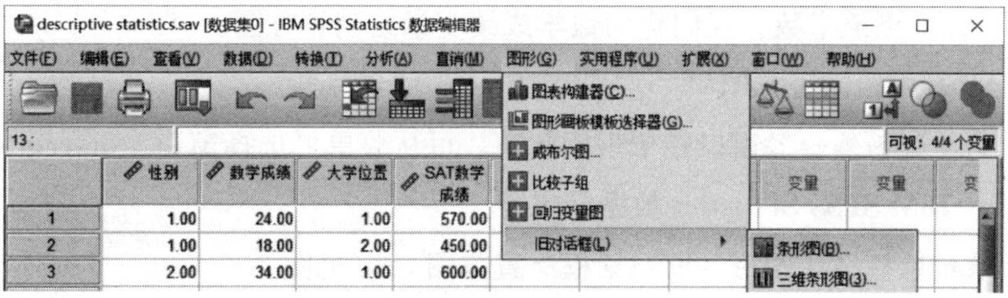

图 3-2　条形图程序的菜单命令

2. 弹出条形图对话框。我们使用默认选项（简单）为**大学位置**绘制条形图。然后单击定义按钮（如图 3-3 所示）。

3. 弹出定义简单条形图：个案组摘要对话框。选择**大学位置**并单击从上往下数第二个右箭头按钮（ ）以将其移入类别轴方框。详见图 3-4。

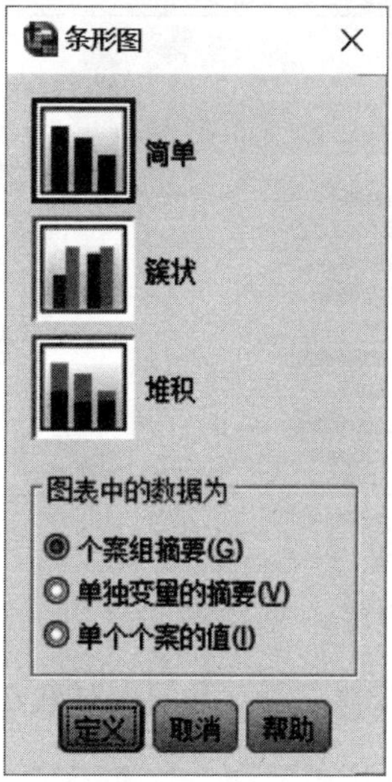

图 3-3　条形图对话框

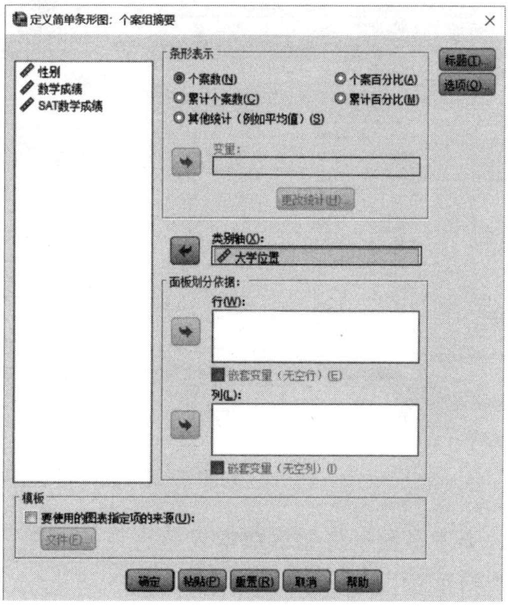

图 3-4　定义简单条形图：个案组摘要对话框

4. 单击确定。

大学位置条形图将出现在查看器窗口（绘制完所有图形之后，我们再对条形图进行讨论）。

直方图

接下来，我们将在 SPSS 中绘制直方图。直方图表示连续变量处于某些区间的频数，即观测值个数。我们将为**数学成绩**变量绘制直方图。

在 SPSS 中绘制直方图

1. 为使数据编辑器窗口处于现用状态，可从菜单栏选择**窗口**＞**descriptive statistics. sav-IBM SPSS Statistics 数据编辑器**。

2. 从菜单栏选择**图形**＞**旧对话框**＞**直方图 ...**（见图 3－5）。

3. 弹出直方图对话框。

4. 选择**数学成绩**并单击最上方右箭头按钮（ ）以将其移入变量方框（详见图 3－6）。

5. 单击确定。

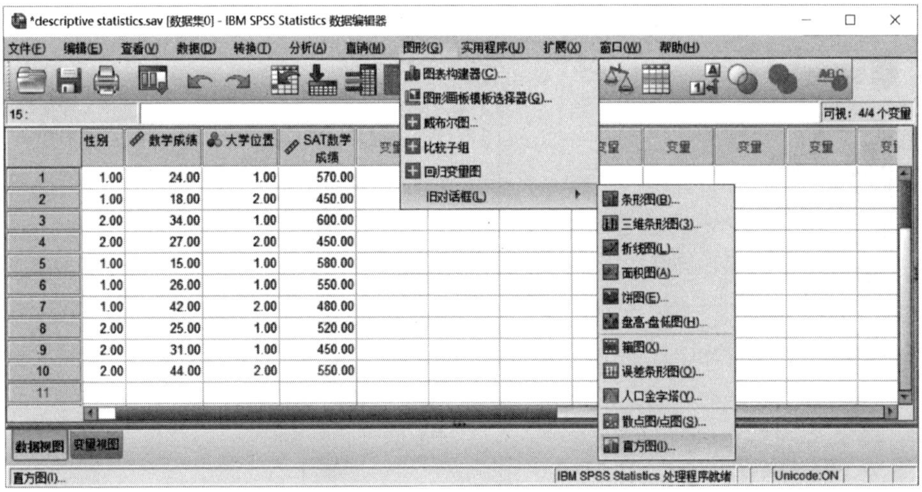

图 3－5　直方图程序的菜单命令

查看器窗口将显示**数学成绩**直方图（绘制完所有图形之后，我们再对直方图进行讨论）。

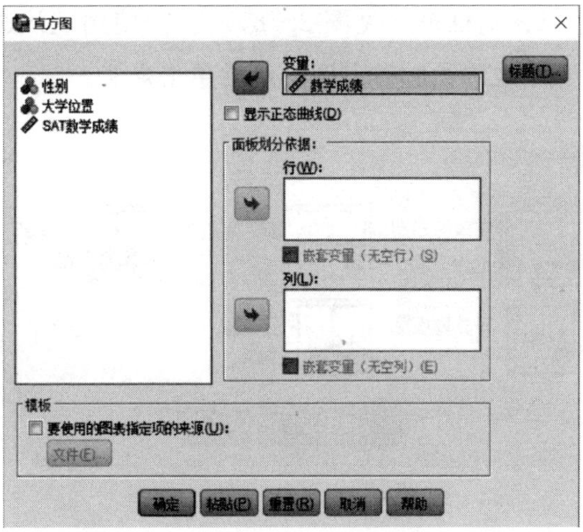

图 3-6 直方图对话框

散点图

接下来，在 SPSS 中绘制散点图。散点图用于在坐标系内绘制所有人员的坐标点（两坐标轴分别代表两个变量取值，各散点为两变量取值交点）。计算相关系数时会用到它（在第 12 章讨论相关性）。我们将对**数学成绩**和 **SAT 数学成绩**这两个变量绘制散点图。

在 SPSS 中绘制散点图

1. 为使数据编辑器窗口处于现用状态，可从菜单栏选择**窗口>descriptive statistics. sav-IBM SPSS Statistics 数据编辑器**。

2. 从菜单栏选择**图形>旧对话框>散点图/点图 ...**（见图 3-7）。

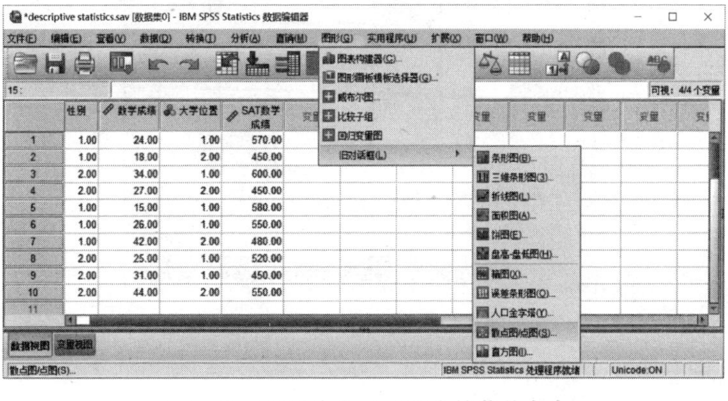

图 3-7 SPSS 中散点图程序的菜单命令

3. 弹出散点图/点图对话框（见图 3－8）。我们使用默认选项（简单散点图）为**数学成绩**和 **SAT 数学成绩**绘制散点图。然后单击定义。

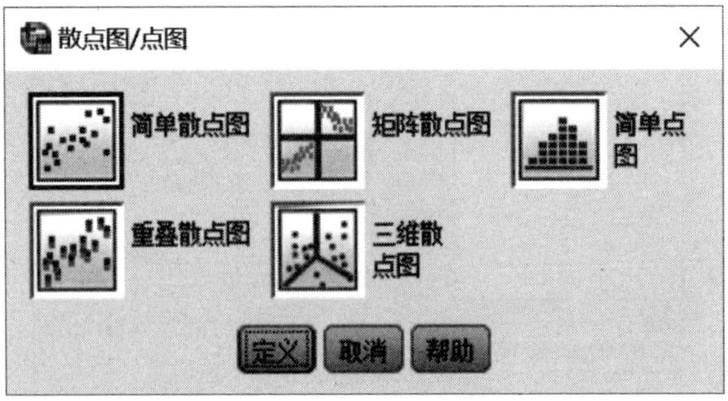

图 3－8　散点图/点图**对话框**

4. 弹出简单散点图对话框后，先选择**数学成绩**并单击最上方右箭头按钮（）以将其移入 Y 轴方框，再选择 **SAT 数学成绩**并单击从上往下数第二个右箭头按钮（）以将其移入 X 轴方框（详见图 3－9）。

5. 单击确定。

查看器窗口将显示**数学成绩**和 **SAT 数学成绩**的散点图（绘制完所有图形之后，我们再对散点图进行讨论）。

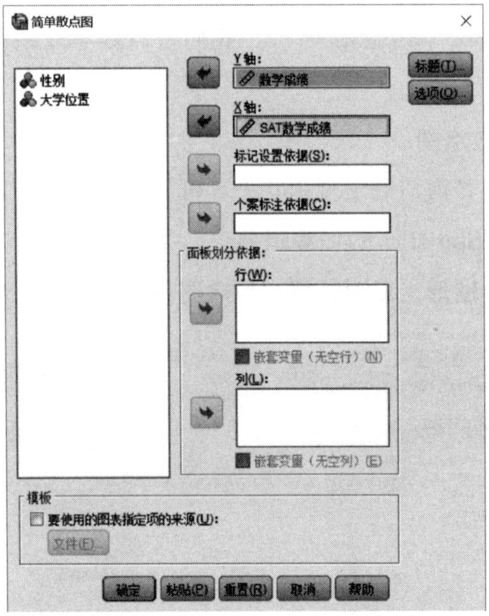

图 3－9　简单散点图**对话框**

箱线图

接下来介绍如何在 SPSS 中绘制箱线图。箱线图所显示的变量信息包括数据中心（中位数）、中间 50%的数据、整体取值范围和数据中是否有异常值（异常值点不能代表数据中的其他取值）。下面绘制**数学成绩**箱线图。

在 SPSS 中绘制箱线图

1. 为使数据编辑器窗口处于现用状态，可从菜单栏选择**窗口>descriptive statistics. sav-IBM SPSS Statistics 数据编辑器**。

2. 从菜单栏选择**图形>旧对话框>箱图 ...**（见图 3 - 10）。

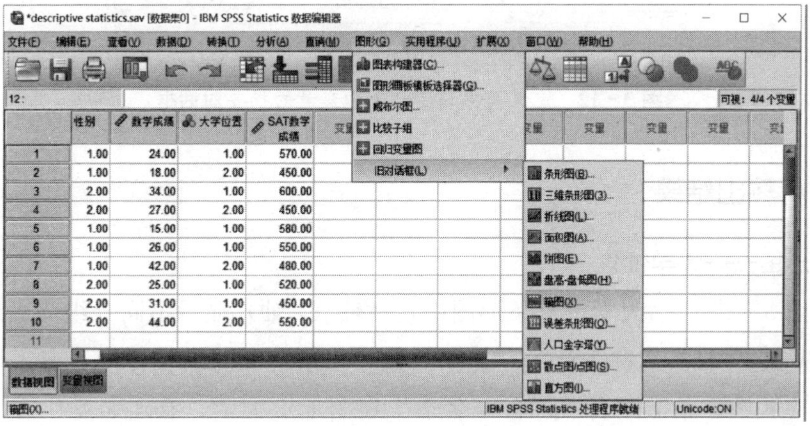

图 3 - 10　箱线图程序的菜单命令

3. 弹出箱线图对话框。保留默认选项（简单）。在对话框中图表中的数据为区域选择单独变量的摘要（见图 3 - 11）。

4. 单击定义按钮。

5. 弹出定义简单箱图：单独变量的摘要对话框。选择**数学成绩**变量并单击位于最上方的右箭头按钮（ ）以将其移入箱表示方框（见图 3 - 12）。

6. 单击确定。

查看器窗口将显示**数学成绩**箱线图。

接下来，我们将对 4 幅图形的结果进行描述，即条形图、直方图、散点图和箱线图。

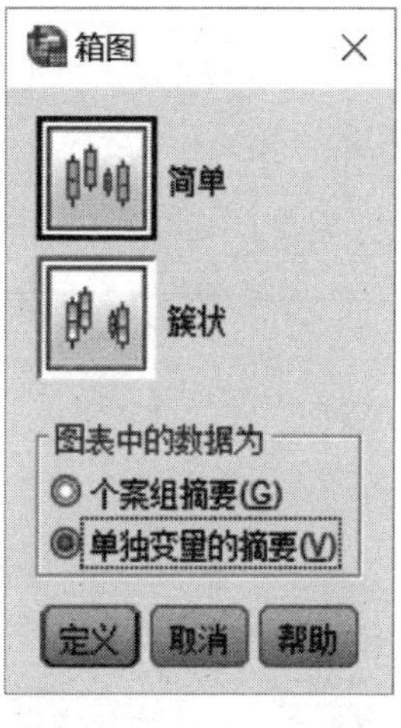

图 3 - 11　箱线图对话框

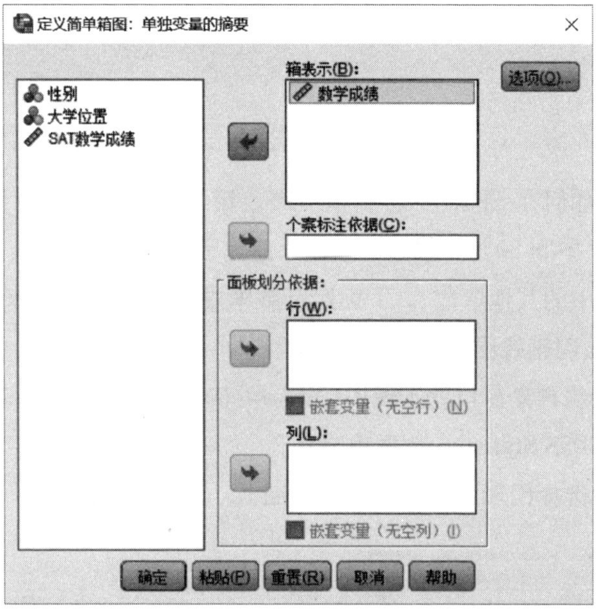

图 3-12　定义简单箱图：单独变量的摘要对话框

解释输出结果

条形图——大学位置

在图 3-13 所示**大学位置**条形图中，横轴（x 轴）显示不同分组（当地和外地），纵轴（y 轴，名称为计数）显示频数。在条形图的纵轴方向，各条形高度对应相应频数。条形图表示，有 6 名学生在当地上大学，有 4 名学生在外地上大学。

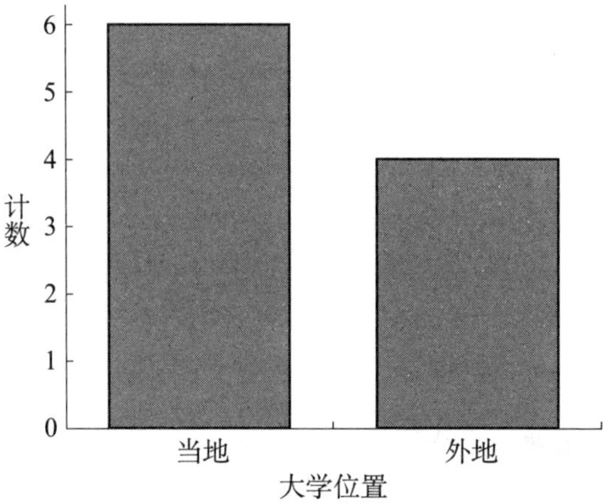

图 3-13　大学位置条形图

直方图——数学成绩

在图 3-14 所示直方图中，x 轴表示**数学成绩**取值（从最小值到最大值），y 轴表示频数。注意，图中 x 轴上每根条形的跨度为 5：第一根条形的中间位置是 15，第二根条形的中间位置是 20，其余依此类推（不同条形的中间位置不同）。图中频数最高的是中间位置为 25 的那根条形，其频数为 4。注意 SPSS 默认在图形右侧输出平均值、标准差和个案数。

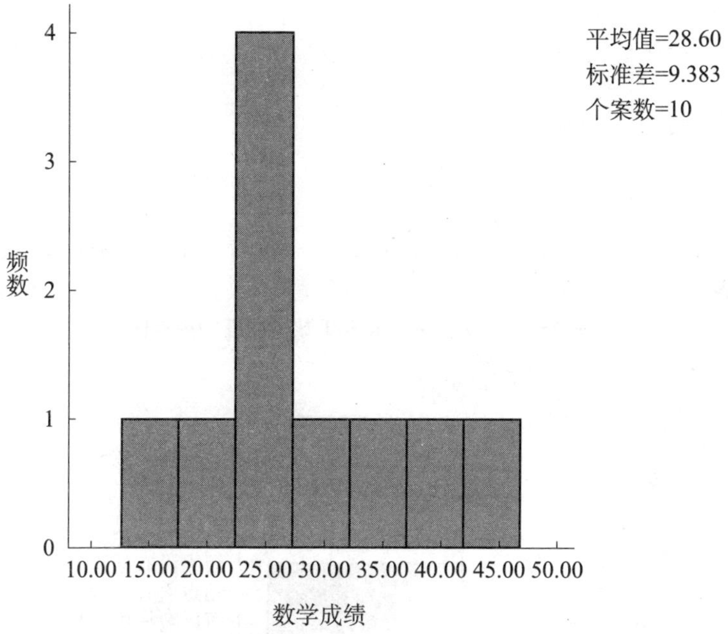

图 3-14 数学成绩的直方图

散点图——数学成绩和 SAT 数学成绩

图 3-15 的横轴和纵轴分别为 **SAT 数学成绩**和**数学成绩**，各人员信息以坐标点（图中以圆圈表示坐标点）形式显示在图中。图内有 10 个不同坐标点，每个坐标点分别表示相应人员在这两个变量的取值。例如，图中最右侧坐标点表示人员 3 的**数学成绩**和 **SAT 数学成绩**分别为 34 和 600。

箱线图——数学成绩

图 3-16 中**数学成绩**箱线图不同于先前为其绘制的直方图。在箱线图中，矩形方框包含位于中间 50%的数据，其中的黑线为中位数。从箱体延伸出去的线代表须子。如果不存在异常值，须子的两个端点分别表示最小值和最大值，如果存在一个或多个异常值，异常值会以星号形式位于须子之外（本章后面的练习题中，有一道题就是有异常值的箱线图）。

对图形的讨论到此结束。

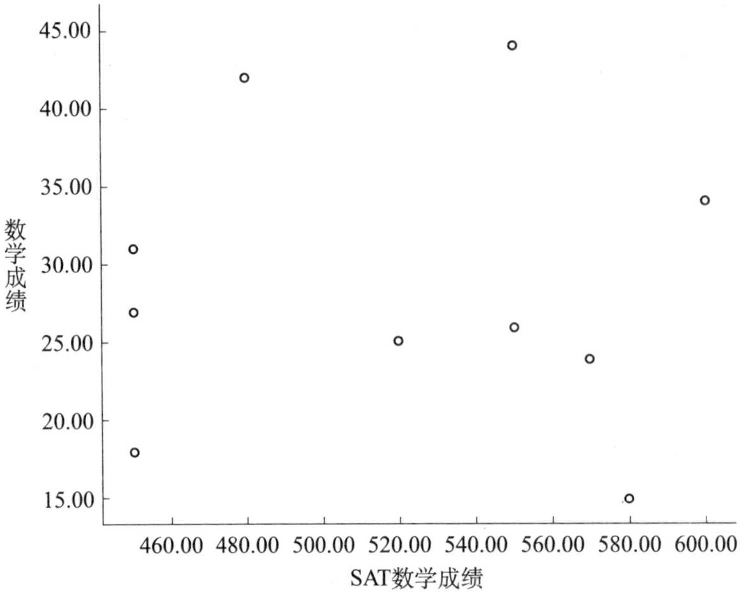

图 3-15　数学成绩和 SAT 数学成绩的散点图

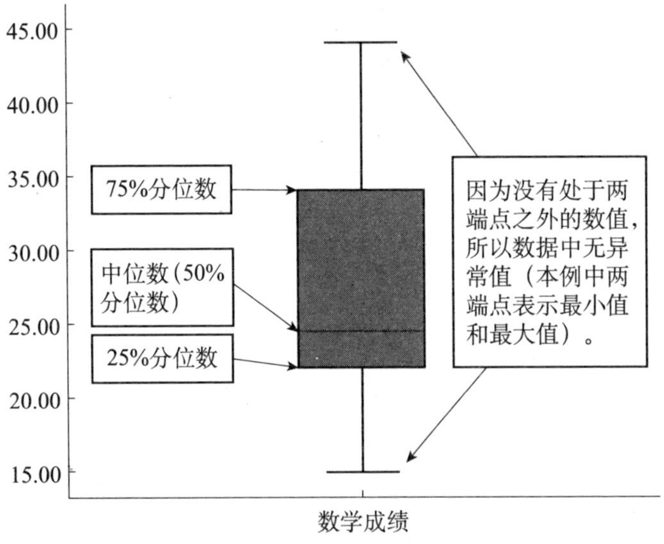

图 3-16　数学成绩的箱线图

总结：在 SPSS 中绘制条形图、直方图、散点图和箱线图的步骤

Ⅰ. 数据输入

1. 在变量视图窗口录入变量名称即可创建变量。

2. 为每个分类变量创建值标签。在变量视图窗口，正确录入数值取值和标签。单击确定。

3. 在数据视图窗口录入每个人员的数据信息。

Ⅱ. 数据分析

绘制条形图

1. 从菜单栏选择**图形>旧对话框>条形图…**。

2. 在条形图对话框，使用默认选项（简单），然后单击定义。

3. 在定义简单条形图：个案组摘要对话框，将目标变量移入类别轴方框。

4. 单击确定。

绘制直方图

1. 从菜单栏选择**图形>旧对话框>直方图…**。

2. 在直方图对话框，将目标变量移入变量方框。

3. 单击确定。

绘制散点图

1. 从菜单栏选择**图形>旧对话框>散点图/点图…**。

2. 在散点图/点图对话框，使用默认选项（简单散点图），然后单击定义。

3. 在简单散点图对话框，分别将两个变量移入 y 轴方框和 x 轴方框。

4. 单击确定。

绘制箱线图

1. 从菜单栏选择**图形>旧对话框>箱图…**。

2. 在箱线图对话框，保留默认选项（简单）。在图表中的数据为区域选择单独变量的摘要。然后单击定义。

3. 在定义简单箱图：单独变量的摘要对话框，将目标变量移入箱表示方框。

4. 单击确定。

练习

1. 数据有关本地大学的10名大二学生，变量为**性别**（**gender**；1=“男”，2=“女”），**每天学习小时数**（**hoursstudied**），**每天饮用咖啡杯数**（**cupscoffee**）和**平均绩点**（**gpa**）。数据文件见网址 www. routledge. com/cw/yockey 上章节3（Chapter 3）文件夹下 Chapter 3 _ Exercise 1. sav。为回答如下问题，请在 SPSS 中打开数

据文件并执行恰当分析。

A. 为 **gender** 绘制条形图并输出结果。所有学生中分别有多少男性和女性？

B. 为 **hoursstudied** 绘制直方图并输出结果。每天用于学习的平均小时数是多少？

C. 为 **gpa** 和 **hoursstudied** 绘制散点图并输出结果（将 **gpa** 放在 y 轴）。

D. 为 **cupscoffee** 绘制箱线图并输出结果。图中有异常值吗？

2. 数据文件见网址 www. routledge. com/cw/yockey 上章节 3（Chapter 3）文件夹下 Chapter 3 _ Exercise 2. sav。它包含 15 个人的信息，变量为：**是否有过敏史**（**allergy**；1＝“是”，2＝“否”）、**去年全年看病次数**（**doctorvisits**）和**同时期未上班天数**（**daysmissed**）。为回答如下问题，请在 SPSS 中打开数据文件并执行恰当分析。

A. 为 **allergy** 绘制条形图并输出结果。所有人中，多少人有过敏史？多少人无过敏史？

B. 为 **daysmissed** 绘制直方图并输出结果。平均每年未上班天数是多少？

C. 绘制 **doctorvisits** 的箱线图。图中有异常值吗？

3. 数据有关 7 名儿童，变量为他们**平均每周吃快餐次数**（**fastfood**）与他们对 **corn**（玉米）、**carrots**（萝卜）和 **cabbage**（卷心菜）的喜爱程度（喜爱程度取值范围都是 1～10，得分越高，儿童对相应食物的喜爱程度越高）。数据文件见网址 www. routledge. com/cw/yockey 上章节 3（Chapter 3）文件夹下 Chapter 3 _ Exercise 3. sav。为回答如下问题，请在 SPSS 中打开数据文件并执行恰当分析。

A. 为 **fastfood** 绘制直方图并输出结果。

B. 为 **corn** 绘制直方图并输出结果。7 名儿童对 **corn** 的平均喜爱程度是多少？

C. 为 **fastfood** 和 **carrots** 绘制散点图并输出结果（将 **carrots** 放在 y 轴）。

D. 绘制 **cabbage** 的箱线图。图中有异常值吗？

第4章
可靠性（用系数alpha度量）

可靠性指数据在目标测度上的一致性或可重复性。例如，用测度自信的 10 项量表先对一组人员进行调查，两周后再对同一组人员询问相同问题。如果两次回答一致或基本一致，则认为该调查的可靠性很高。如果两次回答差别很大，则认为该调查的可靠性较低。

虽然有多个估计可靠性的方法，不过这些方法基本上可归入如下两类：对指标的多重处理信度和对指标的单一处理信度[1]。前者需先基于两种不同情况进行度量，得到结果之后再结合它们计算被调查者所做回答的一致性。**再测信度**（test-retest reliability，对相同指标测度两次）和**替换形式信度**（alternate form reliability，分别对两个很相似的指标各测度一次）是此类方法下的两种常用方法。

后者需对各调查项目进行单次度量，再计算被调查者对这些项目所做回答的一致性。**分半信度**（split-half reliability）和 **alpha 系数**（coefficient alpha，也称作克伦巴赫系数）是此类方法下的两种常用方法。分半信度先将调查项目均分为两部分，然后估计被调查者对其所做回答的一致性。与此不同，alpha 系数不是对调查项目的一次分割进行分析，从数学上看，它等价于对所有可能的分割结果取平均。不论是用分半信度还是用 alpha 系数估计可靠性，都应该注意一个重要前提，即所有调查项都测度相同特征，否则，内部一致性很可能较低。本章我们将集中讨论 alpha 系数，它是估计调查信度最常用的方法之一。

alpha 系数取值范围为 0～1，取值越高表明内在一致性越高[2]。表 4-1 给出用 alpha 系数估计内在一致信度时，其不同取值对应的充分性。

表 4-1　用 alpha 系数估计内在一致信度及其不同取值对应的充分性

alpha 系数	充分性
0.90 及以上	极好
0.80～0.89	良好
0.70～0.79	一般
0.60～0.69	较差
0.59 及以下	差

下面介绍一个使用 alpha 系数的实例。

实例

作为研究项目的一部分，一名学生想估计生活意义 5 项量表的内在一致性，如表 4-2 所示。

表 4－2 中，各生活意义调查项的作答范围都是 1～5，其中 1 表示极不同意，5 表示极其同意。将 5 项回答加总即可得到总得分，总得分取值范围为 5～25，取值越大表明生活越有意义。25 位大学生作答了该量表。

表 4－2　生活意义调查量表

生活意义调查项目	极不同意	不同意	既不反对也不同意	同意	极其同意
1. 我对我的生活方向感觉良好。	1	2	3	4	5
2. 我的生活有意义。	1	2	3	4	5
3. 总之，我感觉我的生活走上正轨。	1	2	3	4	5
4. 我在生活中从未感觉怅然若失。	1	2	3	4	5
5. 生活中，我正向实现目标努力。	1	2	3	4	5

注：对每一调查项，1 代表极不同意、2 代表不同意、3 代表既不反对也不同意、4 代表同意、5 代表极其同意。要求每个人员只能从回答选项中选择一项。

如果生活意义调查项有很高的内在一致性（调查可靠），那么被调查者在回答每个调查项目时，应该以一种较为一致的方式作答。例如，对表 4－2 中调查项，那些认为生活意义高的人应该对各调查项表示同意或极其同意，同时，认为生活意义低的人应该对各调查项表示不同意或极不同意。这种回答将使 alpha 系数取较大数值，因为被调查者的作答方式具有一致性（例如，一个人同意所有调查项，另一个人不同意所有调查项）。该准则的例外是调查中存在一个或多个负向项目，这将在后文进行讨论。

负向项目和逆编码

根据上文，如果被调查者认为生活意义较高，那么其回答很有可能是同意或极其同意（假定调查可靠）。但是，某些测量中的调查项目较复杂，一个具有某种特征的被调查者可能只同意这些调查项目中的一些项目而不同意其余项目。该情况下，称那些不被同意的调查项为负向项目。（如果将表 4－2 中项目 2 改写为“我的生活没多大意义”，那么认为生活意义高的人很可能对该项目表示不同意或极不同意。这就是负向项目的一个例子。）如果一份调查包含一个或多个负向项目，那么在估计内在一致性之前，需对这些项目进行逆编码。逆编码是对负向项目的回答逐字取反，例如 1 变成 5，2 变成 4，等等。调查项目逆编码的介绍可参见附录 A。

alpha 系数的目标和所需数据

详情见表 4－3。

表 4－3　alpha 系数

目标	所需数据	实例
估计作答的内在一致性	需要至少两个项目（变量）的数据（建议项目数多于两个）。所有项目应该测度相同特点或特征。	生活意义调查包含 5 个项目（变量）。将计算被调查者对这 5 个项目所做回答的内在一致性。

数据

表 4－4 给出生活意义 5 项量表的调查数据。该数据记录了 20 个被调查者对各调查项目的回答。表中，每行表示被调查者的回答，不同列表示不同调查项目。回答 1 对应第一个调查项目，回答 2 对应第二个调查项目，其余依此类推。

表 4－4　生活意义 5 项量表的调查数据

被调查者	回答 1	回答 2	回答 3	回答 4	回答 5
1	5	5	4	5	4
2	2	3	2	1	3
3	1	2	2	1	2
4	5	5	5	4	5
5	3	4	4	2	3
6	5	5	2	4	3
7	5	4	4	3	4
8	4	4	4	4	4
9	5	4	4	4	3
10	4	5	5	4	3
11	5	5	5	5	5
12	3	2	2	3	3
13	1	1	1	2	1
14	5	5	5	5	5
15	5	4	4	4	5
16	4	4	3	4	3
17	4	4	4	4	3
18	5	5	5	5	5
19	5	4	5	5	4
20	4	5	5	5	4

注：被调查者列仅为了便于说明，该列不被录入 SPSS。

数据录入和分析

步骤 1 和步骤 2 介绍如何向 SPSS 录入数据。也可以从网上下载数据文件，见 www. routledge. com/cw/yockey 上章节 4（Chapter 4）文件夹下 meaning. sav。如果你倾向于使用网站上的数据文件，则直接转向步骤 3。

步骤 1：创建变量

1. 启动 SPSS。

2. 单击变量视图标签。

将在 SPSS 中创建 5 个变量，每个变量分别对应一个生活意义调查项。将变量命名为**回答 1**、**回答 2**、**回答 3**、**回答 4** 和**回答 5**。

3. 在变量视图窗口的前 5 行，依次录入变量名称**回答 1**、**回答 2**、**回答 3**、**回答 4** 和**回答 5**。在测量列，将变量均归为标度尺度（见图 4 - 1）。

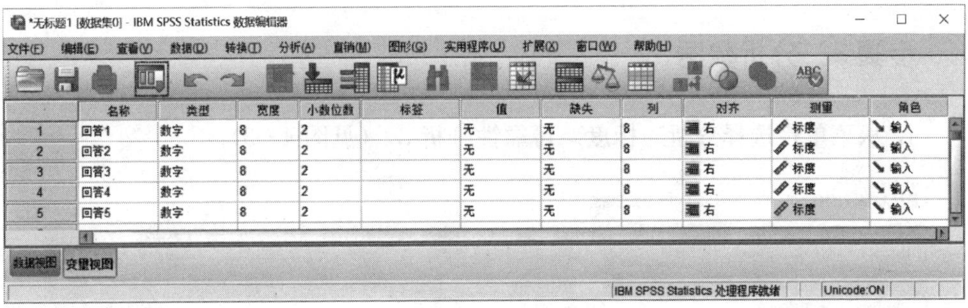

图 4 - 1　已录入回答 1～回答 5 这些变量的变量视图窗口

步骤 2：录入数据

1. 单击数据视图标签。**回答 1**、**回答 2**、**回答 3**、**回答 4** 和**回答 5** 这些变量分别位于数据视图窗口前 5 列。

2. 参照表 4 - 4，录入每个被调查者的信息。对第一个被调查者，依次在**回答 1**、**回答 2**、**回答 3**、**回答 4** 和**回答 5** 这些变量下录入 5、5、4、5 和 4。使用相同方式，录入所有 20 个被调查者的数据。完整数据文件如图 4 - 2 所示。

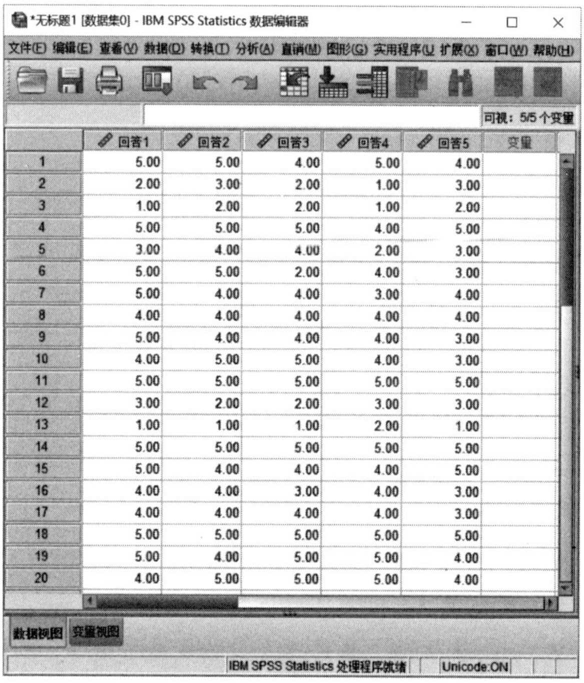
*无标题1 [数据集0] - IBM SPSS Statistics 数据编辑器

	回答1	回答2	回答3	回答4	回答5	变量
1	5.00	5.00	4.00	5.00	4.00	
2	2.00	3.00	2.00	1.00	3.00	
3	1.00	2.00	2.00	1.00	2.00	
4	5.00	5.00	5.00	4.00	5.00	
5	3.00	4.00	4.00	2.00	3.00	
6	5.00	5.00	2.00	4.00	3.00	
7	5.00	4.00	4.00	3.00	4.00	
8	4.00	4.00	4.00	4.00	4.00	
9	5.00	4.00	4.00	4.00	3.00	
10	4.00	5.00	5.00	4.00	3.00	
11	5.00	5.00	5.00	5.00	5.00	
12	3.00	2.00	2.00	3.00	3.00	
13	1.00	1.00	1.00	2.00	1.00	
14	5.00	5.00	5.00	5.00	5.00	
15	5.00	4.00	4.00	4.00	5.00	
16	4.00	4.00	3.00	4.00	3.00	
17	4.00	4.00	4.00	4.00	3.00	
18	5.00	5.00	5.00	5.00	5.00	
19	5.00	4.00	5.00	5.00	4.00	
20	4.00	5.00	5.00	5.00	4.00	

图 4-2　完整数据文件

步骤 3：分析数据

1. 从菜单栏选择**分析**>**标度**>**可靠性分析 ...**（见图 4-3）。

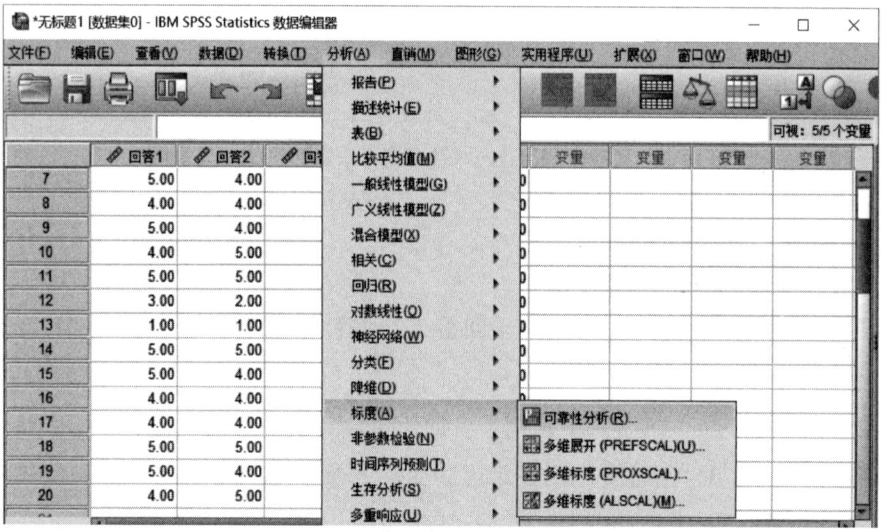

图 4-3　可靠性分析程序的菜单命令

2. 弹出可靠性分析对话框，**回答 1** 至**回答 5** 这些变量位于对话框左侧（见图 4-4）。

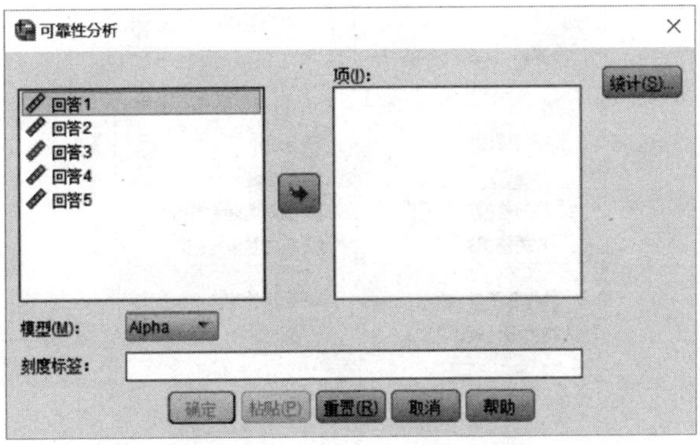

图 4-4　可靠性分析**对话框**

3. 选择**回答 1** 并按住 Shift 键不放，然后点选**回答 5**，此时 5 个变量均被选中。接着单击右箭头按钮（ ）将变量移入项方框（详见图 4-5）。

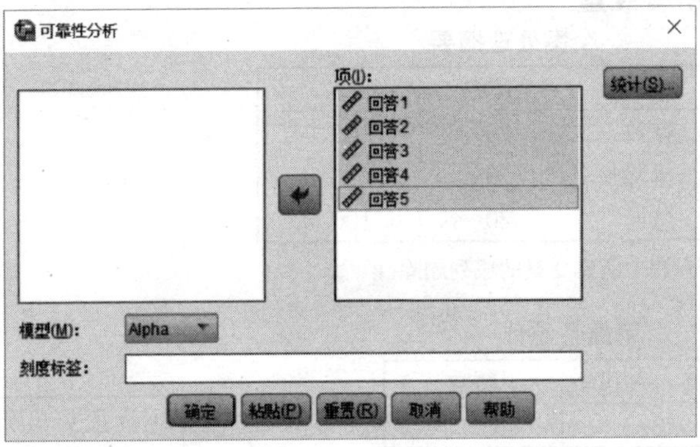

图 4-5　可靠性分析**对话框（接上图）**

4. 单击统计按钮，弹出可靠性分析：统计对话框。在描述区域勾选项和标度（见图 4-6）。

5. 单击继续。

6. 单击确定。

可靠性程序在 SPSS 中运行之后，结果会显示在查看器窗口。

步骤 4：解释输出结果

可靠性分析的输出结果见图 4-7。

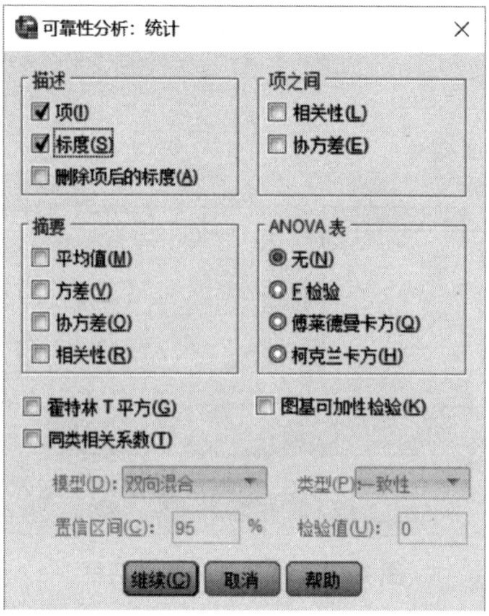

图4-6　可靠性分析：统计对话框

可靠性

标度：所有变量

个案处理摘要

		个案数	%
个案	有效	20	100.0
	排除[a]	0	0.0
	总计	20	100.0

a. 基于过程中所有变量的成列删除。

可靠性统计

克隆巴赫 Alpha	项数
0.943	5

生活意义5项量表的alpha系数取值。

项统计

	平均值	标准差	个案数
回答1	4.000 0	1.337 71	20
回答2	4.000 0	1.169 80	20
回答3	3.750 0	1.292 69	20
回答4	3.700 0	1.301 82	20
回答5	3.600 0	1.095 45	20

标度统计

平均值	方差	标准差	项数
19.050 0	31.418	5.605 21	5

图4-7　可靠性程序的输出结果

个案处理摘要

个案处理摘要表是第一张表。它给出个案数（被调查者人数），个案数可用于计算量表可靠性。表中，个案数为20，这表示20个被调查者都被包含在分析中（他们在所有变量的取值完整）。

可靠性统计

可靠性统计表是第二张表。它给出5项量表的alpha系数（也被称作克伦巴赫系数）。alpha系数取值为0.94（保留两位小数），这表明调查项目具有很高的内在一致性。

项统计

第三张表是项统计表，它给出各调查项的平均值、标准差和个案数。从项统计表中5个平均值可知，被调查者对项目1和项目2的平均评分最高，其平均评分为4，这与“同意”相对应。其余3个调查项的平均评分在3.60～3.75之间。项目1的变异性最高，其标准差约为1.34（5个调查项目的标准差非常相近）。总体上看，被调查者认为自己的生活相当有意义，每个调查项目的平均得分不是等于4就是很接近4，4对应调查中“同意”这个回答。

标度统计

标度统计表是最后一张表。它给出总评分（总评分为被调查者对所有调查项目所做评分之和）的平均值、方差、标准差以及每张量表的调查项目总数。总评分取值范围为5～25，表中给出其平均值为19.05，标准差为5.61。因为平均值19.05很接近取值上限25，所以被调查者认为他们的个人生活相当有意义。量表均值是评价调查结果（被调查者认为生活是否有意义，程度是多少）的另一种方法。先对各调查项目的评分取平均，再对这些平均评分求和，即可算得量表均值（4.00+4.00+3.75+3.70+3.60=19.05）。

结果表述

本部分给出输出结果的简要文字报告，且每一调查项目均包含在内。在可靠性分析结果中，将给出整体调查的alpha系数取值、平均值和标准差（如果需要，也可以给出各调查项目的平均值和标准差）。文字报告如下。

报告

为估计生活意义5项量表的内在一致性，进行了相关分析。调查的alpha系数为 0.94，这表明各调查项之间存在很高的内在一致性。各调查项平均得分在 3.60～4.00 之间，总评分的均值为 19.05，标准差为 5.61。整体上看，被调查者的回答表明他们认为自己的生活相当有意义。表 4－5 给出各生活意义调查项评分的平均值和标准差。

表 4－5　生活意义各调查项的平均值和标准差

项目	平均值	标准差
1	4.00	1.34
2	4.00	1.17
3	3.75	1.29
4	3.70	1.30
5	3.60	1.10

总结：在 SPSS 中进行可靠性分析的步骤

Ⅰ. 数据输入和分析

1. 在 SPSS 中为每个调查项目创建变量。
2. 录入被调查者对各调查项目的回答。
3. 选择**分析**>**标度**>**可靠性分析…**。
4. 将每个调查项目移入项方框。
5. 单击统计，在描述区域勾选项和标度。单击继续。
6. 单击确定。

Ⅱ. 结果的解释

1. 注意可靠性统计表中 alpha 系数（克伦巴赫系数）的取值。
2. 查看项统计表和标度统计表，分别得到各调查项评分和总评分的平均值。
3. 根据总评分的 alpha 系数、平均值和标准差书写报告（如果需要，也可以给出各调查项目评分的平均值和标准差）。

练习

1. 研究者对养老院的 20 位居民进行了 7 项居民满意度调查，居民回答见表 4－6。对每一个调查项目，1 表示极不同意，7 表示极其同意。评分越高表明居民对养老院的满意度越高。

表 4-6 居民满意度调查数据

项目 1	项目 2	项目 3	项目 4	项目 5	项目 6	项目 7
4	3	5	4	4	3	4
1	2	1	1	5	1	2
4	5	2	3	1	1	1
4	3	2	1	1	4	2
6	5	4	2	2	3	1
4	2	6	6	4	2	3
4	2	1	1	5	4	5
4	3	3	2	5	4	6
4	1	1	2	4	4	2
5	4	6	4	5	7	7
5	6	4	2	2	4	7
2	4	6	5	7	7	5
2	4	6	5	4	4	7
1	1	4	2	2	4	2
2	3	4	4	5	4	2
4	6	2	3	5	5	4
2	4	3	4	2	3	4
2	4	5	6	4	4	5
2	4	6	6	5	4	5
6	4	5	5	6	4	5

为回答如下问题，请在 SPSS 中录入数据并执行恰当分析。将变量分别命名为**项目 1** 至**项目 7**。

A. 此次调查的可靠性（克伦巴赫系数）是多少？

B. 你将如何评价该可靠性？

C. 为可靠性分析写一个书面报告。其中需包含调查的整体可靠性以及总评分的平均值和标准差。

2. 数据有关 30 位被调查者对适应能力 10 项量表的回答。数据文件见网址 www. routledge. com/cw/yockey 上章节 4（Chapter 4）文件夹下 Chapter 4 _ Exercise 2. sav（变量被分别命名为 **resilience1** 到 **resilience10**）。各调查项的评分可取 1（极不同意）到 7（极其同意）之间整数，且评分越高，适应能力越强。为回答如下问题，请在 SPSS 中打开数据文件并执行恰当分析。

A. 此次调查的可靠性（克伦巴赫系数）是多少？

B. 你将如何评价该可靠性？

C. 为可靠性分析写一个书面报告。其中需包含调查的整体可靠性以及总评分的平均值和标准差。

3. 为研究某课题，一名学生使用了两个不同调查，其中一个关于自信，另一个关于动手能力。该同学把两个调查的所有调查项混合到一起，然后对其计算 alpha 系数，发现整个调查的可靠性系数为 0.41。为什么可靠性会这么低?

注　释

1. 评分者间信度（interrater reliability）不属于这两类信度，它度量的是评分者的一致性，评分者即回答调查项目的被调查者。

2. alpha 系数也有取负值的时候，这表明计算中有错。例如，在估计 alpha 系数时，没将调查中的负向项目逆编码（后文很快将讨论负向项目）。

第二部分

推断统计

第二部分是本书的核心部分，包含很多常用的推断程序。第二部分包含如下章节：单样本 t 检验（第5章）、独立样本 t 检验（第6章）、相依样本 t 检验（第7章）、主体间单因素方差分析（第8章）、主体间双因素方差分析（第9章）、主体内单因素方差分析（第10章）、主体内有交互作用方差分析（第11章）、皮尔逊 r 相关系数（第12章）、一元线性回归（第13章）、多元线性回归（第14章）、卡方拟合优度检验（第16章）和卡方独立性检验（第17章）。

在开始第 5 章之前，先回顾一些与假设检验相关的专业术语，这将有助于你阅读本书。如果你对统计不熟悉，可以参考统计学基础书目中有关假设检验的章节。

样本和总体

统计学中，我们经常谈及样本和总体。**总体**是目标事件的全体，**样本**是总体中的一部分（总体的子集）。举个例子，假设我们要在美国开展一项手机使用调查，计划从美国不同城市随机抽取 200 个手机用户。美国所有拥有手机的人群就是总体，挑选出来的 200 个用户则构成样本。在现实生活中，总体数据不仅花费大而且难以获取，因此我们通常处理的是样本数据。

推断统计

推断统计是用样本数据对总体进行归纳的统计过程。例如，预测总统选举的获胜者时，使用推断统计就能以较小样本（比如 2 000 人）对美国所有选民这个总体做出相当精确的判断（假设样本对总体具有代表性）。推断统计非常有用，因为利用这些方法，我们可以基于有限信息（比如样本）对总体做判断。

假设检验

当用样本对总体做推断时，我们会进行**假设检验**。假设检验包含两个假设，即**原假设**和**备择假设**。通常将**原假设**表述为一个处理没有影响，将**备择假设**表述为该处理有影响。举个例子，要评估一种新疗法，看它是否可以缓解抑郁症，可将原假设表述为“疗法对抑郁症没影响”（它不能改变抑郁症患者的感受），将备择假设表述为“疗法对抑郁症有影响”（它能改变抑郁症患者的感受）。在假设检验中，我们对是否可以接受原假设进行评估。基于我们的研究结果，如果原假设显得合理，我们就不拒绝它；如果原假设显得不合理，我们就拒绝它，从而接受备择假设。

单尾检验和双尾检验

可用**双尾检验**或者**单尾检验**对假设进行判断。双尾检验用于判断一个处理是否在两个方向都有影响（看数值是更高还是更低），单尾检验只考虑一个方向（只能是更高或只能是更低）。考虑一个例子，判断两种不同疗法中哪一种在缓解焦虑情绪上更有效（不妨将它们称为疗法 A 和疗法 B）。双尾检验考虑的是哪种疗法更有效的概率（如 A＜B 或 A＞B），单尾检验需要在检验前为备择假设确定一个方向（如 A＜B），然后考虑该事件概率。单尾检验的优点是它能以更高概率发现哪种疗法更有效（假定真实情况为备择假设 A＜B，拒绝原假设就意味着接受备择假设，同样意味着疗法 B 比疗法 A 更有效）；其缺点是，如果真实情况位于备择假设的相反方向（A＞B），就不能妄下断言。实际研究更常使用双尾检验，也正是这个原因，本书将详述双尾检验。

第Ⅰ类错误和第Ⅱ类错误

假设检验中，用样本数据对总体做推断。可将样本数据看作总体的不完全“图像”，在假设检验过程中，这种不完全性很可能带来误差。有两种误差类型——第Ⅰ类错误和第Ⅱ类错误。当原假设为真但还是拒绝了原假设时，所犯的错误为**第Ⅰ类错误**（如果原假设为真，本不该拒绝它）。当原假设非真但没拒绝原假设时，所犯的错误为**第Ⅱ类错误**（如果原假设非真，本该拒绝它）。它们都是假设检验中的误差，因为从假设检验得出的结论与真实情况相反。

功效

第Ⅰ类错误和第Ⅱ类错误关注的是犯错概率，功效关注的是做出正确决定的概率。**功效**等于原假设非真且被拒绝的概率（如果原假设非真并被拒绝了，所做决定就是正确的）。功效的范围为 0～1，且其取值越高，功效越高。例如，取值为 0.80 的功效意味着在进行一次研究前，原假设被拒绝的概率为 80%。（换言之，如果将研究进行多次，取值为 0.80 的功效意味着，总次数中有 80%的次数拒绝原假设，这是正确决定；总次数中有 20%的次数不拒绝原假设，这是第Ⅱ类错误。）

抽样误差

抽样误差是推断统计中一个非常重要的概念，它使得假设检验的逻辑更容易被理解。考虑一个比较两种不同记词策略的例子。假设它们没有区别，那么无论使用哪种策略，总体中每个人记住的词数都一样。想象一下，从总体中抽取 10 个人并让他们使用第一种策略，再从总体中抽取另外 10 个人并让他们使用第二种策略，然后比较这两组人员记住的词数。虽然两种记词策略使总体中每个个体记住的词数相同，但在样本中很难出现两组人员所记词数相同的情况。这是因为样本数据是总体的子集，而且只从总体中抽取了一部分，所以总体不能被样本完全代表。一般而言，样本越少，样本和总体之间的差别越大。称样本和总体之间的差别为**抽样误差**。在后面章节中，抽样误差的概念很重要，所以最好能记住它。当从同一总体抽取不同样本时，各样本数据会有明显差异（例如，各样本均值会不相同）。

p 值

继续使用记词策略这一例子。从总体抽取样本时，如果样本数据明显不一样，那么怎样才能确定样本之间存在实质差别（总体中某策略比另一种策略好）？又或者这种差别是否只来源于抽样误差（总体中两种策略一样）？可根据 SPSS 中输出的 p 值来做决定。p 值表示原假设为真时得到特定结果（甚至更极端结果）的确切概率。例如，在记词策略这一例子中，我们假定两种策略间记词差别为 2 个单词的 p 值为 0.03。取值为 0.03 的 p 值表示，如果原假设为真，组间记词差别为 2 个单词的可能性仅为 3%。假设检验中，将算得的 p 值与预先设定好的数值（也叫 alpha，记为 α）做比较。基于比较结果，我们决定是否拒绝原假设。本书中，我们取 alpha 为 0.05（社会学和行为科学中最常用该数值），且将算得的 p 值与它进行比较。

根据 p 值做决策的过程如下：

如果 p 值小于等于 0.05（alpha），则拒绝原假设（认为两种策略有差异）。

如果 p 值大于 0.05（alpha），则不拒绝原假设（认为两种策略无差异）。

在 SPSS 中，p 值被记为“显著性”。

将假设检验的决策过程总结于下表。

p 值（在 SPSS 中被记为“显著性”）	决策
如果 $p \leq 0.05$	拒绝原假设
如果 $p > 0.05$	不拒绝原假设

考虑下表给出的例子。第一个例子的 p 值为 0.02。对于 alpha=0.05，我们将对原假设做出怎样的决策呢？因为 p 值 0.02 小于 0.05，所以拒绝原假设。在例 2 和例 3 中，由于其 p 值均大于 0.05（分别为 0.080 和 0.521），所以不拒绝原假设。

例子	p 值 （在 SPSS 中被记为“显著性”）	决策 （取 alpha 为 0.05）	说明
1	0.020	拒绝原假设	支持备择假设
2	0.080	不拒绝原假设	支持原假设
3	0.521	不拒绝原假设	支持原假设

虽然本书取 alpha 为 0.05，但是你也可以使用其他数值（比如 0.01 或 0.001），你所需要做的就是调整你的决策准则。举个例子，如果取 alpha 为 0.01，则上面表格中基于 p 值所做出的所有决策都是不拒绝原假设，这是因为它们均大于 0.01。如本例所述，如果 alpha 取值不同（0.05 和 0.01），则我们对原假设做出的决策也可能不同（是否拒绝原假设）。

本部分各章节中，我们将计算 p 值，且根据前文介绍的方法对是否拒绝原假设做出决策。通常，如果拒绝原假设，则称结果为“显著的”或者“统计上显著的”；如果不拒绝原假设，则称结果为“不显著的”。

效应值

虽然假设检验是对总体做推断的有力工具，但还是很有必要弄清楚假设检验告诉了我们什么和没告诉我们什么。再考虑记词策略这一例子，假设检验允许我们以一种合理的确信程度对总体中两种记词策略是否有差异这个问题做出决策。它没有给出的是组间如何不同（假设检验认为组间是有差异的，但没有给出组间的差异是小的、中等的还是大的)。一种描述组间差异程度的方法是计算效应值。效应值表示研究结果的程度。第 5 章将进一步介绍效应值，而且在第二部分所介绍的几种方法中也会对其进行说明。

对第二部分的介绍告一段落。接下来是第 5 章——单样本 t 检验。

第 5 章

单样本 *t* 检验

将样本均值与总体均值或估计的总体均值进行比较时，使用单样本 t 检验。有时，样本与总体明显不同，需要检验某因变量的样本均值是否与其总体均值有显著区别。下文将介绍一个单样本 t 检验的例子。

例子

一位就职于会计师事务所的工业心理学家想了解公司员工平均每周工时是否与全国会计人员平均每周工时（52 个小时）有显著差别。该心理学家从公司不同部门随机抽取员工共 16 人，且记下他们在 3 个月内的平均每周工时。本研究的因变量是每周工时。

单样本 t 检验的目标和所需数据

单样本 t 检验的目标和所需数据见表 5-1。

表 5-1　单样本 t 检验

目标	所需数据	实例
判断样本均值是否与总体均值或估计的总体均值有显著区别	一组样本（被调查者） 一个连续因变量	会计师事务所的会计人员 因变量 • 每周工时

原假设与备择假设

原假设（H_0）表述为“会计师事务所的每周工时与全国平均值 52 小时相等”：

H_0：$\mu=52$

备择假设（H_1）表述为“会计师事务所的每周工时与全国平均值 52 小时不相等”：

H_1：$\mu \neq 52$

原假设的决策

单样本 t 检验的原假设为“会计师事务所的每周工时与全国平均值 52 小时相

等”。为检验该原假设，在其为真的情况下，如果 t 检验的结果看起来不可能（p 值小于 5%），则拒绝原假设；如果 t 检验的结果看起来很有可能（p 值大于 5%），则不拒绝原假设。[1]

研究问题

研究课题中的基本问题也可用问句形式表述，例如：

“会计师事务所员工的每周工时是否与全国平均值 52 小时有差别？”

数据

16 个被调查者的数据见表 5－2。

表 5－2　会计师事务所 16 名员工的每周工时

被调查者	每周工时
1	54
2	48
3	68
4	53
5	60
6	45
7	57
8	62
9	71
10	60
11	55
12	63
13	68
14	64
15	56
16	60

注：被调查者变量仅为了便于说明，该列不被录入 SPSS。

数据录入和分析

步骤 1 和步骤 2 介绍怎么向 SPSS 录入数据。也可以从网上下载数据文件，见

www.routledge.com/cw/yockey 上章节 5（Chapter 5）文件夹下 hours worked.sav。如果你倾向于使用网站上的数据文件，则直接转向步骤 3。

步骤 1：创建变量

1. 启动 SPSS。

2. 点击变量视图标签。

在 SPSS 中，将为会计师事务所员工的每周工时创建一个变量并命名为**每周工时**。

3. 录入变量名称**每周工时**并敲击下箭头键（↓）。在测量列，将每周工时归为标度尺度。详见图 5-1。

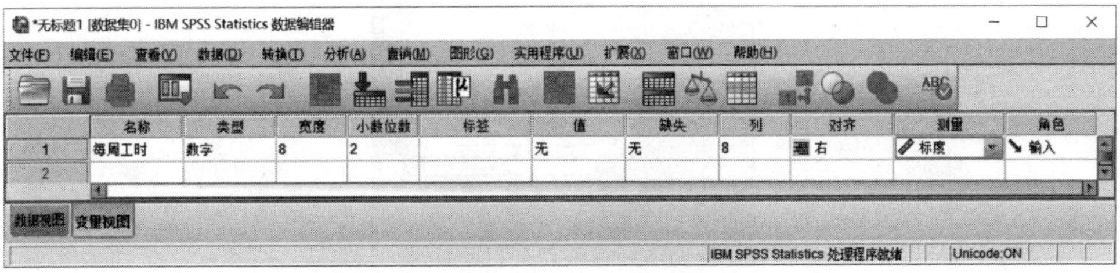

图 5-1　已录入变量名称的变量视图窗口

步骤 2：录入数据

1. 单击数据视图标签。**每周工时**变量位于数据视图窗口第 1 列。

2. 为**每周工时**录入数据，需使窗口左上角第一个单元格处于现用状态（如果未处于现用状态，单击该单元格即可）。录入数据时，从第一个被调查者（54）开始，直至最后一个被调查者（60）。（在每次录入数据后，敲击下箭头键（↓）或 Enter 键都可以在数据视图窗口移到下一行。）完整数据文件见图 5-2。

步骤 3：分析数据

1. 从菜单栏选择**分析**>**比较平均值**>**单样本 T 检验 ...**（见图 5-3）。

2. 弹出单样本 T 检验对话框，其中**每周工时**变量位于对话框左侧（见图 5-4）。

3. 选中因变量**每周工时**并单击右箭头按钮（➡）以将其移入检验变量方框。

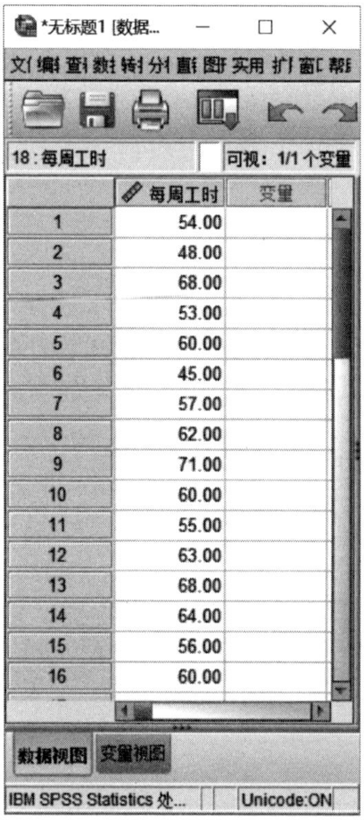

图 5-2　单样本 t 检验的完整示例数据文件

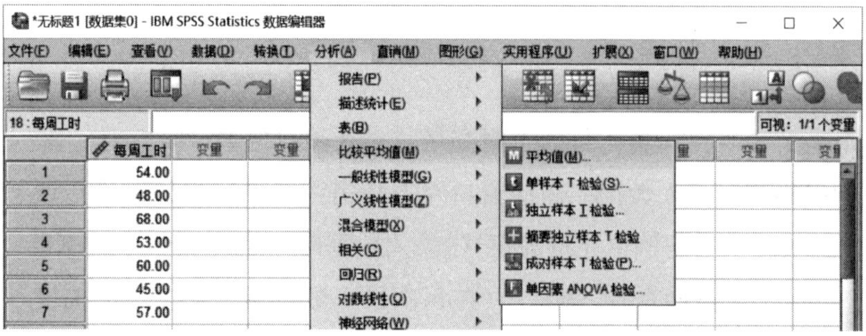

图 5-3　单样本 t 检验的菜单命令

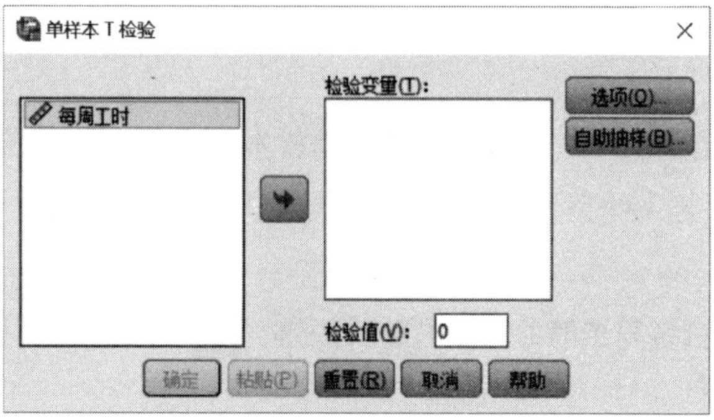

图 5-4　单样本 T 检验对话框

4. 在检验值方框录入 52。这是原假设的给定数值。详见图 5-5。(该步骤很关键且很容易被忽视。如果在检验值方框保留默认值 0，那么单样本 t 检验将对会计师事务所员工每周工时是否与 0 小时有显著差别这个问题进行检验。这显然是有差别的。因此，在 SPSS 中进行单样本 t 检验时，要确保将原假设的给定数值录入检验值方框（本例是 52)。)

5. 单击确定。

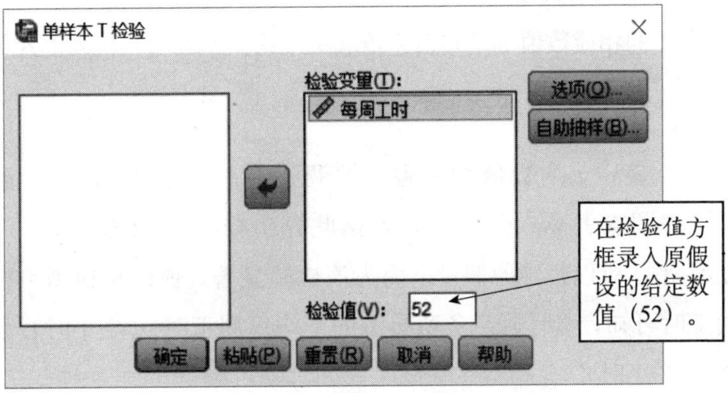

图 5-5　单样本 T 检验对话框（接上图）

单样本 t 检验程序在 SPSS 中运行之后，结果会显示在查看器窗口。

步骤 4：解释输出结果

图 5-6 给出单样本 t 检验的输出结果。

单样本统计

	个案数	平均值	标准差	标准误差平均值
每周工时	16	59.000 0	7.146 09	1.786 52

平均值差值 7 等于会计师事务所员工的平均每周工时（59）与原假设中的给定数值（52）之差。

单样本检验

	检验值 = 52					
	t	自由度	显著性（双尾）	平均值差值	差值 95% 置信区间	
					下限	上限
每周工时	3.918	15	0.001	7.000 00	3.192 1	10.807 9

因为 p 值 0.001 小于 0.05，所以拒绝原假设。

图 5-6　单样本 t 检验的输出结果

单样本统计表

单样本统计表是第一张表，它给出样本的个案数、平均值、标准差和标准误差平均值。注意到会计师事务所员工的平均每周工时为 59 小时，这比全国平均值 52 小时多出 7 个小时。稍后将考虑该差别，看其是否具有统计显著性。

单样本检验表

单样本检验表是下一张表。它解释的问题是，会计师事务所员工的平均每周工时是否与全国均值 52 小时有差别。原假设的检验形式为 t，其中

$$t=\frac{\text{样本均值与总体均值之差}}{\text{样本标准误差平均值}}$$

将图 5－6 中的相应数值（平均值差值和标准误差平均值）代入上式可得 t 值为：

$$t=\frac{7}{1.78652}=3.918$$

这与单样本检验表中 t 列数值相一致。被调查者总人数为 16 人，此时自由度（df）为 15（被调查者总人数－1），可据此算出样本 p 值为 0.001。因为 p 值 0.001 比 0.05 小，所以拒绝原假设。因为该检验显著，所以再根据单样本统计表中平均每周工时可知，会计师事务所员工的平均每周工时（59 小时）显著高于全国平均水平（52 小时）。

效应值

第二部分介绍中曾提到过，假设检验所回答的问题是组间是否有显著差别（回答是/否），效应值所回答的问题是结果的程度是多少（回答“到什么程度?”这个问题）。本案例中，根据假设检验，我们得出结论——会计师事务所员工的平均每周工时与全国平均水平存在差异。然后根据效应值即可判断该差异大到什么程度。

单样本 t 检验常用 Cohen's d 作为其效应值统计量。计算公式为

$$d=\frac{\text{样本均值和总体均值之差}}{\text{标准差}}$$

将图 5－6 中相应数值（平均值差值和标准差）代入上式可得 d 值为：

$$d=\frac{7}{7.15}=0.98$$

Jacob Cohen 是效应值发展历程中的一位先锋人物，他曾在 1988 年给出判断效应值是小、中等还是大的准则。虽然 Cohen 准则被广泛应用于实际分析（本书也采用 Cohen 准则），但应该注意的是，这些准则只是近似值（Cohen 强调的观

点），而且不同判断准则之间差异很大。

对单样本 t 检验而言，其效应值是小、中等还是大的 Cohen 估计分别为 0.20，0.50 和 0.80。这些数值是样本均值与总体均值之差比上标准差所得到的相对数。因此，0.20 表示两组之间差了五分之一个标准差，0.50 表示两组之间差了二分之一个标准差，0.80 表示两组之间差了五分之四个标准差。使用 Cohen 准则，$d=0.98$ 意味着效应值很大，它表示会计师事务所员工的每周工时与全国平均水平差了接近一个标准差（会计师事务所员工的每周工时更多）[2]。

以 APA 格式表述结果

第二部分中每章都会给出结果的书面报告，该结果使用 APA（American Psychological Association，美国心理学协会）格式。APA 格式的具体规范可参考《美国心理学协会出版手册》（*Publication manual of the American Psychological Association*，2009）[3]。

在书写单样本 t 检验报告时，假设检验的结论、自由度、t 值、p 值和效应值都随样本均值和标准差一同给出。下面是以 APA 格式书写的简要文字报告示例。

报告

会计师事务所员工的每周工时（$M=59.00$，$SD=7.15$）明显高于全国平均水平 52 小时，$t(15)=3.92$，$p<0.05$，$d=0.98$。（M 和 SD 为 APA 格式，分别表示平均值和标准差。）

单样本 t 检验的假设条件

第二部分中每章都会介绍各统计程序的假设条件。假设条件非常重要，因为不满足假设条件，统计程序的结果就不可信（p 值不准确）。一个检验是否违反假设条件由违反什么条件（违反某些假设条件比违反其他条件要糟糕得多）和违反到什么程度这两者共同决定。下面介绍单样本 t 检验的假设条件。

1. 观测值独立。

通过实验设计方法可使被调查者之间互不影响，从而满足该假设条件。违反该条件会严重威胁到单样本 t 检验的准确性。如果有理由相信已经违反了独立性假定，就不应该使用单样本 t 检验。

2. 总体中因变量取值服从正态分布。

该假设条件表示每周工时在总体中应该服从正态分布。对中等样本和大样本（$N \geqslant 30$），虽然有些非正态分布会对 t 检验的功效有不利影响，但是大多数非正态分布对 t 检验准确性的影响比较小。对非正态分布数据的一个补救方法是对数据进行非线性变换。不过非线性变换超出本书范围（对非线性变换知识感兴趣的读者可以参考 Tabachnich 和 Fidell（2007）的书）。

总结：在 SPSS 中进行单样本 t 检验的步骤

Ⅰ. 数据输入和分析

1. 在 SPSS 中创建一个变量。
2. 输入数据。
3. 选择**分析**>**比较平均值**>**单样本 T 检验 ...**。
4. 将因变量移入检验变量方框。
5. 在检验值方框，录入原假设的给定数值。
6. 单击确定。

Ⅱ. 结果的解释

检查单样本检验表中 p 值（记为“显著性（双尾）”）。

• 如果 $p \leqslant 0.05$，则拒绝原假设。然后比较样本均值和总体均值，并据此写出样本均值是大于总体均值还是小于总体均值。

• 如果 $p > 0.05$，则不拒绝原假设。写明结果：样本均值和总体均值之间无显著差异。

练习

1. 在一个研究项目中，一名学生想检验那些声称自己能成功选中获胜足球队的人是否真比随机选择更能选中获胜队（选中获胜队的次数不低于总次数的 50%）。她对 15 名宣称自己能选中获胜队的人进行了调查，并记下每位被调查者在整个足球赛季的正选率。15 名被调查者的正选率数据见表 5－3。

表 5－3　15 名被调查者的正选率

被调查者	正选率（%）
1	45
2	46
3	47
4	52
5	51
6	43
7	47
8	38
9	53
10	51
11	52
12	50
13	48
14	47
15	51

为回答如下问题，请在 SPSS 中录入数据并执行恰当分析（将变量命名为 **success**）。（提示：对本题，可取检验值为 50，且不要在录入检验值时加上百分号“%”。）

A. 写出原假设和备择假设。

B. 写出数据的研究问题。

C. 被调查者的正选率是否与 50%有区别？（取 $\alpha=0.05$）

D. 效应值是多少？你认为该效应值是小、中等还是大？

2. 美国四年级学生的一项标准数学技能测试平均分为 50 分（分数越高，表现越好）。对当地学区实施了一个新的数学技能训练计划，并让管理人员对参与训练的学生进行成绩评估，看其是否与全国平均水平有差异（希望得到的结果是成绩比全国平均水平高，但需对两种可能都进行检验）。25 名参与训练的四年级学生参加了标准数学测试，其成绩见网址 www.routledge.com/cw/yockey 上章节 5（Chapter 5）文件夹下 Chapter 5 _ Exercise 2.sav（变量被命名为 **mathscore**，即数学成绩）。为回答如下问题，请在 SPSS 中打开数据文件并执行恰当分析。

A. 写出原假设和备择假设。

B. 写出数据的研究问题。

C. 这些四年级学生的数学成绩和全国平均水平有差异吗？（取 $\alpha=0.05$）

D. 效应值是多少？你认为该效应值是小、中等还是大？

E. 使用 APA 格式写出分析结果的书面报告。

3. 一位研究人员想了解学生是支持还是反对总统候选人，便询问了 50 名学生，问他们下列哪一陈述更贴切地反映了他们对候选人的看法。

陈述	数据文件中的数字取值
我很支持候选人。	1
我有点支持候选人。	2
我既不支持也不反对候选人。	3
我有点反对候选人。	4
我很反对候选人。	5

50 名被调查者的回答见网址 www.routledge.com/cw/yockey 上章节 5（Chapter 5）文件夹下 Chapter 5 _ Exercise 3.sav。为回答如下问题，请在 SPSS 中打开数据文件并执行恰当分析。（提示：为研究学生对候选人的态度，可以看他们是否明显有别于中立回答，即可在检验值方框输入“3”。）

A. 写出原假设和备择假设。

B. 写出数据的研究问题。

C. 这些学生是支持候选人还是反对候选人？（取 $\alpha=0.05$）

D. 效应值是多少？你认为该效应值是小、中等还是大？

E. 使用 APA 格式写出分析结果的书面报告。

注　释

1. 此处取 $\alpha=0.05$。如果取 $\alpha=0.01$，那么在原假设为真时，那些发生次数少于总次数 1%的结果将是“不可能的”。

2. 本案例的一个备选效应值为会计师事务所员工的每周工时与全国平均水平之差（会计师事务所员工每周比全国平均水平多工作 7 小时）。当该因变量在直观上说得通时，使用它是个不错的选择（尽管此时也可给出 d 值）。但是，当它没有直观意义时（比如取值在 10～50 之间），最好使用像 d 值这样的标准化数值。

3. 虽然《美国心理学协会出版手册》（第 6 版）建议在书面报告中给出确切 p 值，但本书还是使用传统书写格式“$p<0.05$”，为的是与课堂教学保持一致（如描述性统计）。建议在研究报告或陈述中给出确切 p 值。例如，如果 SPSS 给出的 p 值为 0.003，那么在书面结果时应写上“$p=0.003$”而不是“$p<0.05$”。如果 SPSS 中输出的 p 值为 0.000，则应写上“$p<0.01$”。

第6章
独立样本*t*检验

比较两组独立样本的平均值时（因变量为连续变量），可使用独立样本 t 检验。下文将介绍一个独立样本 t 检验的例子。

例子

一位临床心理学家想研究两种抑郁症疗法之间的相对有效性，即认识行为疗法和心理分析疗法。让 30 位抑郁症患者随机接受两种疗法中的一种，其中 15 人接受认识行为疗法，另外 15 人接受心理分析疗法。经过为期两个月的治疗之后，记录每个人的抑郁得分。本研究中的自变量为疗法类型（认识行为和心理分析），因变量为抑郁得分，其得分越高表明抑郁越重（抑郁得分的取值范围为 10～70 之间）。

独立样本 t 检验的目标和所需数据

独立样本 t 检验的目标和所需数据见表 6－1。

表 6－1　独立样本 t 检验

目标	所需数据	实例
检验两组数据的因变量均值之间是否存在显著差异	代表两个不同分组的自变量 一个连续因变量	自变量 • 疗法类型 （认识行为和心理分析） 因变量 • 抑郁得分

原假设与备择假设

原假设（H_0）表述为“两组总体的平均抑郁得分相等”：

$$H_0: \mu_1 = \mu_2$$

其中，μ_1 为心理分析疗法的平均抑郁得分，μ_2 为认识行为疗法的平均抑郁得分。

备择假设（H_1）表述为“两组总体的平均抑郁得分不等”：

$H_1: \mu_1 \neq \mu_2$

原假设的决策

独立样本 t 检验的原假设为“两组总体的平均抑郁得分相等”。为检验该原假设，在其为真的情况下，如果 t 检验的结果看起来不可能（p 值小于 5%），则拒绝原假设；如果 t 检验的结果看起来很有可能（p 值大于 5%），则不拒绝原假设。

研究问题

研究课题中的基本问题也可用问句形式表述，例如：

“接受心理分析疗法和认识行为疗法的不同患者，其平均抑郁水平是否存在差异?”

数据

30 位患者的数据如表 6-2 所示。将接受心理分析疗法的患者赋值为“1”，接受认识行为疗法的患者赋值为“2”。

表 6-2　独立样本 t 检验的示例数据

患者	疗法	抑郁得分	患者	疗法	抑郁得分
1	1	57	16	2	47
2	1	61	17	2	42
3	1	67	18	2	59
4	1	63	19	2	37
5	1	51	20	2	35
6	1	55	21	2	42
7	1	45	22	2	38
8	1	62	23	2	49
9	1	41	24	2	61
10	1	36	25	2	43
11	1	55	26	2	47
12	1	57	27	2	49
13	1	70	28	2	37
14	1	62	29	2	41
15	1	58	30	2	48

注：患者变量仅为了便于说明，该列不被录入 SPSS。

数据录入和分析

步骤 1 和步骤 2 介绍怎么向 SPSS 录入数据。也可以从网上下载数据文件，见 www. routledge. com/cw/yockey 上章节 6（Chapter 6）文件夹下 therapy. sav。如果你倾向于使用网站上的数据文件，则直接转向步骤 3。

步骤 1：创建变量

1. 启动 SPSS。

2. 点击变量视图标签。

在 SPSS 中，将创建疗法类型（自变量）和抑郁得分（因变量）这两个变量，并将它们分别命名为**疗法**和**抑郁得分**。

3. 在变量视图窗口的前两行分别录入名称**疗法**和**抑郁得分**。在测量列，将**疗法**归为名义尺度，将**抑郁得分**归为标度尺度。详见图 6－1。

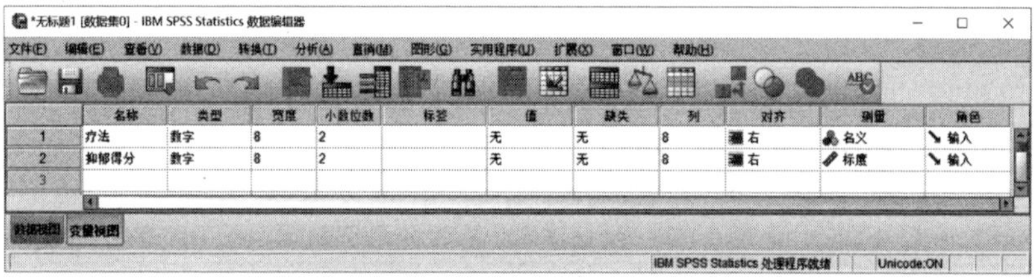

图 6－1　已录入疗法和抑郁得分这两个变量名称的变量视图**窗口**

4. 使用第 1 章中介绍过的过程，为**疗法**创建值标签。对**疗法**，1＝“心理分析”，2＝“认识行为”。

步骤 2：录入数据

1. 单击数据视图标签。**疗法**和**抑郁得分**出现在数据视图窗口的前两列。

2. 参照表 6－2，录入每位患者在这两个目标变量的取值。对第一位患者，分别在**疗法**和**抑郁得分**列录入 1 和 57。使用相同方法，录入所有 30 位患者的数据。完整数据见图 6－2。

步骤 3：分析数据

1. 从菜单栏选择**分析**＞**比较平均值**＞**独立样本 T 检验…**（见图 6－3）。

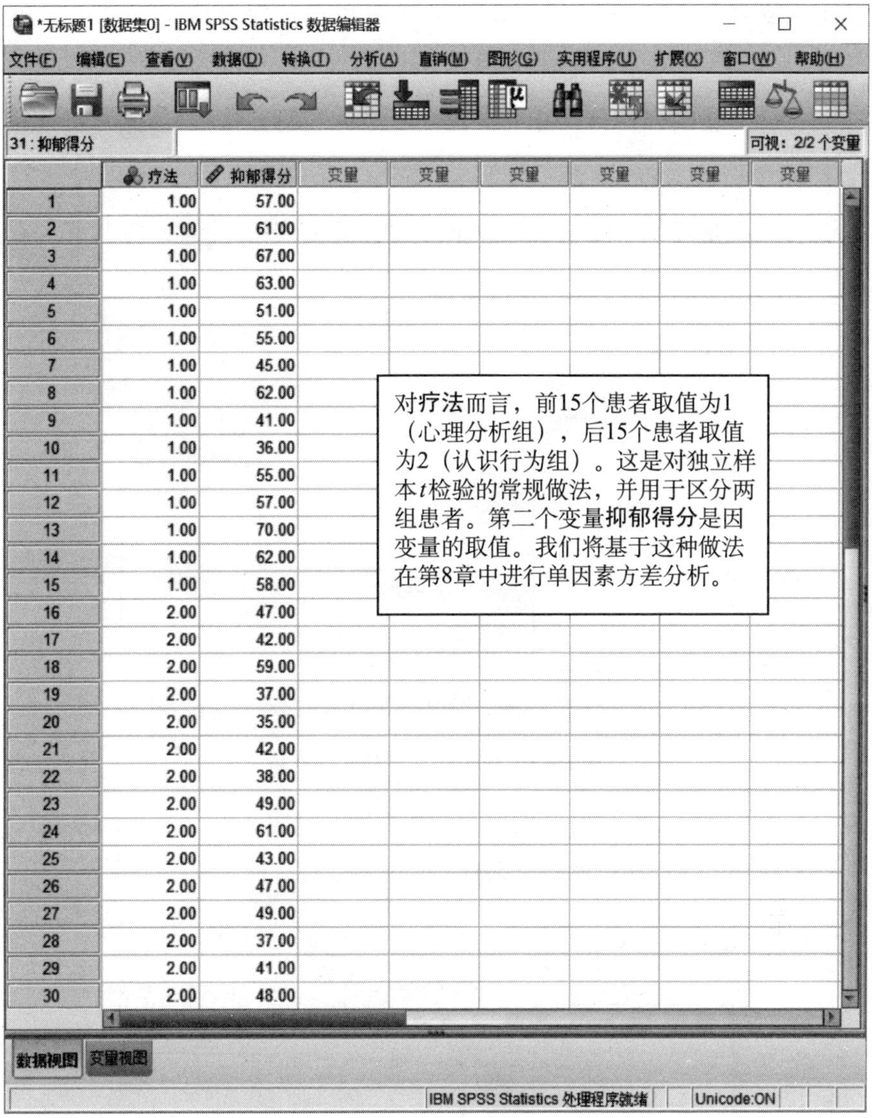

图 6-2　独立样本 t 检验的完整示例数据文件

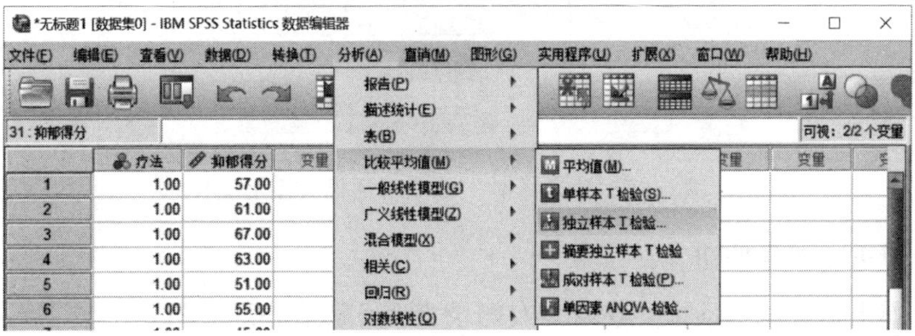

图 6-3　独立样本 t 检验的菜单命令

弹出独立样本 T 检验对话框，其中**疗法**和**抑郁得分**位于对话框左侧（见图 6-4）。

2. 选择因变量**抑郁得分**，并单击位于上方的右箭头按钮（）将其移入检验变量方框。

3. 选择自变量**疗法**，并单击位于下方的右箭头按钮（）将其移入分组变量方框。

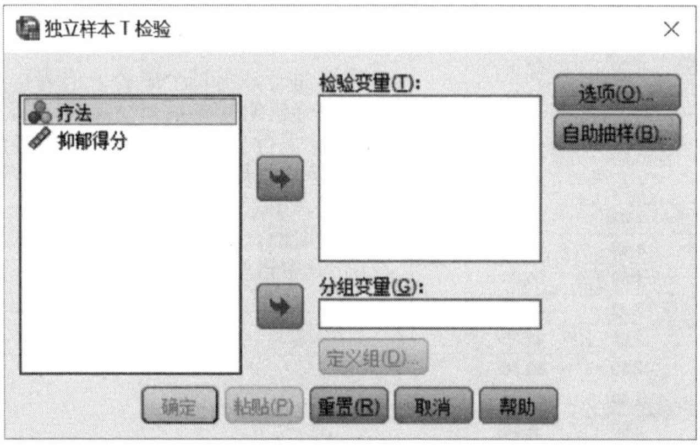

图 6-4 独立样本 T 检验**对话框**

在分组变量方框，“(??)”出现在**疗法**右侧（见图 6-5）。问号表示需通过单击定义组按钮录入两疗法组的数字名称（1 和 2）。

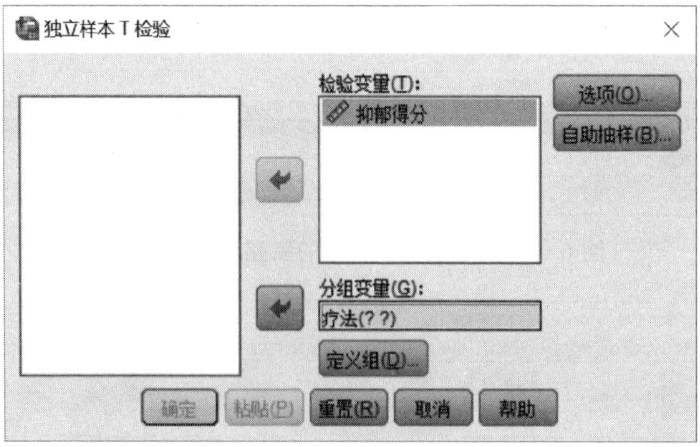

图 6-5 独立样本 T 检验**对话框（接上图）**

4. 单击定义组按钮。

5. 弹出定义组对话框。在组 1 右侧录入 1（赋给心理分析组的数字），在组 2 右侧录入 2（赋给认识行为组的数字）。详见图 6-6。

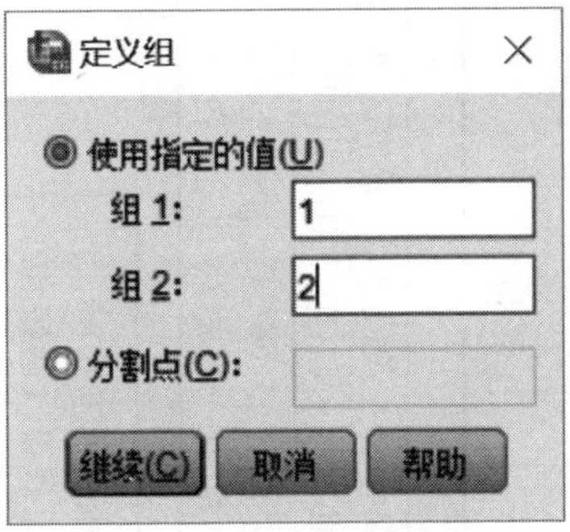

图 6-6　定义组对话框

6. 单击继续。

7. 单击确定。

独立样本 t 检验程序在 SPSS 中运行之后，结果会显示在查看器窗口。

步骤 4：解释输出结果

独立样本 t 检验的输出结果见图 6-7。

组统计表

组统计表是第一张表。它给出的描述性统计指标包括各组个案数、平均值、标准差和标准误差平均值。注意认识行为组的平均抑郁得分（平均值=45.00）比心理分析组（平均值=56.00）低。稍后将考虑该差异是否大到具有统计显著性。

独立样本检验表

独立样本检验表是第二张表。在给出均值等同性 t 检验的结果之前，它还给出了莱文方差等同性检验的结果。下文将分别讨论这两个检验。

莱文方差等同性检验

莱文方差等同性检验检验的是两疗法组的总体方差是否相等。等方差是独立样本 t 检验的假设条件。因此，如果方差相等，就可以直接进行独立样本 t 检验。SPSS 使用莱文开发的程序对等方差进行检验。

莱文检验的原假设和备择假设为：

$H_0: \sigma_1^2 = \sigma_2^2$（两组总体方差相等）

$H_1: \sigma_1^2 \neq \sigma_2^2$（两组总体方差不等）

其中 σ_1^2 为心理分析组总体方差，σ_2^2 为认识行为组总体方差。根据莱文方差等同性检验的 p 值，可以决定两组数据是否满足等方差假定。如果 $p \leqslant 0.05$，则拒绝原假设，认为总体方差不等。如果 $p > 0.05$，则不拒绝原假设，认为总体方差相等。

T－检验

组统计

	疗法	个案数	平均值	标准差	标准误差平均值
抑郁得分	心理分析	15	56.000 0	9.418 83	2.431 93
	认识行为	15	45.000 0	7.634 51	1.971 22

组统计表给出两组平均值（心理分析和认识行为）。如果拒绝原假设，那么我们将根据此表判断哪组的平均抑郁得分较低。

独立样本检验

		莱文方差等同性检验		平均值等同性 t 检验						
		F	显著性	t	自由度	显著性（双尾）	平均值差值	标准误差差值	差值 95% 置信区间 下限	差值 95% 置信区间 上限
抑郁得分	假定等方差	0.311	0.582	3.514	28	0.002	11.000 00	3.130 50	4.587 47	17.412 53
	不假定等方差			3.514	26.850	0.002	11.000 00	3.130 50	4.575 07	17.424 93

这是莱文方差等同性检验的 p 值。如果 $p \leq 0.05$，我们则认为方差不等（并读取下一行 t 值）。如果 $p > 0.05$，我们则认为方差相等（并读取该行 t 值）。因为 p 值 0.58 大于 0.05，所以我们认为方差相等并对假定等方差行的 t 检验结果进行解释。

因为 p 值 0.002 小于 0.05，所以我们拒绝原假设（两组均值相等）。后面需根据组统计表判断哪一组的平均抑郁得分较低（认识行为组较低）。

图 6－7　独立样本 t 检验的输出结果

独立样本检验表给出莱文检验的 F 值为 0.311（将在第 8 章讨论 F 检验），p 值为 0.582。因为 p 值 0.582 大于 0.05，所以不拒绝原假设。从而，基于莱文检验结果，我们认为两总体方差相等。表 6－3 总结了判断方差是否相等的决策准则。

表 6－3　总体方差是否相等的决策准则

验证等方差假定：		
莱文检验结果	决策	结论
$p>0.05$	不拒绝 H_0	假定总体方差相等
$p\leqslant 0.05$	拒绝 H_0	假定总体方差不等
我们的数据		
$p=0.582>0.05$	不拒绝 H_0	假定总体方差相等

平均值等同性 t 检验

平均值等同性 t 检验位于独立样本检验表的右边部分，它回答的问题是组间抑郁水平是否存在差异。SPSS 给出两行结果，一行假定组间方差相等，另一行假定组间方差不等。因为莱文检验不显著（莱文检验的 p 值大于 0.05），所以使用表格第一行结果，该行假定等方差。（但是，如果莱文检验显著（$p\leqslant 0.05$），则使用表格第二行结果，该行不假定等方差。）

基于 t 值进行平均值等同性检验，其中：

$$t=\frac{\text{两样本均值之差}}{\text{两均值间的标准误差差值}}$$

将独立样本检验表中相应数值（平均值差值和标准误差差值）代入上式，可算得 t 值：

$$t=\frac{11}{3.1305}=3.514$$

这与独立样本检验表中 t 列数值相一致。患者总人数为 30 人，此时自由度（df）为 28（患者总人数－2），可据此算出样本 p 值为 0.002。因为 p 值 0.002 小于 0.05，所以拒绝均值相等这个原假设，且断定两组抑郁得分显著不同。又因为该检验显著，所以根据组统计表中平均抑郁得分可知，认识行为疗法组的平均抑郁得分（45.00）低于心理分析疗法组（56.00）。（如果 t 检验不显著，我们则认为组统计表中列出的所有均值差异都来自抽样误差。）

效应值

独立样本 t 检验常用 d 值作为其效应值估计。计算公式为：

$$d = t\sqrt{\frac{N_1 + N_2}{N_1 N_2}}$$

式中，N_1 为组 1 个案数；N_2 为组 2 个案数；t 为图 6－7 中 t 统计量取值[1]。

将独立样本检验表内相应数值代入上式，可得效应值为：

$$d = 3.514\sqrt{\frac{15+15}{15\times 15}} = 1.28$$

Cohen（1988）分别给出效应值是小、中等还是大这三种情况的估计值，为 0.20，0.50 和 0.80。基于 Cohen 准则，认为 1.28 是很大的效应值，它表示认识行为组的平均抑郁得分比心理分析组低 1.28 个标准差。

以 APA 格式表述结果

在书写独立样本 t 检验报告时，假设检验的结论、自由度、t 值、p 值和效应值都随各组样本均值和标准差一同给出。下面是一个以 APA 格式书写的简要文字报告示例。

报告

那些接受认识行为疗法的患者（M＝45.00，SD＝7.63），其抑郁得分明显低于那些接受心理分析疗法的患者（M＝56.00，SD＝9.42），$t(28) = 3.51$，$p < 0.05$，d＝1.28。

独立样本 t 检验的假设条件

1. 观测值独立。

违反该假设条件会严重威胁到独立样本 t 检验的准确性。通过实验设计方法可使患者之间互不影响，从而满足该假设条件（患者通过相互参考的方式回答抑郁得分，这就是违反独立性假定的一个例子）。如果有理由相信已经违反了独立性假定，就不应该使用独立样本 t 检验。

2. 各组总体的因变量取值均服从正态分布。

该假定表示两组总体的抑郁得分应该服从正态分布（绘图时图形应该与钟形

类似）。对中等样本和大样本，虽然有些非正态分布会对 t 检验的功效有不利影响，但是大多数非正态分布对 t 检验准确性的影响比较小。

3. 两总体方差相等。

违反等方差假设会威胁到独立样本 t 检验的准确性，尤其在各组个案数不相等的情况下。为了判断方差是否相等，需解释 SPSS 中的莱文检验结果并选用恰当 t 值。

总结：在 SPSS 中进行独立样本 t 检验的步骤

Ⅰ. 数据输入和分析

1. 在 SPSS 中创建两个变量（分别为自变量和因变量创建）。
2. 录入数据。
3. 为自变量创建值标签。在值标签对话框，正确输入数值和标签。单击确定。
4. 选择**分析**>**比较平均值**>**独立样本 T 检验…**。
5. 将因变量移入检验变量方框，将自变量移入分组变量方框。
6. 单击定义组按钮。为组 1 录入 1，为组 2 录入 2。单击继续。
7. 单击确定。

Ⅱ. 结果的解释

1. 检查莱文方差等同性检验结果。

• 对莱文检验，如果 $p>0.05$，则假定两总体方差相等，从而选用等方差行 t 检验结果。

• 对莱文检验，如果 $p\leqslant 0.05$，则不假定两总体方差相等，从而选用异方差行 t 检验结果。

2. 检查独立样本检验表中平均值等同性 t 检验的 p 值。

• 如果 $p\leqslant 0.05$，则拒绝原假设。然后比较组统计表中平均值，并据此写出组间差异特征。

• 如果 $p>0.05$，则不拒绝原假设。写明结果：组间差异不显著。

练习

1. 外科手术的最新研究进展使微创手术（minimally invasive surgery，MIS）

使用量增多。做微创手术时，仅需切开一个或多个小口（使用小器械）。这有别于切开较大刀口（使用大器械）的传统手术。提倡微创手术的人认为，患者在手术后的疼痛感会更轻。为研究该主张，研究者跟踪调查了 30 位进行过心血管手术的患者，其中 15 位接受微创手术，另外 15 位接受传统手术。在手术后 24 小时记录每位患者的疼痛水平，数据见表 6－4。疼痛水平取值范围为 1～10，且评分越高，痛感越强。

表 6－4　两组患者的术后痛感评分

手术类型	痛感
微创手术	5，4，7，2，3，5，4，6，2，5，6，8，4，5，5
传统手术	6，7，5，8，9，7，8，6，6，7，8，8，6，3，9

为回答如下问题，请在 SPSS 中录入数据并执行恰当分析。将变量命名为**手术类型**和**痛感**。

A. 写出原假设和备择假设。

B. 写出数据的研究问题。

C. 检验等方差假定。数据表明组间方差不等吗？

D. 两组痛感数据之间存在显著差异吗？（取 $\alpha=0.05$）

E. 该研究的效应值是多少？你认为该效应值是小、中等还是大？

F. 使用 APA 格式写出分析结果的书面报告。

2. 比较帮助人们克服恐蛇症的两种不同方法。让 20 名对蛇极度恐惧的患者随机接受两种疗法中的一种：系统脱敏疗法（通过循序渐进的步骤克服恐蛇症）或冲击疗法（通过打击患者或让患者充斥恐惧的方式克服恐蛇症）[2]。治疗 3 周后，使用恐蛇测评得到每位患者的蛇焦虑得分（得分越高表明越恐蛇）。数据文件见网址 www. routledge. com/cw/yockey 上章节 6（Chapter 6）文件夹下 Chapter 6 _ Exercise 2. sav（文件中变量被命名为 **therapy** 和 **snakefear**；对 **therapy**，1＝“系统脱敏”，2＝“冲击”）。为回答如下问题，请在 SPSS 中打开数据文件并执行恰当分析。

A. 写出原假设和备择假设。

B. 写出数据的研究问题。

C. 检验等方差假定。数据表明组间方差不等吗？

D. 两组蛇焦虑得分数据之间存在显著差异吗？（取 $\alpha=0.05$）

E. 该研究的效应值是多少？你认为该效应值是小、中等还是大？

F. 使用 APA 格式写出分析结果的书面报告。

3. 一位调研员想研究在有机会接触社区宠物的居民与没有机会接触社区宠物的居民之间，对养老院的满意度是否存在差异。满意度取值为 5～25，且得分越高，居民越满意。60 名养老院居民参与了此项研究，其中 30 名养老院居民有宠物，另外 30 名养老院居民无宠物。居民的满意度得分文件见网址 www.routledge.com/cw/yockey 上章节 6（Chapter 6）文件夹下 Chapter 6 _ Exercise 3.sav（将文件中的变量命名为**分组**和**满意度**；对**分组**，1＝“有宠物”，2＝“无宠物”）。为回答如下问题，请在 SPSS 中打开数据文件并执行恰当分析。

A. 写出原假设和备择假设。

B. 写出数据的研究问题。

C. 检验等方差假定。数据表明组间方差不等吗？

D. 两组居民的满意度数据之间存在显著差异吗？（取 $\alpha=0.05$）

E. 该研究的效应值是多少？你认为该效应值是小、中等还是大？

F. 使用 APA 格式写出分析结果的书面报告。

注　释

1. 另一个计算 d 值的方法是让组间平均值差值除以合并两组数据后的标准差。虽然这个算式在直观上更有吸引力，但因为 SPSS 不给出合并两组数据后的标准差，所以此处不给出该式。

2. 研究者遵守了美国心理学协会有关给予受试者人道主义对待的规定。这是研究者的职责。

第 7 章
相依样本 t 检验

相依样本 t 检验（也叫成对样本 t 检验、重复测量 t 检验或匹配样本 t 检验）的适用情况为：比较两样本均值，并且两组样本之间存在某种相关关系。相依样本 t 检验中，两样本可以由相同人员的两次不同测量值构成，也可以由相关联人员的每人一次测量值构成（例如同卵双胞胎的智商得分，丈夫和妻子对交流质量的看法）。正确辨认相依样本 t 检验的关键是看两组样本之间是否存在某种相关关系。下文将介绍一个相依样本 t 检验的例子。

例子

一位全国民意调查组织的员工承接了一项公众调查任务，即判断经济或国家安全问题中何者对选民来说更重要。该员工就此问题询问了 25 位准选民的看法，让他们在 1～7 之间给出重要性评分（其中，1＝完全不重要，7＝极其重要）。该研究的自变量为选民问题（经济和国家安全），因变量为重要性得分[1]。

相依样本 t 检验的目标和所需数据

相依样本 t 检验的目标和所需数据见表 7－1。

表 7－1　相依样本 t 检验

目标	所需数据	实例
检验两关联分组的因变量均值之间是否存在显著差异	一个表示两关联分组或分类的自变量	自变量 • 选民问题（经济和国家安全）
	一个连续因变量	因变量 • 重要性评分（从 1～7）

原假设与备择假设

原假设（H_0）表述为“总体中，经济和国家安全之间的重要性评分差异为 0”：

$$H_0: \mu_1 - \mu_2 = 0$$

其中，μ_1 为经济的平均重要性评分；μ_2 为国家安全的平均重要性评分。

备择假设（H_1）表述为“两总体的重要性评分差异不为 0”：

$$H_1: \mu_1 - \mu_2 \neq 0$$

原假设的决策

相依样本 t 检验的原假设为“两总体的重要性评分差异为 0”。为检验该原假设，在其为真的情况下，如果 t 检验的结果看起来不可能（p 值小于 5%），则拒绝原假设；如果 t 检验的结果看起来很有可能（p 值大于 5%），则不拒绝原假设。

研究问题

研究课题中的基本问题也可表述为问句形式，例如：

“选民对经济和国家安全的重要性评分是否存在差异？”

数据

25 位被调查者的数据见表 7－2。

表 7－2　相依样本 t 检验的数据

被调查者	经济	国家安全
1	5	7
2	6	4
3	5	2
4	6	3
5	5	5
6	7	7
7	7	6
8	4	5
9	7	3
10	5	4
11	4	6
12	6	4
13	7	5
14	4	7
15	6	4
16	7	5
17	7	5

续表

被调查者	经济	国家安全
18	6	7
19	6	4
20	6	2
21	6	4
22	3	1
23	5	2
24	7	6
25	7	7

注：被调查者变量仅为了便于说明，该列不被录入 SPSS。

数据录入和分析

步骤 1 和步骤 2 介绍怎么向 SPSS 录入数据。也可以从网上下载数据文件，见 www.routledge.com/cw/yockey 上章节 7（Chapter 7）文件夹下 opinion.sav。如果你倾向于使用网站上的数据文件，则直接转向步骤 3。

步骤 1：创建变量

1. 启动 SPSS。

2. 点击变量视图标签。

在 SPSS 中，创建两个变量，一个是经济的重要性评分变量，另一个是国家安全的重要性评分变量。分别将这两个变量命名为**经济**和**国家安全**。

3. 在变量视图窗口的前两行分别录入变量名称**经济**和**国家安全**。在测量列，将两变量均归为标度尺度。详见图 7－1。

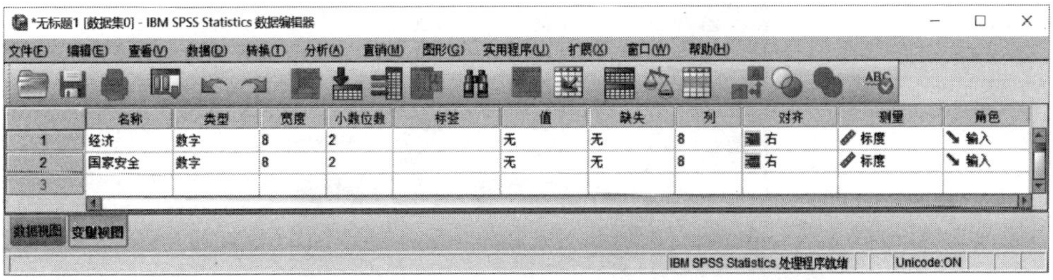

图 7－1　已录入经济和国家安全这两个变量的变量视图窗口

步骤 2：录入数据

1. 单击数据视图标签。**经济**和**国家安全**这两个变量出现在数据视图窗口前两列。

2. 参照表 7－2，录入每位被调查者的重要性评分数据。对第一位被调查者，分别在**经济**和**国家安全**列录入评分 5 和 7。使用这一方法，录入所有 25 位被调查者的数据。完整数据见图 7－2。

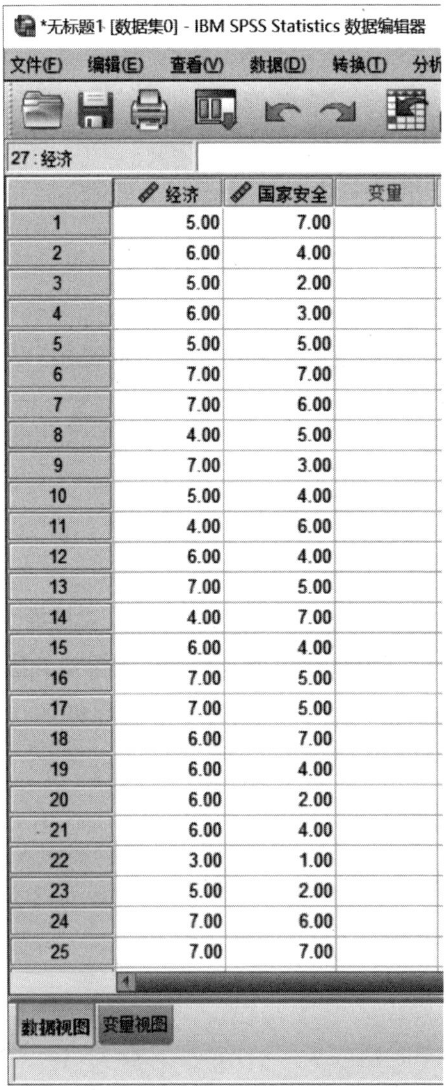

图 7－2　相依样本 *t* 检验的完整示例数据文件

步骤 3：分析数据

1. 从菜单栏选择**分析**>**比较平均值**>**成对样本 T 检验 ...**（见图 7－3）。

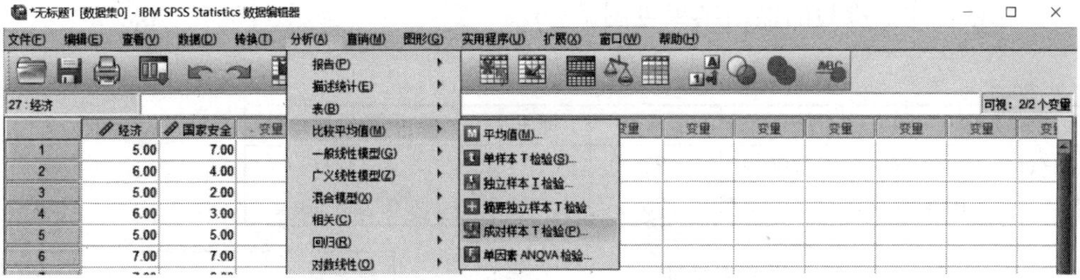

图 7－3　相依样本 *t* 检验的菜单命令

弹出成对样本 T 检验对话框，**经济**和**国家安全**位于对话框左侧（见图 7－4）。

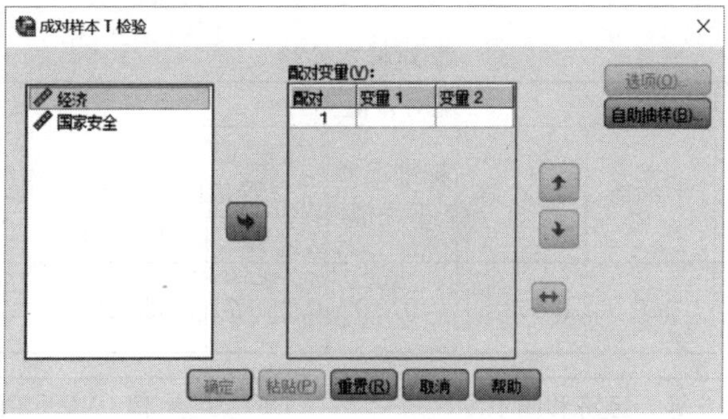

图 7－4　成对样本 T 检验对话框

2. 选中**经济**和**国家安全**变量并单击右箭头按钮（ ）将其移入配对变量方框（见图 7－5）。

3. 单击确定。

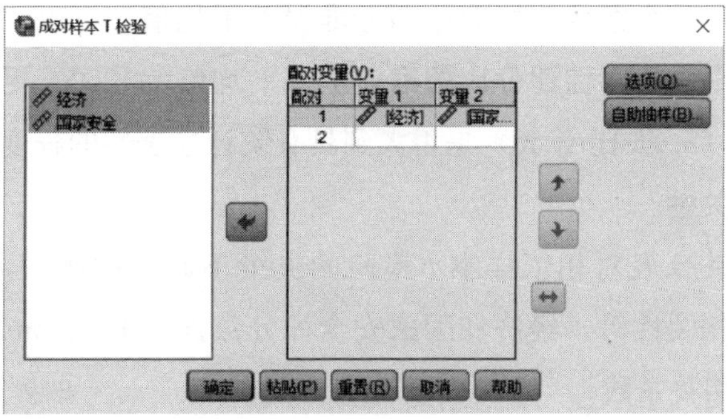

图 7－5　成对样本 T 检验对话框（接上图）

相依样本 t 检验程序在 SPSS 中运行之后，结果会显示在查看器窗口。

步骤 4：解释输出结果

相依样本 t 检验的输出结果见图 7－6。

配对样本统计

		平均值	个案数	标准差	标准误差平均值
配对 1	经济	5.760 0	25	1.164 76	0.232 95
	国家安全	4.600 0	25	1.779 51	0.355 90

配对样本统计表给出两变量（**经济和国家安全**）的平均值。如果拒绝原假设，我们则根据此表决定哪个变量的平均评分更高。

配对样本相关性

	个案数	相关性	显著性
配对 1 经济 & 国家安全	25	0.253	0.222

配对样本检验

	配对差值					t	自由度	显著性（双尾）
	平均值	标准差	标准误差平均值	差值 95% 置信区间 下限	差值 95% 置信区间 上限			
配对 1 经济-国家安全	1.160 00	1.863 69	0.372 74	0.390 71	1.929 29	3.112	24	0.005

平均值 1.16 等于**经济和国家安全**平均值之间的差值（5.76－4.60＝1.16）。

因为 p 值 0.005 小于 0.05，所以拒绝原假设。

图 7－6　相依样本 t 检验的输出结果

配对样本统计

配对样本统计表是输出结果中第一张表，它给出**经济**和**国家安全**的描述统计指标，包括平均值、个案数、标准差和标准误差平均值。可以注意到，**经济**（平均值＝5.76）的平均重要性评分比**国家安全**（平均值＝4.60）更高。稍后将考虑其平均评分差异（5.76 比 4.60）是否大到具有统计显著性的程度。

配对样本相关性

配对样本相关性表对相依样本 t 检验的决策不起关键作用，这里不予讨论，不过需要说明，相关性等于**经济**和**国家安全**评分数据的 Pearson 相关系数（第 12 章讨论 Pearson 相关系数）。

配对样本检验

配对样本检验表回答的问题是：两组重要性评分之间是否存在差异。基于 t

值对原假设进行检验，其中：

$$t=\frac{\text{经济和国家安全之间的平均评分差值}}{\text{评分配对差值的标准误差平均值}}$$

将配对样本检验表中相应数值（平均值和标准误差平均值）代入上式，可得 t 值为：

$$t=\frac{1.16}{0.37274}=3.112$$

这与配对样本检验表中 t 列数值一致。被调查者总人数为 25 人，此时自由度（df）为 24（被调查者总人数−1），可据此算出样本 p 值为 0.005。

因为 p 值 0.005 小于 0.05，所以拒绝均值相等这个原假设，并得出结论：经济和国家安全的重要性评分显著不同。

因为检验显著，所以根据配对样本统计表中平均重要性评分可知，经济的平均重要性评分（平均值＝5.76）高于国家安全（平均值＝4.60）。（如果 t 检验不显著，我们就会认为配对样本统计表中列出的所有均值差异都来自抽样误差。）

效应值

相依样本 t 检验常用 d 值作为其效应值估计。其中：

$$d=\frac{\text{平均值差值}}{\text{配对差值的标准差}}$$

将配对样本检验表中相应数值代入上式，可得效应值为：

$$d=\frac{1.16}{1.86}=0.62$$

Cohen（1988）分别给出其效应值是小、中等还是大这三种情况的估计值，为 0.20，0.50 和 0.80。基于 Cohen 准则，认为 0.62 是中等的效应值，它表示经济的重要性评分比国家安全高出 0.62 个标准差。

以 APA 格式表述结果

在书写报告时，假设检验的结论、自由度、t 值、p 值和效应值都随各变量的样本均值和标准差一同给出。下面是一个以 APA 格式书写的简要文字报告示例。

报告

选民认为经济问题（$M=5.76$，$SD=1.16$）的重要性显著高于国家安全问题（$M=4.60$，$SD=1.78$），$t(24)=3.11$，$p<0.05$，$d=0.62$。

相依样本 t 检验的假设条件

下面是相依样本 t 检验的假设条件。第二个假设条件考虑的是评分配对差值而不是表 7－1 中的原始数据。评分配对差值等于每位被调查者对两问题所做评分的差值（每人对经济问题所做评分减去其对国家安全问题所做评分）。以表 7－1 中数据为例，第一个被调查者的评分配对差值为－2（即 5－7＝－2）。

1. 组内观测值独立。

违反组内独立性假设会严重威胁到相依样本 t 检验的准确性。通过实验设计方法可使被调查者之间互不影响，从而满足该假设条件（如果被调查者通过相互参考的方式确定经济的重要性评分，就是违反独立性假定的一个例子）。如果有理由相信已经违反了组内独立性假定，就不应该使用相依样本 t 检验。一个要点是，相依样本 t 检验并不假定组间独立（对同一个人来说，我们希望其两次评分之间存在关联，因为这是使用相依样本 t 检验的前提）。

2. 总体中评分配对差值服从正态分布。

该假定表示总体中评分配对差值应该服从正态分布。对中等样本和大样本，虽然有些非正态分布会对 t 检验的功效有不利影响，但是大多数非正态分布对 t 检验准确性的影响比较小。

总结：在 SPSS 中进行相依样本 t 检验的步骤

Ⅰ. 数据输入和分析

1. 在 SPSS 中创建两个变量。
2. 录入数据。
3. 选择**分析**＞**比较平均值**＞**成对样本 T 检验 ...**。

4. 将两个变量移入配对变量方框。

5. 单击确定。

Ⅱ. 结果的解释

检查配对样本检验表最右列的 p 值。

• 如果 $p \leqslant 0.05$，则拒绝原假设。然后比较配对样本统计表中平均值，并据此写出组间差异特征。

• 如果 $p > 0.05$，则不拒绝原假设。写明结果：两组之间无显著差异。

练习

1. 研究问题为政治候选人的竞选宣传影片是否影响选民态度。在播放影片前，使用政治亲民量表评估了15位被调查者对候选人的态度评分。完成该评估后，让被调查者观看候选人的20分钟竞选宣传影片，然后使用政治亲民量表评估其态度评分。被调查者的两次评分见表7-3（评分取值范围为20～100，且分数越高，选民越支持候选人）。

表7-3 观影前和观影后，被调查者对政治候选人的态度评分

被调查者	观影前	观影后
1	75	80
2	25	26
3	50	58
4	45	65
5	48	59
6	88	93
7	55	52
8	78	92
9	52	59
10	46	52
11	48	52
12	48	53
13	57	61
14	55	59
15	42	41

为回答如下问题，请在SPSS中录入数据并执行恰当分析。将变量命名为**观**

影前和观影后。

A. 写出原假设和备择假设。

B. 写出数据的研究问题。

C. 观看竞选宣传影片后，被调查者对候选人态度是否有变化？（取 $\alpha=0.05$）

D. 效应值是多少？你认为该效应值是小、中等还是大？

E. 使用 APA 格式写出分析结果的书面报告。

2. 空中交通指挥员经常面临高强度的工作压力。为了帮助空中交通指挥员缓解压力，研究人员对某放松训练项目的效果展开研究。从国内一些最繁忙机场选出 30 名空中交通指挥员，并评估他们的工作压力（取值范围为 10～50，且取值越高，工作压力越大）。随后 4 周，向他们传授放松技巧，并再次评估他们的工作压力。数据文件见网址 www.routledge.com/cw/yockey 上章节 7（Chapter 7）文件夹下 Chapter 7 _ Exercise 2.sav（变量名称为 **prerelax** 和 **postrelax**，分别表示放松训练前压力评分和放松训练后压力评分）。为回答如下问题，请在 SPSS 中打开数据文件并执行恰当分析。

A. 写出原假设和备择假设。

B. 写出数据的研究问题。

C. 放松训练前后的压力水平是否不同？（取 $\alpha=0.05$）

D. 效应值是多少？你认为该效应值是小、中等还是大？

E. 使用 APA 格式写出分析结果的书面报告。

3. 一位调研员研究了心理训练对射击精度的影响，即在接受运动心理学家的训练之后，运动员的射击精度是否有显著提升。15 位网球运动员接受了为期八周的训练，并被记录下训练前后的射击精度（精度得分的取值范围为 0～100，且分数越高，射击精度越高）。数据文件见网址 www.routledge.com/cw/yockey 上章节 7（Chapter 7）文件夹下 Chapter 7 _ Exercise 3.sav（变量名称为 **beforetraining** 和 **aftertraining**，分别表示训练前射击精度和训练后射击精度）。为回答如下问题，请在 SPSS 中打开数据文件并执行恰当分析。

A. 写出原假设和备择假设。

B. 写出数据的研究问题。

C. 训练前后网球运动员的射击精度是否存在差异？（取 $\alpha=0.05$）

D. 效应值是多少？你认为该效应值是小、中等还是大？

E. 使用 APA 格式写出分析结果的书面报告。

注　释

1. 本段文字使用自变量这个术语，其目的并不是想暗指一个当前被研究者操纵的变量，而是想借此确定每个统计程序的特征。变量是否真是自变量，是准实验变量还是非实验变量，这些都不影响 t 检验的计算，但是它将影响所做研究的结论类型。

第8章
主体间单因素方差分析

主体间单因素方差分析（ANOVA）用于比较两个或多个独立分组的因变量均值。这个分析中，自变量是主体间因子，且每位被调查者只受一个因子水平的影响（每位被调查者只能属于一个分组）[1]。下文将介绍一个主体间单因素方差分析的例子。

例子

为了开展研究课题，一名学生研究了 3 种单词记忆方法，其目的是判断方法之间是否存在差异（方法 A，B 和 C）。30 名学生同意参与该研究，且每人随机学习 3 种方法中的一种（每组 10 名学生）。学完记词方法之后，这些学生需在 5 分钟内尽可能多地记忆 15 个单词，并且必须使用刚学的记词方法。短暂巩固一段时间，每名学生需要尽可能多地默出单词，并由研究者记录每人的正确记词数。这项研究中，自变量是记词方法类型（A，B 和 C），因变量是正确记词数。

主体间单因素方差分析的目标和所需数据

主体间单因素方差分析的目标和所需数据见表 8-1。

表 8-1 主体间单因素方差分析

目标	所需数据	实例
检验两个或多个分组的因变量均值之间是否存在显著差异	自变量 • 代表两个（或多个）不同分组（或分类）的主体间因子 因变量 • 连续变量	自变量 • 记词方法 （方法 A，B 和 C） 因变量 • 正确记词数

原假设与备择假设

原假设表述为“三组总体的平均正确记词数相等”：

$$H_0: \mu_A = \mu_B = \mu_C$$

为得到原假设错误这个结论，没必要局限于所有分组之间都存在差异这种情况（尽管这是一种可能性），只需原假设不成立即可（至少两组存在差异）。因此，与其写出原假设错误的所有可能情况（随着组数的增加，这么做会使工作越来越繁重），不如将备择假设表述为：

H_1：至少一组总体均值有别于其他组

原假设的决策

主体间单因素方差分析的原假设为“三个分组的总体均值相等”。为检验该原假设，在其为真的情况下，如果检验结果看起来不可能（p 值小于 5%），则拒绝原假设；如果检验结果看起来很有可能（p 值大于 5%），则不拒绝原假设。

研究问题

研究课题中的基本问题也可表述为问句形式，例如：

“记词数取决于使用哪种学习方法吗?”

数据

30 名参与者的数据见表 8－2。学习方法 A 的参与者被赋值为“1”，学习方法 B 的被赋值为“2”，学习方法 C 的被赋值为“3”。

表 8－2　主体间单因素方差分析的示例数据

参与者	方法	记词数	参与者	方法	记词数	参与者	方法	记词数
1	1	8	11	2	12	21	3	6
2	1	10	12	2	10	22	3	4
3	1	9	13	2	9	23	3	5
4	1	7	14	2	10	24	3	6
5	1	9	15	2	9	25	3	4
6	1	7	16	2	8	26	3	2
7	1	10	17	2	12	27	3	5
8	1	8	18	2	10	28	3	3
9	1	12	19	2	10	29	3	7
10	1	9	20	2	12	30	3	5

注：参与者变量仅为了便于说明，该列不被录入 SPSS。

数据输入和分析

步骤 1 和步骤 2 介绍怎么向 SPSS 录入数据。也可以从网上下载数据文件，见 www. routledge. com/cw/yockey 上章节 8（Chapter 8）文件夹下 word recall. sav。如果你倾向于使用网站上的数据文件，则直接转向步骤 3。

步骤 1：创建变量

1. 启动 SPSS。

2. 点击变量视图标签。

在 SPSS 中创建两个变量，一个代表不同记词方法（自变量），另一个代表记词数（因变量）。分别将这两个变量命名为**方法**和**记词数**。

3. 在变量视图窗口的前两行分别录入变量名称**方法**和**记词数**。在测量列，将**方法**归为名义尺度，**记词数**归为标度尺度（见图 8 - 1）。

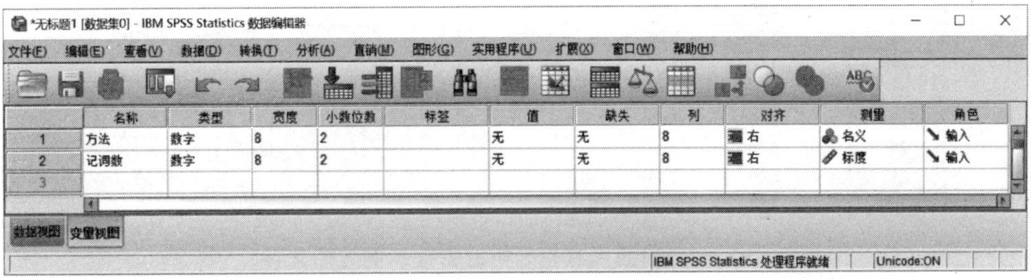

图 8 - 1　已录入方法和记词数这两个变量的变量视图**窗口**

4. 使用第 1 章介绍过的流程，为**方法**变量创建值标签。对**方法**变量，1= “方法 A”，2= “方法 B”，3= “方法 C”。

步骤 2：录入数据

1. 单击数据视图标签。**方法**和**记词数**出现在数据视图窗口的前两列。

2. 参照表 8 - 2，录入每位参与者在这两个目标变量的取值。对第一位参与者，分别在**方法**和**记词数**录入数值 1 和 8。使用这一方法，录入所有 30 位参与者的数据。完整数据见图 8 - 2。

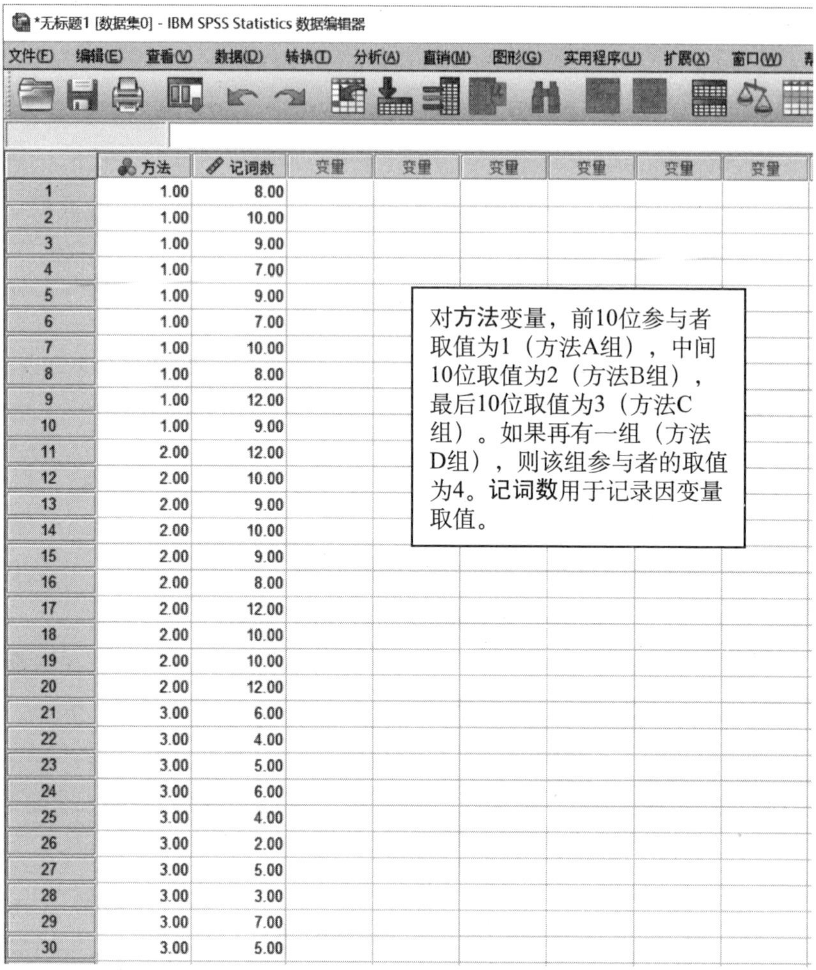

图 8-2　单因素方差分析的完整示例数据文件

步骤 3：分析数据

1. 从菜单栏选择**分析**>**比较平均值**>**单因素 ANOVA 检验 ...**（见图 8-3）。

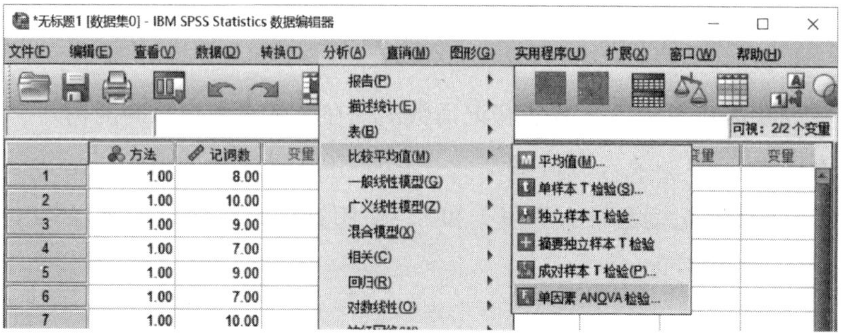

图 8-3　单因素 ANOVA 检验程序的菜单命令

出现单因素 ANOVA 检验对话框，**方法**和**记词数**位于对话框左侧（见图 8－4）。

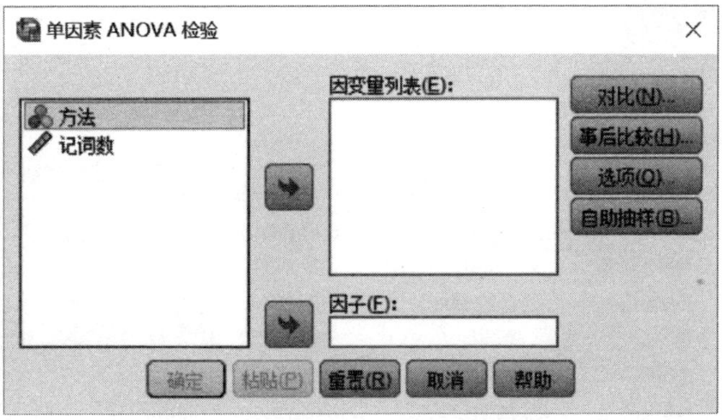

图 8－4　单因素 ANOVA 检验**对话框**

2. 选中因变量**记词数**并单击位于上方的右箭头按钮（　）将其移入因变量列表方框。

3. 选中自变量**方法**并单击位于下方的右箭头按钮（　）将其移入因子方框。详见图 8－5。

4. 单击选项按钮。弹出单因素 ANOVA 检验：选项对话框。在统计区域勾选描述和方差齐性检验[2]（见图 8－6）。

5. 单击继续。

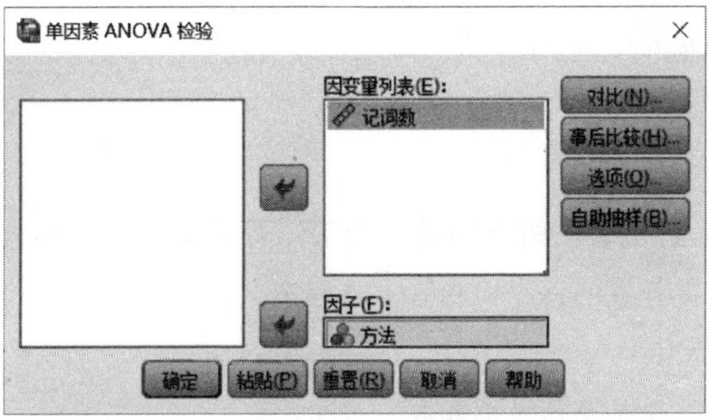

图 8－5　单因素 ANOVA 检验**对话框（接上图）**

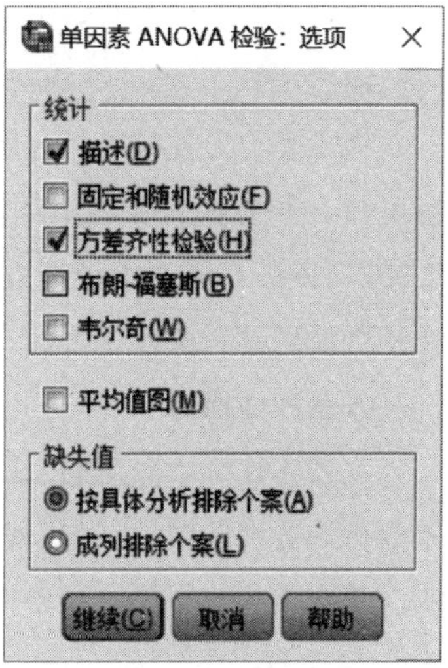

图 8－6　单因素 ANOVA 检验：选项**对话框**

6. 单击事后比较按钮。弹出单因素 ANOVA 检验：事后多重比较对话框。在假定等方差区域勾选图基（不是图基 s-b）[3]。详见图 8－7。

7. 单击继续。

8. 单击确定。

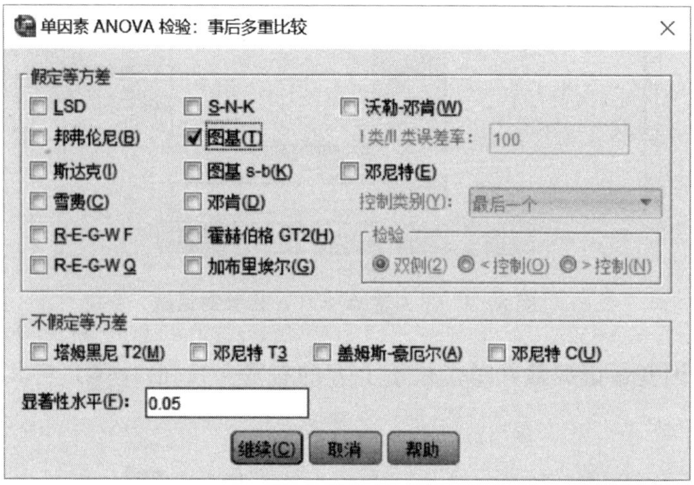

图 8－7　单因素 ANOVA 检验：事后多重比较对话框

单因素 ANOVA 检验程序在 SPSS 中运行之后，结果会显示在查看器窗口。

步骤 4：解释输出结果

单因素方差分析的输出结果见图 8－8。

描述

描述表给出各组（还有所有样本）描述统计指标。根据不同记词方法的平均值可知，方法 B 的平均记词数最多（平均值＝10.20），方法 A 次之（平均值＝8.90），方法 C 在 3 组记词方法中最少（平均值＝4.70）。稍后将讨论平均值的差异是否大到具有统计显著性。

方差齐性检验

方差齐性检验表是第二张表，它检验三组方差是否相等，等方差是主体间方差分析的假设条件。SPSS 基于莱文开发的程序检验等方差假定。

莱文检验的原假设和备择假设为：

$H_0:\sigma_A^2=\sigma_B^2=\sigma_C^2$（三个分组的总体方差相等）

H_1：至少一个方差与其他方差不等

可根据方差齐性检验表中 p 值评价等方差假定。如果 $p\leqslant 0.05$，则拒绝原假设，认为总体方差不全相等。如果 $p>0.05$，则不拒绝原假设，认为三个分组的总体方差相等。

对我们的数据而言，莱文检验 F 值为 0.021（SPSS 将这个值称作莱文统计），p 值为 0.980（见图 8 - 8）。因为 0.980 大于 0.05，所以不拒绝原假设。基于莱文检验结果，我们假定三个分组的总体方差相等。表 8 - 3 总结了评价方差是否相等的决策准则。

单向

描述

记词数

	个案数	平均值	标准差	标准误差	平均值的 95% 置信区间		最小值	最大值
					下限	上限		
方法 A	10	8.900 0	1.523 88	0.481 89	7.809 9	9.990 1	7.00	12.00
方法 B	10	10.200 0	1.398 41	0.442 22	9.199 6	11.200 4	8.00	12.00
方法 C	10	4.700 0	1.494 43	0.472 58	3.630 9	5.769 1	2.00	7.00
总计	30	7.933 3	2.778 41	0.507 27	6.895 9	8.970 8	2.00	12.00

方差齐性检验

记词数

莱文统计	自由度 1	自由度 2	显著性
0.021	2	27	0.980

等方差检验的 p 值，等方差是方差分析的假设条件。因为 0.980 大于 0.05，所以不拒绝原假设，从而假定三种方法的方差相等。

ANOVA

记词数

	平方和	自由度	均方	F	显著性
组间	165.267	2	82.633	38.073	0.000
组内	58.600	27	2.170		
总计	223.867	29			

检验总体均值是否相等的 p 值。因为 p 值小于 0.05，所以拒绝原假设，即 3 个分组的平均记词数不全相等。

事后检验

多重比较

因变量：记词数

图基 HSD

(I) 方法	(J) 方法	平均值差值 (I—J)	标准误差	显著性	95%置信区间	
					下限	上限
方法 A	方法 B	—1.300 00	0.658 84	0.138	—2.933 5	0.333 5
	方法 C	4.200 00*	0.658 84	0.000	2.566 5	5.833 5
方法 B	方法 A	1.300 00	0.658 84	0.138	—0.333 5	2.933 5
	方法 C	5.500 00*	0.658 84	0.000	3.866 5	7.133 5
方法 C	方法 A	—4.200 00*	0.658 84	0.000	—5.833 5	—2.566 5
	方法 B	—5.500 00*	0.658 84	0.000	—7.133 5	—3.866 5

* 平均值差值的显著性水平为 0.05。

齐性子集

记词数

图基 HSD[a]

方法	个案数	Alpha 的子集 = 0.05	
		1	2
方法 C	10	4.700 0	
方法 A	10		8.900 0
方法 B	10		10.200 0
显著性		1.000	0.138

注：将显示齐性子集中各个组的平均值。

a. 使用调和平均值样本大小 = 10.000。

因为方法 C 不与 A 和 B 处于同一列，所以它与方法 A 和 B 显著不同（C 更低）。

方法 A 和 B 不存在显著差异，因为它们处于同一列。

图 8－8　主体间单因素方差分析的输出结果

表 8－3　评价等方差假定的决策准则

验证等方差假定：		
莱文检验结果	决策	结论
$p>0.05$	不拒绝 H_0	假定总体方差相等
$p\leqslant 0.05$	拒绝 H_0	假定总体方差不等
我们的数据		
$p=0.980>0.05$	不拒绝 H_0	假定总体方差相等

ANOVA——检验 3 种方法的均值是否相等

ANOVA 表是下一张表，它回答的问题是 3 种方法的正确记词数是否相等。ANOVA 采用 F 检验，即两个方差的比值，其中每个方差都指均方：

$$F=\frac{\text{组间均方}}{\text{组内均方}}$$

将 ANOVA 表格中相应数值代入上式，可得 F 值为：

$$F=\frac{82.633}{2.170}=38.073$$

这与 ANOVA 表中 F 列的值相一致。

F 检验使用两个自由度，组间自由度（组数－1）和组内自由度（样本总数－组数）。ANOVA 表中组间自由度和组内自由度分别为 2 和 27。

ANOVA 表中显著性列的 p 值为 0.000（应读作“小于 0.001”而不是“0”）。因为 p 值小于 0.05，所以拒绝原假设，并得出结论：至少一种方法有别于其他方法。

事后检验——判断哪些组之间存在差异

虽然各组均值相等这个原假设被拒绝了，但是备择假设还不明确，它只表明均值不全相等。为了探索组间均值如何不同，我们将做进一步分析。

一个常规做法是将各组两两配对，然后检验所有可能情况，通常称这种做法为两两比较检验。虽然可在SPSS中进行很多不同的两两比较检验，但是更常使用的检验是图基事后比较程序。（事后表示“事情发生之后”；一般只在方差分析得出显著结果之后使用图基检验，即拒绝原假设时。）因为本案例有3个分组，所以图基程序将进行3个不同检验：比较A与B、比较A与C、比较B与C。[4]

SPSS默认输出两个不同的图基检验表格，即多重比较表和齐性子集表。虽然两张表都可以用于解释两两比较的结果，但还是先使用齐性子集表。齐性子集表有两个不同列，其名称为“1”和“2”。解释齐性子集表的结果时，位于相同列的分组之间无显著差异，位于不同列的分组之间有显著差异。在本案例中，因为A和B位于同一列（列2），所以两方法之间没有显著差异（A和B之间观测到的所有差异都来自抽样误差）。但是，因为C没有与A和B同处一列，所以C与A之间存在显著差异，C与B之间也存在显著差异。根据表中给出的三个平均值可知，方法C（平均值=4.7）的记词数低于A（平均值=8.9）和B（平均值=10.2）。

表8-4总结了齐性子集表中图基检验的结果。

表8-4 齐性子集表中图基检验的结果

检验	两组在同一列吗？	结果
比较A和B	是	不显著；假定A和B相等
比较A和C	否	显著；A的记词数多于C
比较B和C	否	显著；B的记词数多于C

下面，用多重比较表解释两两比较的结果。在图8-8的多重比较表中，前两列是被检验的两个分组，之后各列分别是组间平均值差值、标准误差、p值（显著性）和95%置信区间。表中第一行比较的是方法A和方法B，二者平均值差值为-1.3（方法A的平均值$-$方法B的平均值），p值为0.138。因为p值大于0.05，所以方法A和方法B之间的差异不显著。下一行比较的是方法A和方法C，二者平均值差值为4.2（方法A的平均值$-$方法C的平均值），p值小于0.001（在SPSS中显示为0.000）。因为p值小于0.05，所以方法A和方法C之间存在显著差异。根据图8-8中描述表内平均值可知，那些使用方法A的学生，其平均记词数量比使用方法C的多。

多重比较表存在信息冗余，即给出每对两两比较的结果2次。例如，在第三行再次给出方法A和方法B的检验（为使表述简洁，本段后面只用字母而略去“方法”二字），与前一次检验的唯一不同是，这次B位于前一列。因为B和A的检验与A和B的检验完全相同（注意两次检验的p值都是0.138），所以选用两次检验中的任意一个即可。因此，只需对每种结果解释 1 次。至此，我们已经得到 A 和 B 的比较结果以及 A 和 C 的比较结果，只剩 B 和 C 的比较结果还没解释。观察第二行，我们看到方法 B 和 C 显著不同，其 p 值小于 0.001（在 SPSS 中显示为 0.000）。由描述表中的平均值可知，方法 B（平均值＝10.2）显著高于方法 C（平均值＝4.7）。总之，多重比较表和齐性子集表这两张表格的结果相同：A 和 B 之间无显著差异，且 A 和 B 均显著高于 C。

效应值

方差分析常用 η^2（eta 平方）作为其效应值，公式为：

$$\eta^2 = \frac{\text{组间平方和}}{\text{总平方和}}$$

可在图 8－8 中的方差分析表内找到组间平方和与总平方和的取值[5]。将它们代入上式可得 η^2 的值为：

$$\eta^2 = \frac{165.267}{223.867} = 0.74$$

Cohen（1988）分别给出 η^2 是小、中等还是大这三种情况的估计值为 0.01，0.06 和 0.14。可以这么描述 η^2，它是因变量方差中能被自变量解释的比重。基于 Cohen 准则，0.74 被认为是很大的效应值，它表示记词方法解释了 74%的记词方差。

以 APA 格式表述结果

在书写报告时，假设检验的结论、自由度、F 值、p 值和效应值都随三个分组的样本均值和标准差一同给出（必要时，可以把平均值和标准差整理到一个单独的表格里）。下面是一个以 APA 格式书写的简要文字报告示例。

报告

记词数随所用记词方法的不同而不同，$F(2, 27) = 38.07$，$p < 0.05$，$\eta^2 = 0.74$。图基事后比较程序表明，那些使用方法 A（$M = 8.90$，$SD = 1.52$）和方法

B（$M=10.20$，$SD=1.40$）的人，其记词数明显多于那些使用方法 C（$M=4.70$，$SD=1.49$）的人。方法 A 和 B 之间的记词数不存在显著差异。

主体间单因素方差分析的假设条件

1. 观测值独立。

违反这个假设条件会严重威胁到方差分析的检验准确性。通过实验设计方法可使参与者之间互不影响，从而满足该假设条件（参与者在默写单词时抄了别人，这就是违反独立性假定的一个例子）。如果有理由相信已经违反了独立性假定，就不应该使用主体间方差分析。

2. 各组总体的因变量取值均服从正态分布。

该假设条件意味着各组总体的记词数应该服从正态分布。对中等样本和大样本，虽然有些非正态分布会对方差分析的功效有不利影响，但是大多数非正态分布对方差分析检验的准确性影响较小。

3. 各组总体方差相等。

违反等方差假定会威胁到方差分析检验的准确性，尤其在各组样本量不等的时候。如果方差不等（如果有必要的话，可再选用合适的事后检验，比如邓尼特 T3），则先给出莱文检验的结果，再选用另外一个程序（布朗-福塞斯或韦尔奇）并报告其输出结果。(想了解这些程序的更多信息，请看下面的总结。)

总结：在 SPSS 中进行主体间单因素方差分析的步骤

Ⅰ. 数据输入和分析

1. 在 SPSS 中创建两个变量（一个是自变量，另一个是因变量）。
2. 录入数据。
3. 为自变量创建值标签。在值标签对话框，正确输入数值和标签。单击确定。
4. 选择**分析**>**比较平均值**>**单因素 ANOVA 检验 ...**。
5. 将因变量移入因变量列表方框，自变量移入因子方框。
6. 单击选项，勾选描述和方差齐性检验，然后单击继续。

7. 单击事后比较，选择图基，然后单击继续。

8. 单击确定。

Ⅱ. 结果的解释

根据莱文检验的结果，看是否等方差。

a. 对莱文检验，如果 $p>0.05$，则假定各总体方差相等。然后直接解释方差分析的 F 值。

- 如果方法分析显著（$p\leqslant0.05$），则解释图基事后比较程序的结果。
- 如果方法分析不显著（$p>0.05$），则停止。写明结果：组间无显著差异。

b. 对莱文检验，如果 $p\leqslant0.05$，则不假定各总体方差相等。此时重新运行选择了布朗-福塞斯或韦尔奇的分析程序（通过单击选项按钮），并通过单击事后比较按钮选择不假定组间等方差（比如邓尼特 T3）的事后比较检验。不像方差分析和图基检验，这些检验都不需要等方差假定。

- 如果检验（布朗-福塞斯或韦尔奇）显著（$p\leqslant0.05$），则解释事后比较程序的结果。
- 如果检验（布朗-福塞斯或韦尔奇）不显著（$p>0.05$），则停止。写明结果：组间无显著差异。

练习

1. 一位医学研究员想研究不同止痛药对周期性偏头痛患者的效果。安排 21 位近期找医生看过周期性偏头痛的患者随机服用 3 种药丸中的一种。这 3 种药分别为：药品 A、药品 B 和安慰剂 C。服药后一周时间里，各患者每天定期 3 次记录其疼痛程度（疼痛程度的取值范围为 1～10，且取值越高，痛感越强）。计算一周内每位患者的平均疼痛程度，并将其整理为表 8－5。

表 8－5　3 组患者的疼痛程度

药品	痛感
A	5.2，4.1，5.8，6.85，4.75，1.75，4
B	3.05，6.15，5.5，6.15，1.85，6.4，3.1
C	8.15，7.15，6.2，7.85，9.45，9.25，6.3

为回答如下问题，请在 SPSS 中录入数据并执行恰当分析。将变量命名为**药品**和**痛感**。

A. 写出原假设和备择假设。

B. 写出数据的研究问题。

C. 检验等方差假定。数据表明组间方差不等吗？（取 $\alpha=0.05$）

D. 组间疼痛程度存在显著差异吗？（取 $\alpha=0.05$）

E. 方差分析的效应值是多少？你认为该效应值是小、中等还是大？

F. 如果方差分析显著，简要总结图基事后比较程序的结果。

G. 使用 APA 格式写出分析结果的书面报告（如果方差分析显著，一定要包含图基检验的结果）。

2. 一位研究员想了解不同车型的车主对高油价的失望感（level of frustration）是否不同。某次油价飞涨后，研究员让 30 名车主表明他们对油价的失望情绪（评分范围为 1～10，且评分越高，失望感越强）。30 名被调查者中，10 人以摩托车为主要交通工具（数据文件中的编码为 1），10 人以混合动力汽车为主要交通工具（编码为 2），其余 10 人以非混合动力汽车为主要交通工具（编码为 3）。数据文件见网址 www. routledge. com/cw/yockey 上章节 8（Chapter 8）文件夹下 Chapter 8 _ Exercise 2. sav（变量名称为 **vehicle** 和 **frustration**，分别表示车辆类型和失望感评分）。为回答如下问题，请在 SPSS 中打开数据文件并执行恰当分析。

A. 写出原假设和备择假设。

B. 写出数据的研究问题。

C. 检验等方差假定。数据表明组间方差不等吗？（取 $\alpha=0.05$）

D. 3 组车主的失望感存在显著差异吗？（取 $\alpha=0.05$）

E. 方差分析的效应值是多少？你认为该效应值是小、中等还是大？

F. 如果方差分析显著，简要总结图基事后比较程序的结果。

G. 使用 APA 格式写出分析结果的书面报告（如果方差分析显著，一定要包含图基检验的结果）。

3. 在某项研究中，报警器公司的一位市场研究员调查了 3 个主要公司，想探究不同公司对警报信号的反应时间是否存在差异。随机播放了 15 次警报信号，并记录每家公司的各次反应时间，数据文件见网址 www. routledge. com/cw/yockey 上章节 8（Chapter 8）文件夹下 Chapter 8 _ Exercise 3. sav（变量名称为 **company** 和 **time**，分别表示公司和反应时间；对 **company**，1＝"company A"，2＝"company B"，3＝"company C"）。为回答如下问题，请在 SPSS 中打开数据文件并执行恰当分析。

A. 写出原假设和备择假设。

B. 写出数据的研究问题。

C. 检验等方差假定。数据表明组间方差不等吗？（取 $\alpha=0.05$）

D. 3 家公司的反应时间存在显著差异吗？（取 $\alpha=0.05$）

E. 方差分析的效应值是多少？你认为该效应值是小、中等还是大？

F. 如果方差分析显著，简要总结图基事后比较程序的结果。

G. 使用 APA 格式写出分析结果的书面报告（如果方差分析显著，一定要包含图基检验的结果）。

注　释

1. “因子”是方差分析中自变量的别名。“水平”是类型或者分组的别名。例如，性别因子有两个水平：男和女。

2. 布朗-福塞斯或韦尔奇（见图 8－6）是组间方差不等时方差分析的备选检验方法。如果莱文检验表明方差不等，那么可从这两个方法中选用一种，让其替代标准单因素方差分析（稍后将讨论莱文检验和等方差假定）。

3. 如果莱文检验表明方差不等，则使用不假定等方差情况下的事后比较检验（而不是图基）。

4. 图基事后比较程序有一个内置控制，即使 3 个检验的整体 alpha（第Ⅰ类错误）值不超过 0.05。对跟踪测试而言，控制其整体 alpha 值的更多内容将在第 10 章和第 11 章介绍。

5. 在 SPSS 中使用一般线性模型-单变量程序可算得 η^2。第 9 章将介绍一般线性模型程序（和怎么用它计算 η^2）。

第 9 章
主体间双因素方差分析

用连续因变量评价两个自变量时，可使用主体间双因素方差分析（ANOVA）。在主体间双因素方差分析中，两个自变量均为主体间因子，且每个因子均包含两个或多个水平，但每个被调查者只受各因子中一个水平的影响。下文将介绍一个主体间双因素方差分析的例子。

例子

一位研究员想研究物理疗法和放松运动对背部疼痛的缓解效果，其中物理疗法和放松运动各有两种。当地的一家骨科诊室为该项研究招募了 24 位急性背痛患者。对物理疗法而言，一半患者（12 位）使用伸展运动，另一半患者（12 位）使用强化运动。对放松运动而言，一半患者（12 位）使用肌肉放松（从头部开始收紧并放松肌肉，一直到脚趾），另一半患者（12 位）使用引导想象（一个用于帮助放松的结构化视觉技术）。

该实验设计（见图 9－1）是完全交叉设计的一个示例，其中物理疗法的所有水平和放松运动的所有水平两两配对。这个设计产生了 4 种不同情况（每种情况有 6 名患者）：伸展运动和肌肉放松（单元格 a）、伸展运动和引导想象（单元格 b）、强化运动和肌肉放松（单元格 c）以及强化运动和引导想象（单元格 d）。本例中，有两个物理疗法水平和两个放松运动水平，并因其两两配对而产生 4 种不同情况，称这类设计为 2×2 方差分析。

		放松运动		
		肌肉放松	引导想象	总计
物理疗法	伸展运动	6名患者（单元格a）	6名患者（单元格b）	12
	强化运动	6名患者（单元格c）	6名患者（单元格d）	12
	总计	12	12	24

图 9－1　主体间双因素方差分析的实验设计

研究持续 6 周，其间每位患者接受相应的周课训练。6 周训练结束时，每位患者完成一份有 10 项问题的调查问卷，这些问题都用于评定他们当时的疼痛水平（调查问卷总得分的取值范围为 0～60，其中 0 表示无疼痛感，60 表示非常高的疼痛程度）。该研究的因变量是 6 周结束时所记录的疼痛水平，自变量是物理疗法和放松运动。

主体间双因素方差分析的目标和所需数据

主体间双因素方差分析的目标和所需数据见表 9-1。

表 9-1 主体间双因素方差分析

目标	所需数据	实例
1. 检验主效应 • 伸展运动和强化运动之间的疼痛水平存在显著差异吗? • 肌肉放松和引导想象之间的疼痛水平存在显著差异吗? 2. 检验交互作用效应 • 物理疗法对疼痛水平的影响取决于同时使用的放松运动类型吗?	自变量 • 两个主体间因子，其中每个因子有两个或多个水平 因变量 • 连续变量	自变量 • 物理疗法 (伸展运动和强化运动) • 放松运动 (肌肉放松和引导想象) 因变量 • 记录的疼痛水平 (6 周训练后)

原假设与备择假设

主体间双因素方差分析检验的是 3 个原假设。其中，两个原假设用于检验每个因变量（被称为主效应的检验），另外一个用于检验两因变量的综合效应（被称为交互作用效应的检验）。

假设 1. 物理疗法检验：伸展运动和强化运动

物理疗法的原假设为“伸展运动和强化运动的总体平均疼痛水平相等”：

$$H_0: \mu_{伸展运动} = \mu_{强化运动}$$

备择假设为“两总体均值不等”：

$$H_1: \mu_{伸展运动} \neq \mu_{强化运动}$$

假设 2. 放松运动检验：肌肉放松和引导想象

放松运动的原假设为“肌肉放松和引导想象的总体平均疼痛水平相等”：

$$H_0: \mu_{肌肉放松} = \mu_{引导想象}$$

备择假设为“两总体均值不等”：

$$H_1: \mu_{\text{肌肉放松}} \neq \mu_{\text{引导想象}}$$

假设 3. 检验物理疗法和放松运动的交互作用效应

原假设为“两变量之间没有交互作用”：

H_0：没有物理疗法×放松运动的交互作用

备择假设为“两变量之间存在交互作用”：

H_1：存在物理疗法×放松运动的交互作用

原假设的决策

主体间双因素方差分析检验前面提及的 3 个原假设。对其中某个原假设，为检验它，在其为真的情况下，如果检验结果看起来不可能（p 值小于 5%），则拒绝原假设；如果检验结果看起来很有可能（p 值大于 5%），则不拒绝原假设。

研究问题

双因素方差分析的基本问题也可表述为问句形式，例如：

对物理疗法

“那些使用伸展运动的患者，其疼痛水平有别于那些使用强化运动的患者吗?”

对放松运动

“那些使用肌肉放松的患者，其疼痛水平有别于那些使用引导想象的患者吗?”

对物理疗法和放松运动的交互作用

“那些使用伸展运动的患者，其疼痛水平取决于同时使用的是肌肉放松还是引导想象吗?”

数据

24 位患者的数据见表 9－2。对物理疗法，那些使用伸展运动的患者被赋值为

“1”，使用强化运动的患者被赋值为“2”。对放松运动，那些使用肌肉放松的患者被赋值为“1”，使用引导想象的患者被赋值为“2”。

表 9-2　主体间双因素方差分析的示例数据

患者	物理疗法	放松运动	疼痛水平	患者	物理疗法	放松运动	疼痛水平
1	1	1	30	13	2	1	40
2	1	1	22	14	2	1	50
3	1	1	25	15	2	1	38
4	1	1	28	16	2	1	52
5	1	1	20	17	2	1	45
6	1	1	20	18	2	1	50
7	1	2	50	19	2	2	50
8	1	2	45	20	2	2	55
9	1	2	35	21	2	2	50
10	1	2	40	22	2	2	45
11	1	2	30	23	2	2	47
12	1	2	45	24	2	2	43

注：患者变量仅为了便于说明，该列不被录入 SPSS。

数据输入和分析

步骤 1 和步骤 2 介绍怎么向 SPSS 录入数据。也可以从网上下载数据文件，见 www.routledge.com/cw/yockey 上章节 9（Chapter 9）文件夹下 back pain.sav。如果你倾向于使用网站上的数据文件，则直接转向步骤 3。

步骤 1：创建变量

1. 启动 SPSS。

2. 点击变量视图标签。

在 SPSS 中创建三个变量，其中两个分别是物理疗法和放松运动（自变量），第三个是疼痛水平（因变量）。分别将这三个变量命名为**物理疗法**、**放松运动**和**疼痛**。

3. 在变量视图窗口的前三行分别录入变量名称**物理疗法**、**放松运动**和**疼痛**。在测量列，将**物理疗法**和**放松运动**归为名义尺度，**疼痛**归为标度尺度（见图 9-2）。

4. 使用第 1 章介绍的过程，为**物理疗法**和**放松运动**创建值标签。对**物理疗法**，1=“伸展运动”，2=“强化运动”；对**放松运动**，1=“肌肉放松”，2=“引导想象”。

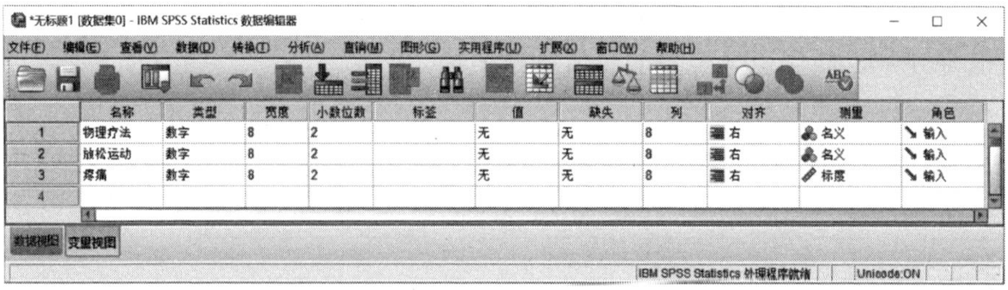

	名称	类型	宽度	小数位数	标签	值	缺失	列	对齐	测量	角色
1	物理疗法	数字	8	2		无	无	8	右	名义	输入
2	放松运动	数字	8	2		无	无	8	右	名义	输入
3	疼痛	数字	8	2		无	无	8	右	标度	输入
4											

图 9-2　已录入物理疗法、放松运动和疼痛这三个变量的变量视图**窗口**

步骤 2：录入数据

1. 单击数据视图标签。**物理疗法、放松运动**和**疼痛**这三个变量出现在数据视图窗口前三列。

2. 参照表 9-2，录入每位患者在这三个目标变量的取值。对第一位患者，分别在**物理疗法、放松运动**和**疼痛**列录入数值 1，1 和 30。使用这一方法，录入所有 24 位患者的数据。完整数据见图 9-3。

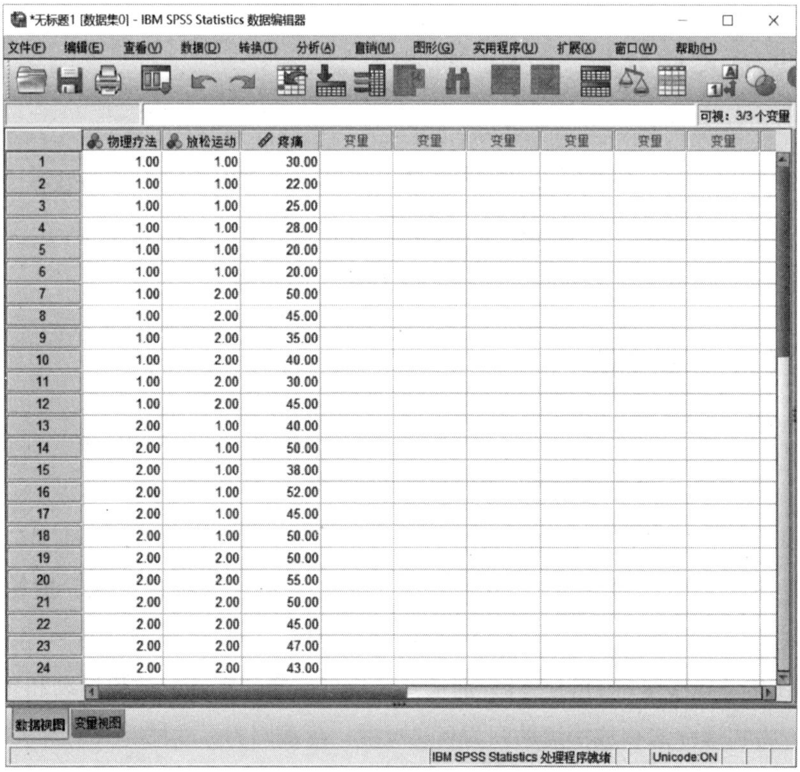

	物理疗法	放松运动	疼痛	变量	变量	变量	变量	变量	变量
1	1.00	1.00	30.00						
2	1.00	1.00	22.00						
3	1.00	1.00	25.00						
4	1.00	1.00	28.00						
5	1.00	1.00	20.00						
6	1.00	1.00	20.00						
7	1.00	2.00	50.00						
8	1.00	2.00	45.00						
9	1.00	2.00	35.00						
10	1.00	2.00	40.00						
11	1.00	2.00	30.00						
12	1.00	2.00	45.00						
13	2.00	1.00	40.00						
14	2.00	1.00	50.00						
15	2.00	1.00	38.00						
16	2.00	1.00	52.00						
17	2.00	1.00	45.00						
18	2.00	1.00	50.00						
19	2.00	2.00	50.00						
20	2.00	2.00	55.00						
21	2.00	2.00	50.00						
22	2.00	2.00	45.00						
23	2.00	2.00	47.00						
24	2.00	2.00	43.00						

图 9-3　主体间双因素方差分析的完整示例数据文件

步骤3：分析数据

1. 从菜单栏选择**分析**>**一般线性模型**>**单变量…**（见图9-4）。

弹出单变量对话框，**物理疗法**、**放松运动**和**疼痛**位于对话框左侧（见图9-5）。

2. 选中因变量**疼痛**并单击位于上方的右箭头按钮（）将其移入因变量方框。

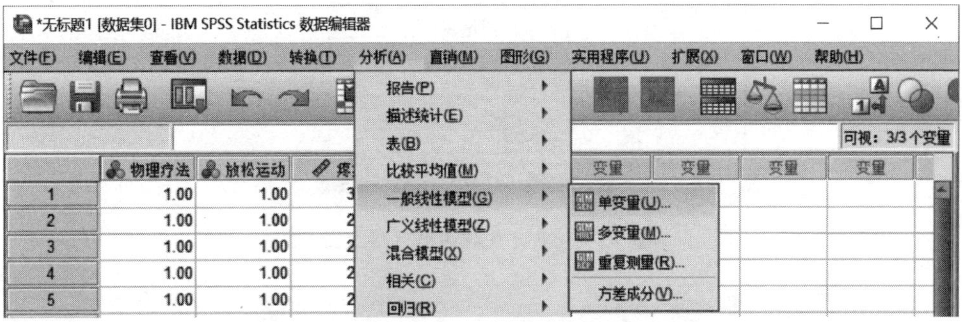

图9-4　主体间双因素方差分析的菜单命令

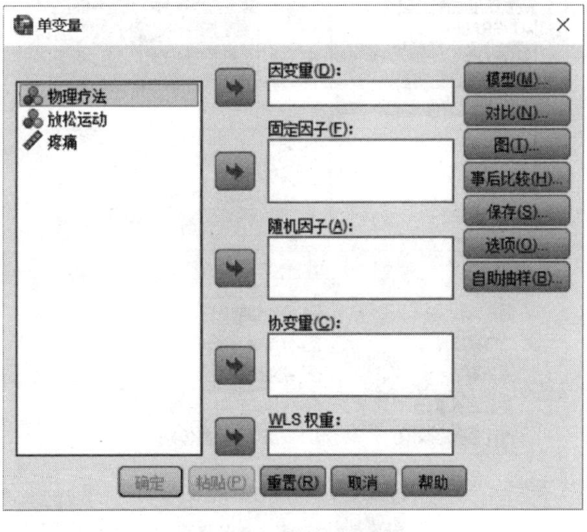

图9-5　单变量对话框

3. 按住Ctrl键不放，连续点选**物理疗法**和**放松运动**，然后单击从上往下数的第二个右箭头按钮（）将其移入固定因子[1]方框（见图9-6）。

4. 单击选项，弹出单变量：选项对话框。在因子与因子交互方框内选择**物理疗法**、**放松运动**和**物理疗法*放松运动**（不要选OVERALL），然后单击右箭头按钮（）将其移入显示下列各项的均值方框。在显示区域，勾选描述统计、效应量估算和齐性检验（见图9-7）。

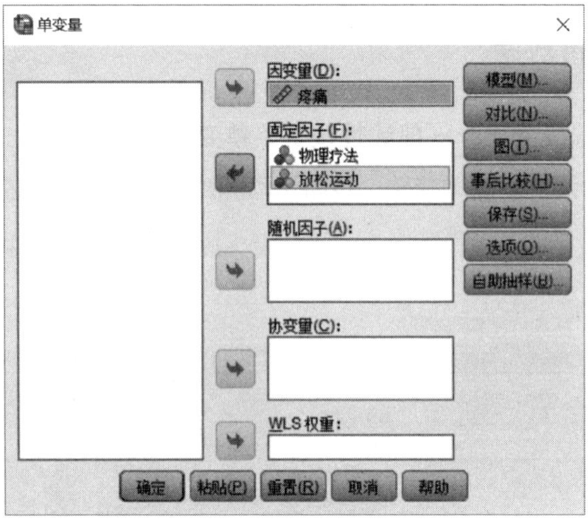

图 9-6　单变量对话框（接上图）

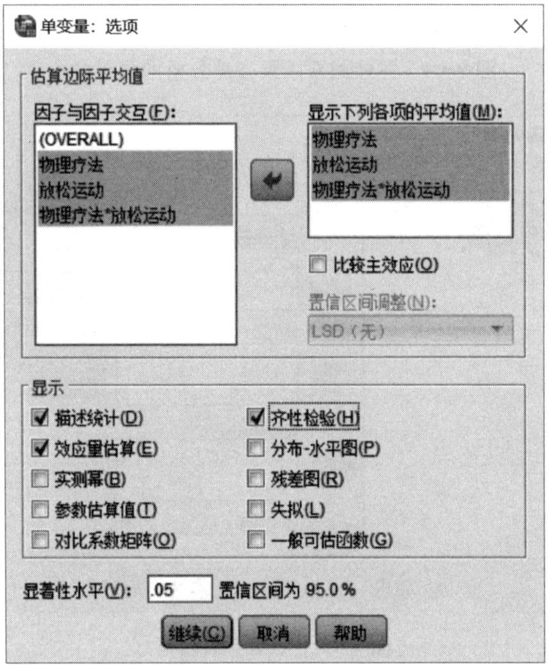

图 9-7　单变量：选项对话框

5. 单击继续。

6. 单击图按钮。弹出单变量：轮廓图对话框。选择**物理疗法**并单击位于上方的右箭头按钮（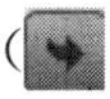）将其移入水平轴方框。选择**放松运动**并单击位于中间的右箭头按钮（）将其移入单独的线条方框（见图 9-8）。

7. 单击添加按钮。图方框中出现交互作用**物理疗法 * 放松运动**（见图 9-9）。

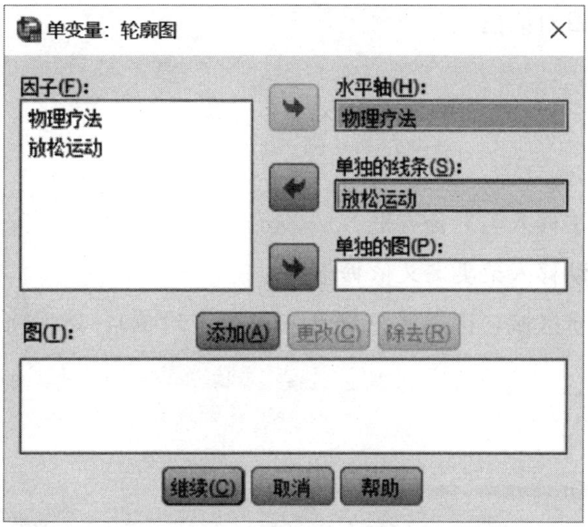

图 9-8　单变量：轮廓图对话框

8. 单击继续。

9. 单击确定。

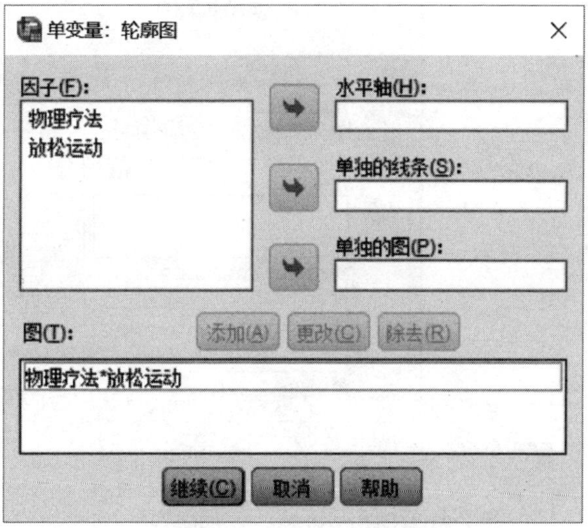

图 9-9　单变量：轮廓图对话框（接上图）

双因素方差分析程序在 SPSS 中运行之后，结果会显示在查看器窗口。

在讨论方差分析的结果之前，绘制一个条形图。该条形图是轮廓图的替代选择，也用于显示交互作用效应。下面给出双因素方差分析的条形图绘制过程（关于条形图的更多内容可参考第 3 章）。

绘制条形图

1. 从菜单栏选择**图形**>**旧对话框**>**条形图…**。

2. 弹出条形图对话框。

3. 选择簇状。

4. 在图表中的数据为区域，选中个案组摘要。

5. 单击定义。

6. 将**物理疗法**移入类别轴方框。

7. 将**放松运动**移入聚类定义依据方框。

8. 在条形表示区域，选择其他统计（例如平均值），然后将**疼痛**移入变量方框（见图 9 - 10）。

9. 单击确定。

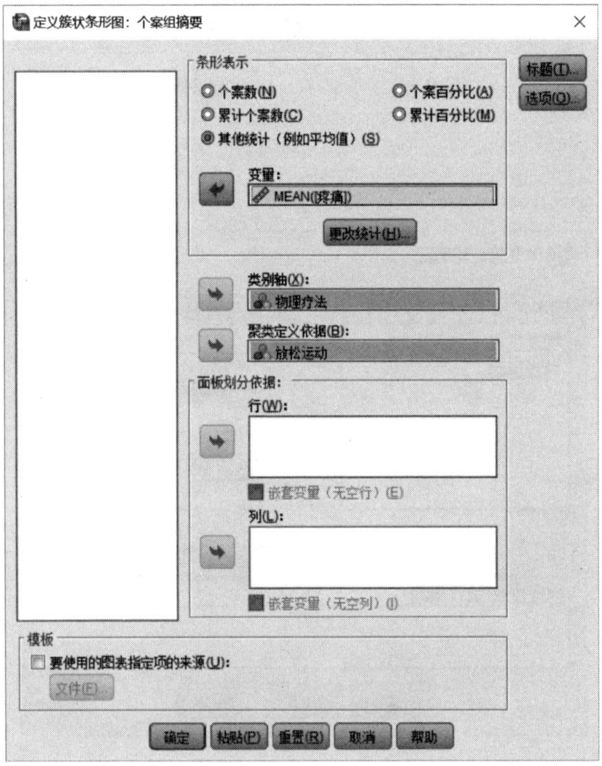

图 9 - 10 定义簇状条形图：个案组摘要**对话框**

条形图程序在 SPSS 中运行之后，结果会显示在查看器窗口。

步骤 4：解释输出结果

主体间双因素方差分析的输出结果见图 9 - 11，条形图的输出结果见图 9 - 12。

方差的单变量分析

主体间因子

		值标签	个案数
物理疗法	1.00	伸展运动	12
	2.00	强化运动	12
放松运动	1.00	肌肉放松	12
	2.00	引导想象	12

描述统计

因变量：疼痛

物理疗法	放松运动	平均值	标准差	个案数
伸展运动	肌肉放松	24.166 7	4.215 05	6
	引导想象	40.833 3	7.359 80	6
	总计	32.500 0	10.414 15	12
强化运动	肌肉放松	45.833 3	5.810 91	6
	引导想象	48.333 3	4.273 95	6
	总计	47.083 3	5.035 48	12
总计	肌肉放松	35.000 0	12.306 69	12
	引导想象	44.583 3	6.947 31	12
	总计	39.791 7	10.930 53	24

误差方差的莱文等同性检验[a]

因变量：疼痛

F	自由度 1	自由度 2	显著性
1.238	3	20	0.322

注：检验“各个组中的因变量误差方差相等”这一原假设。

a. 设计：截距 ＋ 物理疗法 ＋ 放松运动 ＋ 物理疗法 ＊ 放松运动。

等方差是方差分析的假设条件，显著性列给出等方差检验的 p 值。因为 0.322 大于 0.05，所以不拒绝原假设，从而假定四个单元格方差相等。

主体间效应检验

因变量：疼痛

源	Ⅲ类平方和	自由度	均方	F	显著性	偏 η^2
修正模型	2 128.125[a]	3	709.375	22.889	0.000	0.774
截距	38 001.042	1	38 001.042	1 226.170	0.000	0.984
物理疗法	1 276.042	1	1 276.042	41.174	0.000	0.673
放松运动	551.042	1	551.042	17.780	0.000	0.471
物理疗法 ＊ 放松运动	301.042	1	301.042	9.714	0.005	0.327
误差	619.833	20	30.992			
总计	40 749.000	24				
修正后总计	2 747.958	23				

a. R^2＝0.774（调整后 R^2＝0.741）。

我们的三个检验。

三个检验均显著，因为 p 值都小于 0.05。

估算边际平均值

1. 物理疗法

因变量：疼痛

物理疗法	平均值	标准误差	95%置信区间	
			下限	上限
伸展运动	32.500	1.607	29.148	35.852
强化运动	47.083	1.607	43.731	50.436

因为**物理疗法**显著，所以根据估算边际平均值表决定哪种情况的疼痛水平更低。（伸展运动更低，平均值为32.5。）

2. 放松运动

因变量：疼痛

放松运动	平均值	标准误差	95%置信区间	
			下限	上限
肌肉放松	35.000	1.607	31.648	38.352
引导想象	44.583	1.607	41.231	47.936

放松运动显著，估算边际平均值表显示肌肉放松比引导想象的疼痛水平更低。

3. 物理疗法 * 放松运动

因变量：疼痛

物理疗法	放松运动	平均值	标准误差	95%置信区间	
				下限	上限
伸展运动	肌肉放松	24.167	2.273	19.426	28.907
	引导想象	40.833	2.273	36.093	45.574
强化运动	肌肉放松	45.833	2.273	41.093	50.574
	引导想象	48.333	2.273	43.593	53.074

轮廓图

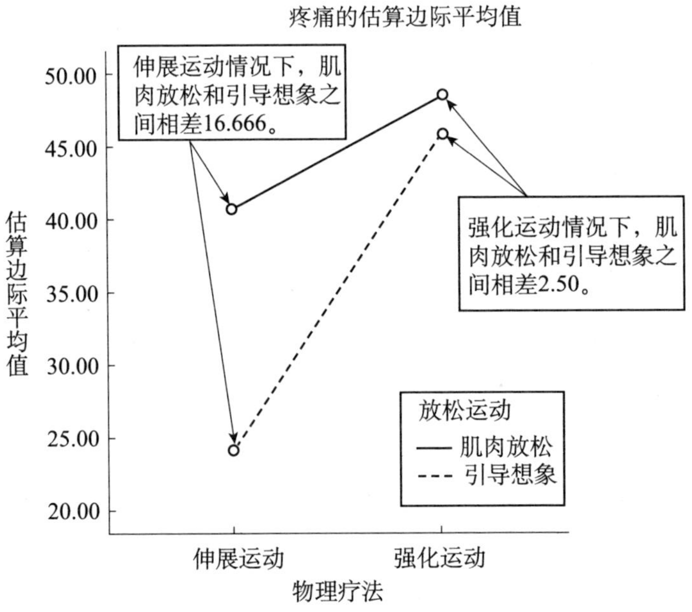

图9-11 主体间双因素方差分析程序的输出结果

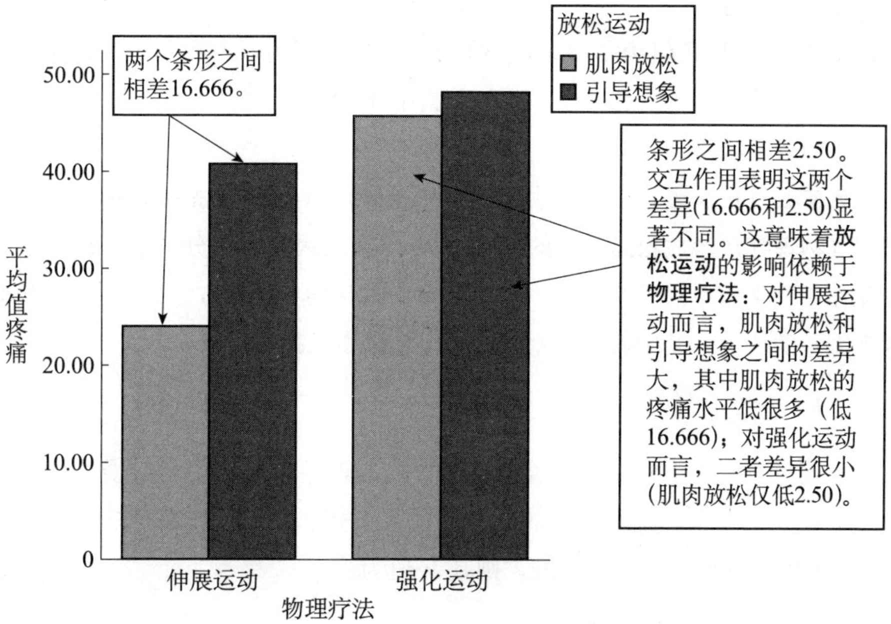

图 9－12　条形图程序的输出结果

主体间因子

主体间因子表给出：包含在实验中的因子、各因子的水平个数、值标签和各因子水平下的个案数。可以注意到，**物理疗法**和**放松运动**的两水平下均有 12 名患者，这与我们的实验设计相一致。

描述统计

描述统计表给出实验中 4 种情况（还有各因子的每个水平）的平均值、标准差和个案数（N）。虽然为了解释组间平均差异，我们将把注意力集中在后面几张估算边际平均值表上，但是在书写结果时我们将使用该表中的标准差。

误差方差的莱文等同性检验

下一张表是误差方差的莱文等同性检验表，它检验的问题是实验中 4 种情况的方差是否相等，并给出检验结果。等方差是主体间双因素方差分析的假设条件（关于等方差假设的更多内容请参考第 8 章）。

莱文检验的原假设和备择假设为：

$H_0:\sigma_{11}^2=\sigma_{12}^2=\sigma_{21}^2=\sigma_{22}^2$（4 个单元格的总体方差相等）

H_1：至少一个方差与其他方差不等

可根据表中 p 值检查是否符合等方差假定。如果 $p\leqslant 0.05$，则拒绝原假设，认为总体方差不全相等。如果 $p>0.05$，则不拒绝原假设，认为实验中 4 个单元格的总体方差相等。

莱文检验给出 F 值为 1.238，p 值为 0.322。因为 0.322 大于 0.05，所以不拒绝方差相等这个原假设，并假定实验中 4 种情况的总体方差相等。

主体间效应检验

主体间效应检验表是第四张表，它给出主效应（**物理疗法**和**放松运动**）和交互作用（**物理疗法×放松运动**）的检验结果[2]。在双因素方差分析中，每个主效应和交互作用都采用单独的 F 检验。与第 8 章中讨论的单因素方差分析一样，F 检验是两个方差的比值，其中每个方差都指输出结果中的均方（MS）：

$$F=\frac{\text{均方效应}}{\text{均方误差}}$$

其中均方效应对应表中各目标检验的均方，均方误差对应表中均方误差取值。为计算目标检验的 F 值，需将恰当的均方值代入上式。例如，**物理疗法**的均方效应为 1 276.042，均方误差为 30.992，则其 F 值为：

$$F=\frac{1\ 276.042}{30.992}=41.174$$

这与图 9-11 中主体间效应检验表内物理疗法的 F 值相一致。

该检验使用两个自由度，一个是**物理疗法**的自由度（自由度＝**物理疗法**的水平数－1），另一个是误差的自由度（自由度＝总样本量－研究中的单元格数）。对**物理疗法**这个检验而言，自由度分别为 1 和 20。

表中显著性列**物理疗法**行给出**物理疗法**检验的 p 值为 0.000（应读作“小于 0.001”）。因为 p 值小于 0.05，所以拒绝原假设，并得出结论：伸展运动和强化运动的疼痛水平显著不同（将在下一部分结合边际平均值对**物理疗法**哪种情况的疼痛水平更低这个问题进行讨论）。

表中给出的下一个检验是**放松运动**检验。**放松运动**检验的 F 值为 17.78（551.042/30.992），其自由度为 1（**放松运动**的水平数－1）和 20（误差的自由度）。表中显著性列**放松运动**行给出**放松运动**检验的 p 值为 0.000。因为 p 值小于 0.05，所以拒绝原假设，并得出结论：肌肉放松和引导想象的疼痛水平显著不同（将在下一部分结合边际平均值对**放松运动**哪种情况的疼痛水平更低这个问题进行讨论）。

最后一个检验是**物理疗法×放松运动**检验，其 F 值为 9.714（301.042/30.992），自由度为 1（（**物理疗法**的水平数－1）×（**放松运动**的水平数－1））和 20（误差的自由度）。该交互作用检验的 p 值为 0.005，因为它小于 0.05，所以拒绝原假设，并得出结论：**物理疗法**和**放松运动**之间存在显著交互作用。

估算边际平均值

估算边际平均值表由 3 张表组成——每个因子的表格和交互作用的表格（估算边际平均值表用于显示检验是否显著）。估算边际平均值表有助于解释显著结果。因为案例中 3 个检验都显著，所以我们将在下文讨论 3 张估算边际平均值表。（但是，如果检验不显著，那么我们认为边际平均值之间的所有差异都来自抽样误差，从而不讨论检验的结果。）

第一张是*物理疗法*表，它给出两类物理疗法的边际平均值。因为**物理疗法**显著，所以我们根据平均值判断哪种疗法下的疼痛水平更低。此表显示，伸展运动的疼痛水平（平均值＝32.50）明显低于强化运动的疼痛水平（平均值＝47.08）。

第二张是*放松运动*表，它给出两类放松运动的边际平均值。因为**放松运动**显著，所以我们根据平均值判断哪种运动下的疼痛水平更低。此表显示，肌肉放松的疼痛水平（平均值＝35.00）明显低于引导想象的疼痛水平（平均值＝44.58）。

最后一张是*物理疗法×放松运动*表，它给出显著交互作用效应的平均值。4 种情况的均值都被给出，其中每个平均值表示相应情况下 6 名患者的平均疼痛水平。为了更加清晰地确定交互作用效应，我们对原表做了一些改动，新表见表 9－3。

表 9－3　实验中 4 种情况的均值，放松运动的边际均值以及放松运动情况下肌肉放松与引导想象之间的平均值差值

	伸展运动	强化运动	放松运动边际均值
肌肉放松	24.167	45.833	35.000
引导想象	40.833	48.333	44.583
平均值差值	16.666	2.500	9.583

表 9－3 的第一列数值表明，在已经接受伸展运动的条件下，再接受肌肉放松的患者，其平均疼痛水平（24.167）比那些接受引导想象的（40.833）低 16.666。表中第二列表明，在已经接受强化运动的条件下，再接受肌肉放松的患者，其平均疼痛水平（45.833）比那些接受引导想象的（48.333）只低了 2.50。这些平均值差值阐明交互作用效应：对伸展运动来说，肌肉放松和引导想象之间的差值很大（16.666），但是，对强化运动来说，肌肉放松和引导想象之间的差值很小（2.50）。显著的交互作用效应表明这两个差值（16.666 和 2.50）之间显著不同。再查看图 9－11 中所有 4 种情况的平均疼痛水平，显然肌肉放松和伸展运动这对

组合最有益于缓解背部疼痛（该情况下患者的平均疼痛水平最低，其平均值为 24.167）。

交互作用效应的图像

虽然我们刚刚已经通过比较均值之间的差值检查了交互作用效应，但还是有必要绘制图形来展示结果。我们将考虑两类不同图形：轮廓图和条形图。这两个图形分别见图 9－11 和图 9－12。

轮廓图

轮廓图（见图 9－11）显示实验中 4 种情况的均值。图中，两物理疗法水平在 x 轴，其中，伸展运动在左，强化运动在右。线条与放松运动的不同水平相对应，其中，上方线条对应引导想象，下方线条对应肌肉放松。在图中左侧，两点之间的差值表示伸展运动情况下肌肉放松和引导想象之间的差值（前文提到二者相差 16.666）。图中右侧两点之间的差值对应于强化运动情况下肌肉放松和引导想象之间的差值（仅差 2.50）。交互作用表明这两个差值（16.666 和 2.50）之间显著不同。当画出图像时，线条（显著不平行）之间的不平行程度可作为描述交互作用的又一方法。

条形图

图 9－12 中的条形图是轮廓图的替代选择，二者都可用来绘制显著交互作用效应的图形。轮廓图和效应图呈现同一信息——实验中 4 种情况的平均值；二者的不同点在于呈现信息的方式。条形图中，**物理疗法**位于横轴（x 轴），**放松运动**的两水平被用来区分各簇条形。4 种情况的平均疼痛水平等于各条形在纵轴（y 轴）方向上的高度。位于左侧的前两个条形表明，对伸展运动来说，肌肉放松的疼痛水平比引导想象低很多（差值为 16.666），由此导致伸展运动那簇条形之间存在相当大的高度差异。强化运动的两个条形位于右侧。可以注意到，这两个条形的高度很接近，肌肉放松只略低于引导想象，这表明两种情况下的疼痛水平差异很小（2.50）。从条形图表达的信息来看，显著的交互作用表明 x 轴方向上两簇（两簇表示两物理疗法水平，且每簇有两根条形）条形的两个高度差异明显不同（这是 16.666 明显不同于 2.50 的另一表述方式）。

交互作用效应显著时，解释主效应

交互作用效应显著时，显著的主效应会让人产生误解（取决于结果的特征），因此在解释主效应结果时应当特别小心。可用表 9－3 来解释。图中最右侧那一列的两个均值对应于放松运动边际均值。放松运动的显著主效应表明肌肉放松和引导想象显著不同，其中肌肉放松的平均疼痛水平比引导想象低 9.583（比较 35.000 和 44.583）。这是主效应预测的放松运动差值，可通过对伸展运动和放松运动之间的平均值差值取平均算得它（(16.666＋2.500) /2＝9.583)。但是显著交互作用效应表明放松运动两水平之间的差异取决于已接受的物理疗法类型：对伸展运动而言，其平均值差值比主效应预测的差值大（实际值为 16.666，预测值为 9.583)；但对强化运动而言，其平均值差值比主效应预测的差值小（实际值为 2.500，预测值为 9.583)。因此，(孤立地）使用主效应描述放松运动两水平间差异时，两个数值会被曲解，即伸展运动条件下放松运动两水平间差值被低估，强化运动条件下两水平间差值被高估[3]。当然，如果不存在明显的交互作用，主效应将充分解释组间差异。

简单效应

如果交互作用效应显著，可以用简单效应分析对其进行进一步检验。具体做法是，基于另一个因子的某一水平，比较目标因子的效应（例如在引导想象情况下，检验伸展运动和强化运动之间的差异)。可在 SPSS 中使用 LMATRIX 命令执行简单效应分析，此外，还可以对目标检验做独立样本 t 检验。基于篇幅考虑，本章不介绍简单效应，但是第 11 章将介绍一个简单效应检验的例子。

效应值

主体间双因素方差分析一般用偏 η^2 作为其效应值。为计算偏 η^2，需使用主体间效应检验表内平方和（用 SS 表示平方和，数据位于表格中Ⅲ类平方和那一列)。偏 η^2 的计算公式为：

$$偏\ \eta^2 = \frac{SS_{效应}}{SS_{效应} + SS_{误差}}$$

式中，$SS_{效应}$为目标效应平方和；$SS_{误差}$为误差平方和。为计算给定检验的偏 η^2，需将图 9－11 中相应平方和取值代入上式。例如，**物理疗法**的 $SS_{效应}$为 1 276.04，$SS_{误差}$为 619.83，则将两数值代入公式可算得偏 η^2：

$$偏\ \eta^2 = \frac{1\ 276.04}{1\ 276.04 + 619.83} = 0.67$$

这与图 9－11 中**物理疗法**的数值相一致。偏 η^2 的取值为 0～1，因为其一般估计并未给出，所以只知道取值越大，效应解释的因变量方差越多。

以 APA 格式表述结果

在书写主体间双因素方差分析的报告时，假设检验的结论、自由度、F 值、p 值和效应值都随样本均值和标准差一同给出（必要时，可能需要将平均值和标准差整理到一个单独的表格里）。如果交互作用显著，一般也给出条形图或轮廓图。下面是一个以 APA 格式书写的简要文字报告示例。

报告

本文对背部疼痛数据进行了主体间 2×2 方差分析，其中因变量是背部疼痛水平，自变量是物理疗法（伸展运动和强化运动）和放松运动（肌肉放松和引导想象）。结果表明，物理疗法的主效应显著，$F(1,20)=41.17$，$p<0.05$，偏 $\eta^2=0.67$，其中使用伸展运动的患者（$M=32.50$，$SD=10.41$），其疼痛水平明显低于使用强化运动的患者（$M=47.08$，$SD=5.04$）。放松运动的主效应也显著，$F(1,20)=17.78$，$p<0.05$，偏 $\eta^2=0.47$，其中使用肌肉放松的患者（$M=35.00$，$SD=12.31$），其疼痛水平明显低于使用引导想象的患者（$M=44.58$，$SD=6.95$）。物理疗法和放松运动之间的交互作用同样显著，$F(1,20)=9.71$，$p<0.05$，偏 $\eta^2=0.33$。对强化运动而言，肌肉放松和引导想象之间的疼痛水平差异很小；但对伸展运动而言，肌肉放松和引导想象之间的差异很大，其中肌肉放松的疼痛水平明显较低（详见图 9－11 的轮廓图或图 9－12 的条形图）。总之，接受伸展运动和肌肉放松这对组合的患者，其疼痛水平明显低于其他 3 种情况。

主体间双因素方差分析的假设条件

1. 观测值独立。

通过实验设计方法可使参与者之间互不影响，从而满足该假设条件（如果有患者既接受肌肉放松又接受引导想象，这就是违反独立性假定的一个例子）。违反这个假设条件会严重威胁到方差分析检验的准确性。如果有理由相信已经违反了独立性假定，就不应该使用主体间方差分析。

2. 各种情况的总体因变量取值均服从正态分布。

该假设条件意味着实验中各种情况的总体因变量取值应该服从正态分布。对中等样本和大样本，虽然有些非正态分布会对方差分析的功效有不利影响，但是大多数非正态分布对方差分析检验的准确性影响较小。

3. 各种情况的总体方差相等。

该假设条件意味着各种情况（实验中的 4 种情况）的总体方差应该相等。违反等方差假定会威胁到方差分析检验的准确性，尤其在各组样本量不等的时候。可根据 SPSS 中莱文检验的结果判断是否满足该假定。如果违反了等方差假定并且各情况之间样本量差异很大，就不应该使用双因素方差分析（不同于第 8 章的单因素方差分析，目前 SPSS 还没有用于解决双因素方差分析方差不等这个问题的内置程序）。

总结：在 SPSS 中进行主体间双因素方差分析的步骤

Ⅰ. 数据输入和分析

1. 在 SPSS 中创建三个变量（两个自变量和一个因变量）。

2. 为每个自变量创建值标签。在值标签对话框，正确输入数值和标签。单击确定。

3. 录入数据。

4. 选择**分析**>**一般线性模型**>**单变量 …**。

5. 将因变量移入因变量方框，自变量移入固定因子方框。

6. 单击选项。将各因子和交互作用移入显示下列各项的均值方框。勾选描述统计、效应量估算和齐性检验，然后单击继续。

7. 单击图按钮。将水平数更多的因子移入水平轴方框，另外一个因子移入单独的线条方框。单击添加后单击继续。（条形图是轮廓图的替代选择，因此也可以绘制条形图。）

8. 如果有水平数不少于 3 个的因子，则单击事后比较按钮，随后将该因子移入下列各项的事后检验方框，并勾选图基（不是图基 s-b）。单击继续。

9. 单击确定。

Ⅱ. 结果的解释

检查误差方差的莱文等同性检验。

a. 对莱文检验，如果 $p>0.05$，则假定方差相等，进而继续解释方差分析结果。

• 解释每个因子的结果，表明显著主效应两水平间差异的特征。对有不少于 3 个因子水平的显著主效应，解释图基检验的结果。

• 如果交互作用显著，则描述两变量间关系的特征。

b. 对莱文检验，如果 $p\leqslant 0.05$，则不假定方差相等。因为 SPSS 中没有方差不等的双因素方差分析程序，所以如果样本量相等或基本相等，则运行传统双因素方差分析程序也能得到相当准确的 p 值（p 值究竟有多准确，这取决于样本量和方差不相等的程度）。如果样本量之间的差异中等或大，则执行两次不同的单因素方差分析（对有不少于 3 个水平的因子）或进行两次不同的 t 检验（对有 2 个水平的因子），依此检验每个因子的方差齐性（但如果进行两次不同检验，就不能检验交互作用效应）。对有两个水平的因子，解释 t 检验表底下那行结果（不假定等方差情况下检验均值是否相等，详见第 6 章）。对有不少于 3 个水平且方差相等的因子，执行传统单因素方差分析后再进行图基检验。对有不少于 3 个水平且方差不等的因子，使用布朗-福塞斯检验或韦尔奇检验，并选择不假定等方差的事后比较检验（详见第 8 章）。

• 对有两个水平的显著因子（t 检验），可根据组统计表内均值描述组间差异的特征。对有不少于 3 个水平的显著因子，可解释目标因子事后比较程序的结果。

• 对不显著因子，无须解释组间均值的任何差异。但要写明结果：目标因子的组间差异不显著。

练习

1. 一位研究员研究了性别和手机使用对驾驶表现的影响。24 个人（12 位男士和 12 位女士）同意参与实验。研究员让每位参与者在封闭道路行车，同时评定其驾驶准确性（驾驶准确性评分范围为 0～50，且评分越高，驾驶表现越好）。在封闭道路行车时，一半参与者（6 位男士和 6 位女士）用手机打电话，另一半不打电话。数据见表 9-4。

表 9-4　练习 1 的数据

性别	手机	驾驶得分	性别	手机	驾驶得分
1	1	34	2	1	35
1	1	29	2	1	32
1	1	38	2	1	27
1	1	34	2	1	26
1	1	33	2	1	37
1	1	30	2	1	24
1	2	45	2	2	48
1	2	44	2	2	47
1	2	46	2	2	40
1	2	42	2	2	46
1	2	47	2	2	50
1	2	40	2	2	39

注：对性别列，1＝“男性”，2＝“女性”。对手机列，1＝“用手机打电话”，2＝“不打电话”。

为回答如下问题，请在 SPSS 中录入数据并执行恰当分析。将变量命名为**性别**、**电话**和**驾驶得分**。

A. 写出每个检验的原假设和备择假设。

B. 写出每个检验的研究问题。

C. 检验等方差假定。数据表明各情况的方差不等吗？（取 $\alpha=0.05$）

D. 检验性别和手机使用的主效应，且检验性别×手机使用的交互作用（每个检验的 $\alpha=0.05$）。若有的话，哪些检验显著？若有的话，哪些检验不显著？

E. 给出每个检验的效应值。哪一个检验的效应值最大？

F. 使用 APA 格式写出分析结果的书面报告。

2. 一位心理学家研究了两种不同教学方法（方法 A 和 B）和两类大学专业（大致分为自然科学和社会科学）对数学焦虑的影响。40 名大学生（每类专业各 20 名）参与实验，其中一半学生（每类专业各 10 名）接受教学方法 A，另一半学生接受教学方法 B。在使用相应方法指导 6 周后，评定每个学生的数学焦虑等级。等级评分范围为 20～80，且分数越高，数学焦虑程度越高。数据文件见网址 www.routledge.com/cw/yockey 上章节 9（Chapter9）文件夹下 Chapter 9 _ Exercise 2.sav。文件中，变量被命名为 **method**（方法，1＝“方法 A”，2＝“方法 B”），**major**（专业，1＝“自然科学”，2＝“社会科学”）和 **mathanxiety**（数学焦虑）。为回答如下问题，请在 SPSS 中打开数据文件并执行恰当分析。

A. 写出每个检验的原假设和备择假设。

B. 写出每个检验的研究问题。

C. 检验等方差假定。数据表明各情况之间的方差不等吗？（取 $\alpha=0.05$）

D. 检验方法和专业的主效应，且检验方法×专业的交互作用（每个检验的 $\alpha=0.05$）。若有的话，哪些检验显著？若有的话，哪些检验不显著？

E. 给出每个检验的效应值。哪一个检验的效应值最大？

F. 使用 APA 格式写出分析结果的书面报告。

3. 图 9－13 是显著交互作用效应图，用于检查饮食（全谷类和非全谷类）和实验开始时超重磅数（11～30 磅，31～50 磅）对减肥的影响。对饮食而言，除了一个食用全谷类（如全麦面）而另一个食用非全谷类（如白面条）外，两种饮食完全相同。实验中的因变量是减轻的重量，且正值表示减掉了体重（4 种情况的平均值见图 9－13）。请通过使用图中信息回答如下问题。

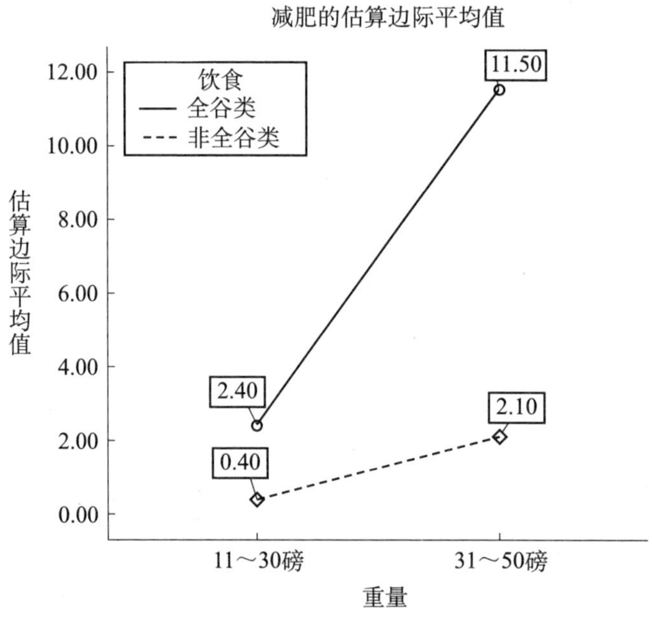

图 9－13　重量×饮食交互作用图

A. 实验中 4 种情况的哪一种减重最多？哪一种减重最少？

B. 描述显著交互作用。确保你的描述可以表现图中交互作用效应的特征（例如，不要将自己局限于描述体重超标较多（31～50 磅）的人平均而言比体重超标较少（11～30 磅）的人减重更多，因为这是对主效应的描述）。

注 释

1. 固定因子是指因子水平是专门为实验而挑选的自变量，实验结果不能推广到因子的其他水平。与此相反，随机因子的因子水平是从大量可能水平中随机选择的，为的是使实验结果可推广到更多水平。在大多数研究领域，固定因子比随机因子更常见，尽管一些特定学科也经常使用随机因子。

2. 在主体间效应检验表中，修正后总平方和等于**物理疗法**、**放松运动**、**物理疗法 * 放松运动**和误差的平方之和。修正模型平方和等于**物理疗法**、**放松运动**和**物理疗法 * 放松运动**的平方之和。双因素方差分析对截距和总计一般不感兴趣。

3. 存在显著交互作用不一定意味着主效应都不应被解释，而是表明主效应会让人产生误解。如果要解释主效应，也应该根据交互作用来解释。

第 10 章

主体内单因素方差分析

基于连续因变量比较自变量的均值时，可使用主体内单因素方差分析（ANOVA）。在主体内方差分析中，自变量是主体内因子，有两个或多个因子水平，而且每个参与者受自变量所有因子水平的作用[1]。下文将介绍一个主体内单因素方差分析的例子。

例子

有一个新的社交技能项目，其目的是传授儿童如何与同龄人培养良好关系。一位校园心理学家想评价该项目的潜在效用。在与同龄人相处方面存在问题的 25 位 4 年级儿童参与了这项为期 16 周的社交技能项目。分别在训练开始之前、8 周时和结束之后（进行了 16 周）这三个时间点对 25 位儿童的社交技能评分（由教师打分）。用 10 项社交技能量表测度儿童社交技能。评分取值范围为 6～60，且得分越高，儿童的社交行为越恰当。实验中的自变量是时间（之前、8 周和之后），因变量是社交技能得分。

主体内单因素方差分析的目标和所需数据

主体内单因素方差分析的目标和所需数据见表 10－1。

表 10－1　主体内单因素方差分析

目标	所需数据	实例
检验两个或多个关联分组的因变量均值是否显著不同	自变量 • 有两个或多个因子水平的主体内因子 因变量 • 连续变量	自变量 • 时间（之前、8 周和之后） 因变量 • 社交技能得分

原假设与备择假设

原假设表述为“三个时间点的总体社交技能得分均值相等”：

$$H_0: \mu_{之前} = \mu_{8周} = \mu_{之后}$$

为得到原假设错误这个结论，没必要局限于 3 个均值互不相等这种情况（尽管这是一种可能性），只需原假设不成立即可（至少两个均值不等）。因此，与其写出原假设错误的所有可能情况（随着组数的增加，这么做会使工作越来越繁重），不如将备择假设表述为：

H_1：至少一个均值有别于其他均值

原假设的决策

主体内单因素方差分析的原假设为“三个时间点的总体均值相等”。为检验该原假设，在其为真的情况下，如果检验结果看起来不可能（p 值小于 5%），则拒绝原假设；如果检验结果看起来很有可能（p 值大于 5%），则不拒绝原假设。

研究问题

研究课题中的基本问题也可表述为问句形式，例如：

“训练开始之前、8 周时或 16 周后的社交技能之间存在差异吗？”

数据

25 位参与者的数据见表 10－2，其中，三个时间点，即之前、8 周时和之后，分别对应着训练开始之前的社交技能得分、训练中途的得分和训练结束之后的得分。

表 10－2　主体内单因素方差分析数据

参与者	之前	8 周	之后	参与者	之前	8 周	之后
1	20	24	26	14	32	30	31
2	25	26	25	15	34	32	36
3	28	31	30	16	22	25	29
4	18	16	17	17	16	19	22
5	24	25	30	18	31	28	31
6	30	28	31	19	14	14	18
7	18	22	25	20	13	10	14
8	14	17	21	21	15	14	16
9	12	15	16	22	31	32	32
10	9	11	10	23	35	32	36
11	15	15	19	24	28	29	31
12	17	16	20	25	26	25	25
13	35	32	31				

注：参与者变量仅为了便于说明，该列不被录入 SPSS。

数据输入和分析

步骤 1 和步骤 2 介绍怎么向 SPSS 录入数据。也可以从网上下载数据文件，见 www. routledge. com/cw/yockey 上章节 10（Chapter 10）文件夹下 social skills. sav。如果你倾向于使用网站上的数据文件，则直接转向步骤 3。

步骤 1：创建变量

1. 启动 SPSS。
2. 点击变量视图标签。

在 SPSS 中创建三个变量，即各时点的社交技能得分变量。分别将这三个变量命名为**之前**、**八周**和**之后**。

3. 在变量视图窗口的前三行分别录入变量名称**之前**、**八周**和**之后**。在测量列，将三个变量都归为标度尺度（见图 10 - 1）。

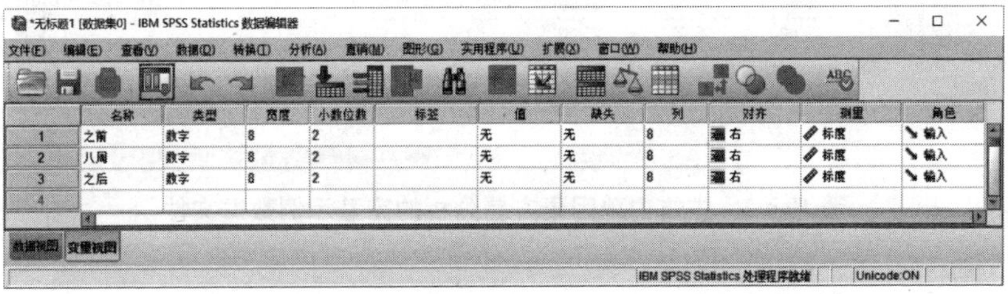

图 10 - 1　已录入之前、八周和之后这三个变量的变量视图窗口

步骤 2：录入数据

1. 单击数据视图标签。**之前**、**八周**和**之后**这三个变量出现在数据视图窗口前三列。

2. 参照表 10 - 2，录入每位参与者在这三个目标变量的得分。对第一位参与者，分别在**之前**、**八周**和**之后**这 3 列录入数值 20，24 和 26。使用这一方法，录入所有 25 位参与者的数据。完整数据见图 10 - 2。

步骤 3：分析数据

1. 从菜单栏选择**分析**>**一般线性模型**>**重复测量 …**（见图 10 - 3）。

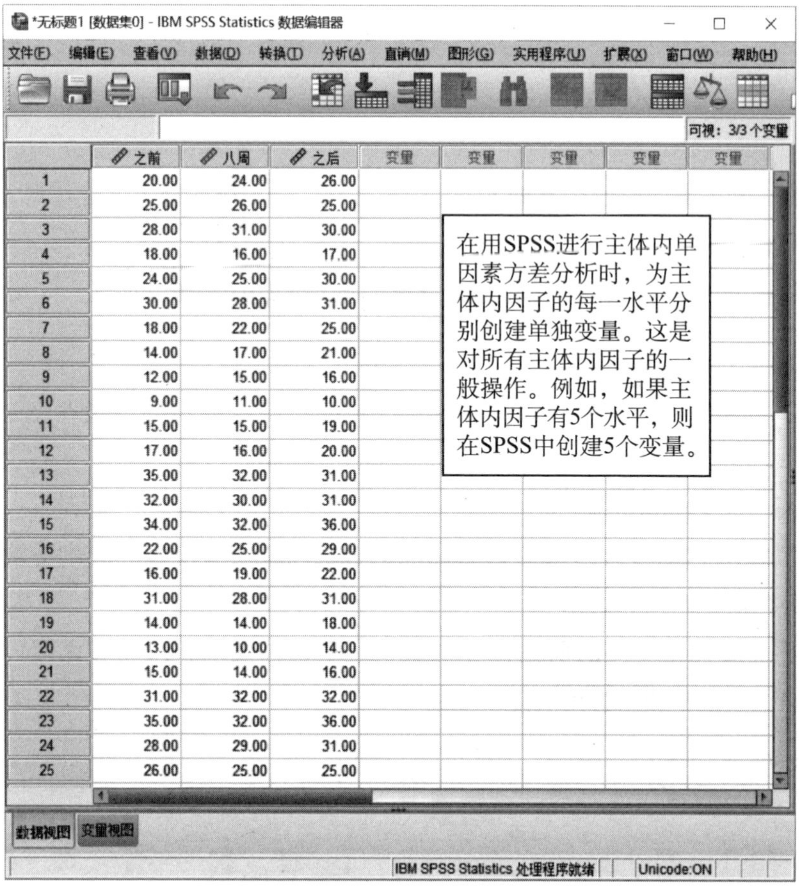

图 10－2　主体内单因素方差分析的完整示例数据文件

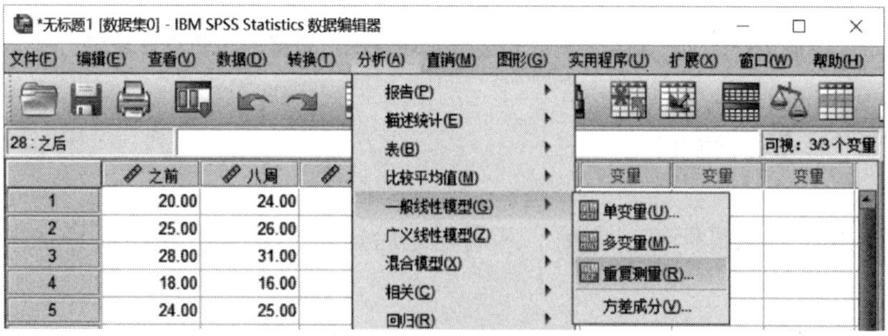

图 10－3　主体内单因素方差分析程序的菜单命令

弹出重复测量定义因子对话框（见图 10－4)。该对话框用于录入主体内因子的名称和其水平个数。

2. 双击主体内因子名文本框中的名称“因子 1”（因子 1 是 SPSS 对主体内因子设定的默认名称)。录入名称**时间**。

3. 在级别数右侧的文本框内录入 3。这与主体内因子的水平个数（**之前、八周和之后**）相对应。详见图 10－5。

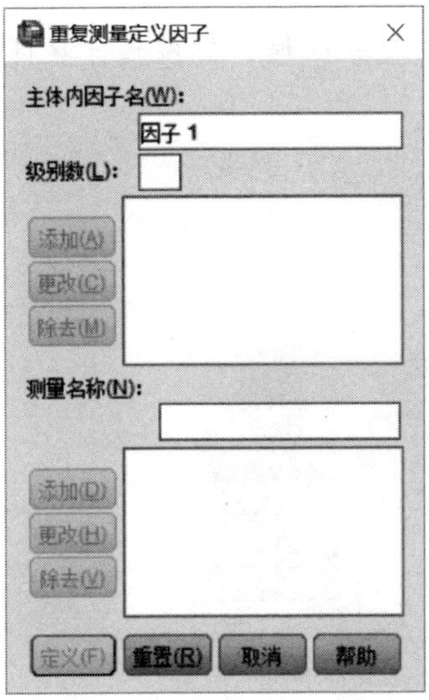

图 10－4 重复测量定义因子**对话框**

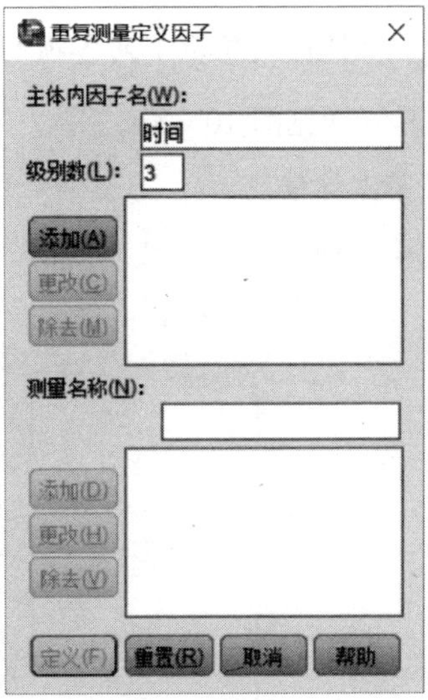

图 10－5 重复测量定义因子**对话框（接上图）**

4. 单击添加。

5. 单击定义。

弹出重复测量对话框，且 3 个变量（**之前、八周和之后**）位于对话框左侧（见图 10－6）。

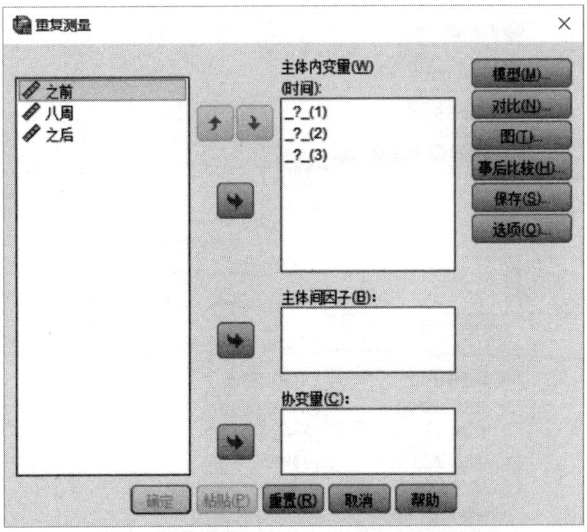

图 10－6 重复测量**对话框**

6. 按住 Ctrl 键不放，点选**之前、八周和之后**这三个变量。然后单击位于最上方的右箭头按钮（➡）将其移入主体内变量方框（见图 10-7）[2]。

7. 单击选项按钮。在因子与因子交互方框选中**时间**，并单击右箭头按钮（➡）将其移入显示下列各项的平均值方框。在显示区域，勾选描述统计和效应量估算（详见图 10-8）。

8. 单击继续。

9. 单击确定。

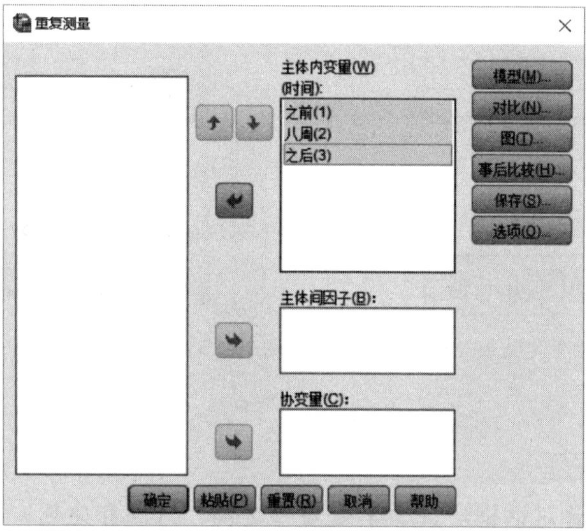

图 10-7　重复测量对话框（接上图）

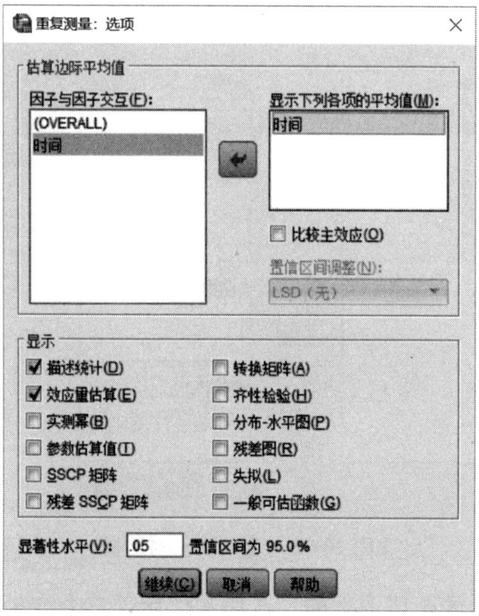

图 10-8　重复测量：选项对话框

主体内单因素方差分析程序在 SPSS 中运行之后，结果会显示在查看器窗口。

步骤 4：解释输出结果

主体内单因素方差分析的输出结果见图 10－9。

主体内因子

主体内因子表是第一张表，它列出为参与者评分的 3 个时间点，包括训练之前（**之前**）、训练进行到 8 周时（**八周**）和训练的结尾（**之后**）。

描述统计

描述统计表给出 3 个时间点所评分数的平均值和标准差。注意到**之前**的平均社交技能得分（平均值＝22.48）最低，然后从小往大排依次是**八周**（平均值＝22.72）和**之后**（平均值＝24.88）。稍后将检验 3 个均值之间的差异是否大到具有统计显著性。

多变量检验

可通过单变量检验（ANOVA）方法或多变量检验（MANOVA）方法检验原假设。多变量检验表给出 4 个不同多变量检验的结果。虽然多变量检验是自动输出的结果，但多变量程序超出了本书范畴，因此此处不讨论。对多变量检验（MANOVA）程序感兴趣的读者可以参考 Maxwell 和 Delaney（2004）或者 Stevens（2002）。

莫奇来球形度检验

下一张表是莫奇来球形度检验表，它给出球形度假设的检验结果。主体内因子水平不少于 3 个时，把球形度假设作为主体内方差分析的一个假设条件[3]。虽然表中给出该假定的检验结果（检验的 p 值为 0.056），但是这个结果可能不准确（详细内容见 Howell（2007）或 Maxwell 和 Delaney（2004）），因此不予考虑（后面给出球形度假设的替代检验）[4]。

如果不满足球形度假设，那么标准方差分析的 F 检验（在主体内效应检验表中显示为球形度假设）就不准确，通常会得到原假设为真时却拒绝原假设的结果。为应对违反球形度假设时 F 检验不准确的问题，需对标准 F 检验做出调整，也正因为这个需要，出现了几个适用于无须球形度假设的替代 F 检验。在主体内效应检验表中有 3 个这样的替代检验：格林豪斯-盖斯勒、辛-费德特和下限。3 个替代检验都是为了解决违反假定时 F 检验不准确这个问题。因为莫奇来球形度检验可能不准确，所以我们将跳过这个检验，使用更谨慎的方法，即 SPSS 中 3 种替代方法中的一种（这句话的言外之意就是，我们假设违反了球形度假设，并据此继续分析）。3 个替代检验中，下限方法因很少拒绝原假设（这被认为是保守的）而显得过于谨慎，因此不建议使用该方法，建议在格林豪斯-盖斯勒和辛-费德特之间选择替代检验。虽然这两个替代检验可以在违反假定时给出相当准确的结果，但是格林豪斯-盖斯勒方法稍显保守（本该拒绝原假设而不拒绝），辛-费德特方法略显激进（本不该拒绝原假设而拒绝）。我们将使用二者中更谨慎的方法，即格林豪斯-盖斯勒方法（尽管这将牺牲一些功效）。违反球形度假设时，虽然格林豪斯-盖斯勒方法比标准（球形度假设）*F* 检验更准确，但因为用手计算会非常烦琐，所以一般只在用电脑进行分析时考虑它。因此，想用 SPSS 验证手算结果的用户应当使用球形度假设的结果。

一般线性模型

主体内因子

测量：MEASURE _ 1

时间	因变量
1	之前
2	八周
3	之后

描述统计

	平均值	标准差	个案数
之前	22.480 0	8.104 11	25
八周	22.720 0	7.351 42	25
之后	24.880 0	7.201 39	25

多变量检验[a]

效应		值	F	假设自由度	误差自由度	显著性
时间	比莱轨迹	0.569	15.155[b]	2.000	23.000	0.000
	威尔克 Lambda	0.431	15.155[b]	2.000	23.000	0.000
	霍特林轨迹	1.318	15.155[b]	2.000	23.000	0.000
	罗伊最大根	1.318	15.155[b]	2.000	23.000	0.000

a. 设计：截距。

主体内设计：时间。

b. 精确统计。

莫奇来球形度检验[a]

测量：MEASURE _ 1

主体内效应	莫奇来 W	近似卡方	自由度	显著性	Epsilon[b]		
					格林豪斯-盖斯勒	辛-费德特	下限
时间	0.779	5.751	2	0.056	0.819	0.871	0.500

注：检验“正交化转换后因变量的误差协方差矩阵与恒等矩阵成比例”这一原假设。

a. 设计：截距。

主体内设计：时间。

b. 可用于调整平均显著性检验的自由度。修正检验将显示在主体内效应检验表中。

主体内效应检验

测量：MEASURE _ 1

源		Ⅲ类平方和	自由度	均方	F	显著性	偏 η^2
时间	球形度假设	87.360	2	43.680	14.298	0.000	0.373
	格林豪斯-盖斯勒	87.360	1.638	53.343	14.298	0.000	0.373
	辛-费德特	87.360	1.741	50.166	14.298	0.000	0.373
	下限	87.360	1.000	87.360	14.298	0.001	0.373
误差（时间）	球形度假设	146.640	48	3.055			
	格林豪斯-盖斯勒	146.640	39.305	3.731			
	辛-费德特	146.640	41.794	3.509			
	下限	146.640	24.000	6.110			

这个检验的 p 值，3 个时间点社交技能评分相等。要么使用格林豪斯-盖斯勒的结果，要么使用球形度假设的结果（二者都显著，因为每个检验的 p 值都小于 0.05）。

主体内对比检验

测量：MEASURE _ 1

源	时间	Ⅲ类平方和	自由度	均方	F	显著性	偏 η^2
时间	线性	72.000	1	72.000	16.457	0.000	0.407
	二次	15.360	1	15.360	8.853	0.007	0.269
误差（时间）	线性	105.000	24	4.375			
	二次	41.640	24	1.735			

主体间效应检验

测量：MEASURE _ 1

转换后变量：平均

源	Ⅲ类平方和	自由度	均方	F	显著性	偏 η^2
截距	40 926.720	1	40 926.720	247.336	0.000	0.912
误差	3 971.280	24	165.470			

估算边际平均值

时间

测量：MEASURE _ 1

时间	平均值	标准误差	95%置信区间	
			下限	上限
1	22.480	1.621	19.135	25.825
2	22.720	1.470	19.685	25.755
3	24.880	1.440	21.907	27.853

图 10－9　主体内单因素方差分析的输出结果

主体内效应检验

主体内效应检验表是第五张表，它回答的问题是 3 个时间点的社交技能评分是否不同。方差分析采用 F 检验，它是两个方差的比值，其中每个方差都指输出结果中的均方：

$$F = \frac{\text{时间的均方}}{\text{误差(时间)的均方}}$$

将主体内效应检验表中格林豪斯-盖斯勒行的相应数值代入上式可得 F 值为：

$$F = \frac{53.343}{3.731} = 14.298$$

这与表中格林豪斯-盖斯勒行的 F 值相一致。（球形度假设行的 F 值也是 14.298（43.680/3.055）[5]。在此提醒，如果你拿输出结果与手算结果做比较，那么你应当使用球形度假设的结果。）

球形度假设情况下，方差分析检验使用两个自由度，其中一个是时间自由度（自由度＝水平个数－1），另一个是误差（时间）自由度（自由度＝（样本总数－1）×(水平个数－1)），二者取值分别为 2 和 48。为得到格林豪斯-盖斯勒方法的自由度，需对球形度假设的自由度做调整，使其能够弥补数据球形度的缺失。事实上，如果你查看上一张莫奇来球形度检验表，你就可以看到格林豪斯-盖斯勒方法在统计量 Epsilon 的取值为 0.819。用此 Epsilon 取值去乘球形度假设的两自由度（2 和 48）可得两个新数值，即 1.638 和 39.305，它们就是格林豪斯-盖斯勒方法的自由度。

表中格林豪斯-盖斯勒行显著性列给出的 p 值为 0.000（读作“小于 0.001”）。因为 p 值小于 0.05，所以拒绝原假设，原假设即 3 个时间点的均值相等（根据球形度假设的结果，也要拒绝原假设，因为其 p 值小于 0.001）。讨论完余下 3 个表格后，将执行额外检验，对 3 个时间点之间的差异做进一步探索。

主体内对比检验和主体间效应检验

接下来两张表是主体内对比检验表和主体间效应检验表。我们在讨论主体内单因素方差分析时不使用它们。虽然可以使用主体内对比检验对时间进行某些后续检验，但由于不需要球形度假设，我们还是使用相依样本 t 检验，每次只检验主体内因子的两个水平。

主体间效应检验表给出实验中所有主体间因子的检验结果。因为我们实验中没有主体间因子，所以这张表格在此处无意义（第 11 章将讨论此表）。

估算边际平均值

估算边际平均值表给出 3 个时间点的平均值、标准误差和 95%置信区间。虽然描述统计表也给出各时间点的均值，但两表还是有差异，其差异在于估算边际平均值表继续给出的是标准误差和 95%置信区间，描述统计表继续给出的是标准差和个案数。

方差分析显著的后续检验

因为**时间**的检验结果显著（可查看主体内效应检验部分），所以拒绝原假设，认为 3 个时间点的社交技能得分之间存在显著差异。但是，因为备择假设表述不明确，只表明均值存在差异，所以需要通过后续检验决定 3 个时间点中哪一个与其他显著不同。将被我们用于后续检验的方法与第 8 章主体间单因素方差分析类似。回想一下主体间方差分析，如果检验显著，则基于图基检验比较所有两两配对结果。主体内方差分析基于相依样本 t 检验比较所有两两配对结果，这是其后续比较的一个恰当处理方法。该方法将进行 3 次 t 检验：比较**之前**和**八周**、比较**之前**和**之后**以及比较**八周**和**之后**。在 SPSS 中执行相依样本 t 检验的命令总结如下。（有关执行相依样本 t 检验的更多内容，可参看第 7 章。）

在 SPSS 中执行 3 次相依样本 t 检验

1. 从菜单栏选择**分析**>**比较平均值**>**成对样本 T 检验…**。

2. 弹出成对样本 T 检验对话框。按住 Ctrl 键不放，选择变量**之前**和**八周**，并单击右箭头按钮（➡）将它们移入配对变量方框。

3. 重复这个过程，将**之前**和**之后**以及**八周**和**之后**这两对组合移入配对变量方框。现在所有 3 对组合应该位于配对变量方框（见图 10－10）。

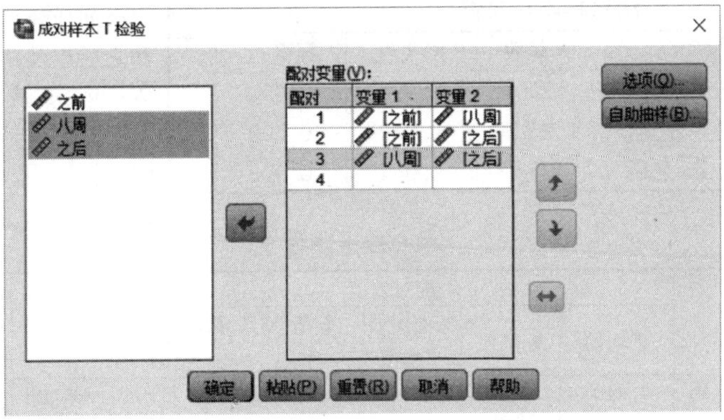

图 10－10　成对样本 T 检验**对话框**

4. 单击确定。

成对样本 t 检验程序在 SPSS 中运行之后，结果会显示在查看器窗口。相依样

本 t 检验的输出结果见图 10－11。

t 检验——3 个时间点的两两比较

在两两比较过程中，需检验下面 3 个原假设：

$$H_0: \mu_{之前} = \mu_{八周}$$

$$H_0: \mu_{之前} = \mu_{之后}$$

$$H_0: \mu_{八周} = \mu_{之后}$$

进行后续检验时，一个常规做法是调整每个检验的 alpha 水平以便其 alpha 水平之和不超过 0.05（用于每个检验的 alpha 被称作每个两两比较的 alpha 水平）。为得到每个检验的 alpha 水平，先选取这些检验的整体 alpha 水平（0.05）再用后续检验个数来除它。对 3 个后续检验以及取值为 0.05 的 alpha 水平来说，每个两两比较的 alpha 水平为 0.05/3=0.016（选用下舍入是为了使 3 个检验之和不超过 0.05）。这意味着每个检验的 p 值不是与 0.05 做比较而是与 0.016 做比较。如果 p 值小于或等于 0.016，则拒绝相应原假设。如果 p 值大于 0.016，则不拒绝原假设。

T－检验

配对样本统计

		平均值	个案数	标准差	标准误差平均值
配对 1	之前	22.480 0	25	8.104 11	1.620 82
	八周	22.720 0	25	7.351 42	1.470 28
配对 2	之前	22.480 0	25	8.104 11	1.620 82
	之后	24.880 0	25	7.201 39	1.440 28
配对 3	八周	22.720 0	25	7.351 42	1.470 28
	之后	24.880 0	25	7.201 39	1.440 28

配对样本相关性

		个案数	相关性	显著性
配对 1	之前 & 八周	25	0.956	0.000
配对 2	之前 & 之后	25	0.932	0.000
配对 3	八周 & 之后	25	0.964	0.000

对两两比较检验来说，**之前**和**之后**以及**八周**和**之后**均显著，因为其 p 值都小于 0.016；**之前**和**八周**不显著，因为其 p 值 0.622 大于 0.016。

配对样本检验

		配对差值					t	自由度	显著性（双尾）
		平均值	标准差	标准误差平均值	差值 95% 置信区间 下限	差值 95% 置信区间 上限			
配对 1	之前-八周	−0.240 00	2.402 78	0.480 56	−1.231 82	0.751 82	−0.499	24	0.622
配对 2	之前-之后	−2.400 00	2.958 04	0.591 61	−3.621 02	−1.178 98	−4.057	24	0.000
配对 3	八周-之后	−2.160 00	1.951 07	0.390 21	−2.965 36	−1.354 64	−5.535	24	0.000

图 10－11　相依样本 t 检验的输出结果

这种方法确保所有后续检验犯第Ⅰ类错误（原假设为真时反而拒绝它）的概率之和不大于 0.05。（如果不调整每个检验的 alpha 水平，而是依旧与 0.05 做比较，那么后续检验的整体 alpha 水平将接近 3 个检验的 alpha 水平之和，即 0.15）。

3 个两两比较的结果见配对样本检验表。结果表明，第一个检验（**之前**和**八周**）不显著，因为其 p 值 0.622 大于 0.016。但是其余两个检验（**之前**和**之后**以及**八周**和**之后**）均显著，因为二者 p 值均为 0.000（$p<0.001$）。因为后两个检验显著，我们需根据配对样本统计表中均值决定两两比较中哪一个时间点的社交技能得分更高。配对样本统计表给出**之后**的社交技能得分为 24.88，这比**之前**（22.48）和**八周**（22.72）都要高。将两两比较结果总结为表 10－3。

表 10－3　3 个两两比较的结果总结

检验	组间显著不同吗（p 值小于 0.016）?	结果
比较**之前**和**八周**	否	训练之前的社交技能得分与训练八周时无显著差异。
比较**之前**和**之后**	是	显著；训练之后的社交技能得分比训练之前高。
比较**八周**和**之后**	是	显著；训练之后的社交技能得分比训练八周时高。

效应值

主体内单因素方差分析一般用偏 η^2 作为其效应值。为计算偏 η^2，需使用主体内效应检验表中平方和（用 SS 表示平方和，数据位于表格中Ⅲ类平方和那一列）。偏 η^2 的计算公式为：

$$偏\ \eta^2 = \frac{SS_{效应}}{SS_{效应} + SS_{误差}}$$

对**时间**而言，$SS_{效应}$ 和 $SS_{误差}$ 分别对应于主体内效应检验表中的 $SS_{时间}$ 和 $SS_{误差(时间)}$。将图 10－9 中的相应数值代入公式可算得偏 η^2：

$$偏\ \eta^2 = \frac{87.360}{87.360 + 146.640} = 0.373$$

这与主体内效应检验表中时间的数值一致。

虽然没给出偏 η^2 效应值是小、中等还是大的一般效应估计，但是偏 η^2 取值越大，效应所解释的因变量方差越多。

以 APA 格式表述结果

在书写主体内单因素方差分析的报告时，假设检验的结论、自由度、F 值、p 值、效应值和两两比较结果（假定方差分析显著）都随每个时间点所得社交技能评分的均值和标准差一同给出（必要时，可能需要将各组平均值和标准差整理到一个单独的表格里）。下面是一个以 APA 格式书写的报告示例。

报告

3 个时间点得到的儿童社交技能评分显著不同。用格林豪斯-盖斯勒方法得到的调整 F 值为 $F(1.64, 39.31) = 14.30$，$p < 0.05$，偏 $\eta^2 = 0.37$。基于相依样本 t 检验评价哪一时间点与其他有差异，其中每个两两比较检验的 alpha 水平为 0.016。结果表明，训练结束时得到的社交技能评分（$M = 24.88$，$SD = 7.20$）显著高于训练八周时（$M = 22.72$，$SD = 7.35$，$t(24) = -5.54$，$p < 0.016$）和训练之前（$M = 22.48$，$SD = 8.10$，$t(24) = -4.06$，$p < 0.016$）。训练之前得到的社交技能评分与训练八周时不存在显著差异，$t(24) = -0.50$，$p > 0.016$。

（注：如果你倾向于使用球形度假设的结果，则需用球形度假设的自由度（2，48）替代格林豪斯-盖斯勒方法的自由度（1.64，39.31），并从结果中删去“用格林豪斯-盖斯勒方法得到的调整 F 值为”。其他所有内容保持不变。）

主体内单因素方差分析的假设条件

1. 不同参与者之间的观测值独立。

违反这个假设条件会严重威胁到主体内方差分析的准确性（如果教师通过相互讨论评定学员的社交技能得分，这就是违反独立性假定的一个例子）。如果有理由相信已经违反了独立性假定，就不应该使用主体内方差分析。

2. 自变量各因子水平的总体因变量取值均服从正态分布。

该假设条件意味着每个自变量因子水平的总体社交技能得分应该服从正态分布（训练之前、训练八周和训练之后得到的社交技能评分应该服从正态分布）。对中等样本和大样本，虽然有些非正态分布会对方差分析检验的功效有不利影响，但是大多数非正态分布对方差分析检验的准确性影响较小。

3. 球形度。

将主体内因子水平两两配对，则对其中任意一对组合，球形度假设需要得分差值的总体方差相等。例如，基于参与者的样本数据，如果计算了前两个主体内因子水平之间的得分差值（**之前-八周**）和这些差值的方差（方差等于标准差的平方），也计算了其他两两配对的均值和方差（**之前-八周、八周-之后**），那么球形度假设需要这三个方差相等。

$$\sigma^2_{之前-八周}=\sigma^2_{之前-之后}=\sigma^2_{八周-之后}$$

违反球形度假设会威胁到方差分析检验的准确性，即造成原本不该拒绝原假设却拒绝了它。为应对违反球形度假设这种情况，须在原始方法基础上做调整，用调整后的方法（例如格林豪斯-盖斯勒）做替代。尽管多变量方差分析（MANOVA）超出本书范畴，但因为不需要球形度假设，所以它也是个可行选择（有关多变量方差分析（MANOVA）的更多内容，可参考 Maxwell 和 Delaney（2004）或者 Stevens（2002））。

总结：在 SPSS 中进行主体内单因素方差分析的步骤

Ⅰ. 数据输入和分析

1. 在 SPSS 中创建变量，变量个数等于主体内因子的水平个数。

2. 输入数据。

3. 选择**分析**>**一般线性模型**>**重复测量…**。

4. 在主体内因子名文本框录入主体内因子名称，并在级别数方框录入因子水平个数。单击添加，然后单击定义。

5. 将变量（主体内因子的各因子水平）移入主体内变量方框。

6. 单击选项。将主体内因子移入显示下列各项的平均值方框。在显示区域，勾选描述统计和效应量估算。单击继续。

7. 单击确定。

Ⅱ. 结果的解释

根据格林豪斯-盖斯勒或辛-费德特行 p 值解释方差分析的结果（如果将输出结果与手算结果做比较，则使用球形度假设的数值）。

a. 如果方差分析显著（$p \leqslant 0.05$），则对所有两两配对组合执行相依样本 t 检验。用两两配对的所有可能个数去除 0.05，以所得结果作为每个检验的 alpha 水平，并据此评价每个 t 检验。书面报告中应包括方差分析和相依样本 t 检验的结果。

b. 如果方差分析不显著（$p>0.05$），则停止（不进行 t 检验）。写明结果：组间无显著差异。

练习

1. 一位学校社工调查了一个新的防旷课项目，看其对当地一所学校旷课数目的影响。15 位儿童参与了这个为期 9 个月的项目。调查过程中，以 3 个月为一间隔，由相关人员记录这期间每位儿童的旷课数。数据见表 10－4。

表 10－4　参与防旷课项目儿童的旷课数（以 3 个月为一间隔）

0～3 个月	3～6 个月	6～9 个月
30	28	20
36	30	24
39	37	34
45	40	35
21	24	17
36	44	20
30	28	17
36	34	28
33	36	27
42	37	26
36	39	38
30	35	36
21	20	10
24	18	20
36	30	30

为回答如下问题，请在 SPSS 中录入数据并执行恰当分析。将变量分别命名为**前 3 个月**、**中间 3 个月**和**后 3 个月**。

A. 写出检验的原假设和备择假设。

B. 写出数据的研究问题。

C. 3 个时期的旷课数之间存在显著差异吗？（取 $\alpha=0.05$）

D. 该方差分析的效应值是多少？

E. 如果方差分析显著，则执行后续检验。调整每个检验的 alpha 以便其 alpha 水平之和不超过 0.05。

F. 使用 APA 格式写出分析结果的书面报告。

2. 一位临床心理学家想研究心理分析疗法在不同治疗时长下的效用。15 名到治疗机构做检查（并答应参加）的人参加了该实验。每位参与者接受为期 8 周的心理分析治疗。为测度疗法的效用，对每位参与者在治疗开始之前、进行 4 周时和进行 8 周后的幸福感进行一般测量。幸福感得分范围为 10～50，且得分越高，幸福感越强。数据见网址 www.routledge.com/cw/yockey 上章节 10（Chapter10）文件夹下 Chapter 10 _ Exercise 2.sav（变量名称为 **beforetherapy**，**fourweeks** 和 **eightweeks**，分别对应治疗之前、治疗 4 周时和治疗 8 周后）。为回答如下问题，请在 SPSS 中打开数据文件并执行恰当分析。

A. 写出检验的原假设和备择假设。

B. 写出数据的研究问题。

C. 各时间点的幸福感之间存在显著差异吗？（取 $\alpha=0.05$）

D. 该方差分析的效应值是多少？

E. 如果方差分析显著，则执行后续检验。调整每个检验的 alpha 以便其 alpha 水平之和不超过 0.05。

F. 使用 APA 格式写出分析结果的书面报告。

3. 为探究无线网对快餐营销的影响，一位市场研究员分 3 种情况调查了消费者的用餐可能性：提供免费无线网、提供付费无线网和不提供无线网。要求 10 位参与者对这 3 种情况（免费无线网、付费无线网和没有无线网）打分，即各情况下愿意在快餐店用餐的可能性。可能性取值范围为 1～10（1＝最小可能，10＝最大可能）。数据见网址 www.routledge.com/cw/yockey 上章节 10（Chapter10）文件夹下 Chapter 10 _ Exercise 3.sav（变量名称为 **freewifi**，**payforwifi** 和 **nowifi**，分别对应免费无线网、付费无线网和没有无线网）。为回答如下问题，请在 SPSS 中打开数据文件并执行恰当分析。

A. 写出检验的原假设和备择假设。

B. 写出数据的研究问题。

C. 如果快餐店的无线网服务不同，消费者就餐的可能性会存在显著差异吗？（取 $\alpha=0.05$）

D. 该方差分析的效应值是多少？

E. 如果方差分析显著，则执行后续检验。调整每个检验的 alpha 以便其 alpha

水平之和不超过 0.05。

F. 使用 APA 格式写出分析结果的书面报告。

注 释

1. 虽然主体内因子通常由被测量多次的相同人员组成，但是也可由只被测量一次的相关人员组成（比如丈夫和妻子）。

2. 虽然在 SPSS 中**之前**、**八周**和**之后**被录入为变量，但在主体内单因素方差分析设计里，它们是**时间**这个主体内因子的因子水平。

3. 当主体内因子只有两个水平时，不需要球形度假设。

4. 虽然在此不对莫奇来球形度检验做评价，但评价它的方法如下：其原假设为“总体中数据是球形的”。对莫奇来检验而言，如果 $p \leqslant 0.05$，则拒绝原假设，认为不满足球形度假设；如果 $p > 0.05$，则不拒绝原假设，认为满足球形度假设。

5. 虽然主体内效应检验表中 4 个程序算得的 F 值相同，但它们的自由度通常不同（因此各自的 p 值也不同）。

第 11 章
主体内有交互作用方差分析

根据目标因变量评估两自变量时，可使用主体内有交互作用方差分析。分析中，一个自变量是主体间因子，另一个自变量是主体内因子。主体间因子由两个或更多水平组成，但每个参与者只受到该因子一个水平的作用。主体内因子也由两个或更多水平组成，但每个参与者受该因子所有水平的作用[1]。下文将介绍一个有关该分析的例子。

例子

某导师项目是专为新进高中教师设计的，一位研究员研究了该项目，看其对减轻压力是否有效。20 位新进教师参与研究，其中 10 位接受导师项目帮助，另外 10 位作为对照组（不给予任何协助）。在为期 8 周的导师项目中，为每位新进教师分配一位导师，以便他们每周与导师讨论工作中遇到的棘手问题（比如课堂管理问题）。在项目开始前 1 周（**之前**）、项目开始 4 周（**四周**）和项目开始 8 周（**八周**）这 3 个时间点分别由实验参与者对自己的教学压力打分。教学压力取值范围为 20～80，且得分越高，与教学有关的压力越大。该实验中，项目帮助（两个因子水平：有导师和无导师）是主体间因子，时间（三个因子水平：之前、四周和八周）是主体内因子，因变量是新进教师感受到的教学压力。

主体内有交互作用方差分析的目标和所需数据

主体内有交互作用方差分析的目标和所需数据见表 11－1。

表 11－1　主体内有交互作用方差分析

目标	所需数据	实例
检验主效应 • 对有导师和无导师的新进教师，他们之间的压力水平存在差异吗？ • 项目开始前、项目开始 4 周和项目开始 8 周这 3 个时间点的压力水平存在差异吗？ 检验交互作用效应 • 项目帮助（有导师和无导师）的影响取决于时间（**之前**、**四周**和**八周**）吗？	自变量 • 一个主体间因子（两个或多个因子水平） • 一个主体内因子（两个或多个因子水平） 因变量 • 连续变量	自变量 • 项目帮助（有导师和无导师） • 时间（**之前**、**四周**和**八周**） 因变量 • 教学压力得分

原假设与备择假设

主体内有交互作用方差分析的原假设有 3 个。为了检验每个自变量（称为检验主效应），需要有两个不同原假设。为了检验两自变量的组合效应（称为检验交互作用效应），还需要第三个原假设。每个假设的描述如下。

检验 1　项目帮助的检验：有导师和无导师

项目帮助的原假设为“有导师和无导师的新进教师，其总体平均压力水平相等”：

$$H_0: \mu_{有导师} = \mu_{无导师}$$

备择假设为“有导师和无导师的新进教师，其总体平均压力水平不等”：

$$H_1: \mu_{有导师} \neq \mu_{无导师}$$

检验 2　时间的检验：之前、四周和八周

时间的原假设为“项目开始之前、开始 4 周和开始 8 周这 3 个时间点的总体平均压力水平相等”：

$$H_0: \mu_{之前} = \mu_{四周} = \mu_{八周}$$

因子水平不少于 3 个时，备择假设应表述为因子水平之间存在差异，即：

H_1：至少有一个总体均值与其他不等[2]

检验 3　项目帮助和时间的交互作用效应检验

原假设为“项目帮助和时间之间不存在交互作用”：

H_0：不存在项目帮助 × 时间交互作用

备择假设为“两变量之间存在交互作用”：

H_1：存在项目帮助 × 时间交互作用

原假设的决策

主体内有交互作用方差分析的工作是检验上述 3 个原假设。为检验其中某个原假设，在其为真的情况下，如果检验结果看起来不可能（p 值小于 5%），则拒绝原假设；如果检验结果看起来很有可能（p 值大于 5%），则不拒绝原假设。

研究问题

对主体内有交互作用方差分析而言，其基本问题也可表述为问句形式，例如：

对项目帮助

“有导师和无导师的新进教师，其压力水平不同吗?”

对时间

“项目开始之前、开始 4 周和开始 8 周这 3 个时间点的压力水平存在差异吗?”

对项目帮助和时间的交互作用

“不同时间点的压力水平取决于是否有导师吗?”

数据

20 位参与者的数据见表 11 - 2。对项目帮助而言，那些有导师的参与者被赋值为“1”，那些无导师的参与者被赋值为“2”。对时间而言，**之前**、**四周**和**八周**分别对应于项目开始之前、开始 4 周和开始 8 周这 3 个时间点的教师压力评分。

表 11 - 2　主体内有交互作用方差分析的数据

参与者	项目帮助	之前	四周	八周	参与者	项目帮助	之前	四周	八周
1	1	40	39	35	11	2	38	44	42
2	1	45	44	42	12	2	47	45	42
3	1	42	44	44	13	2	41	48	45
4	1	38	36	30	14	2	39	41	43
5	1	46	44	38	15	2	44	44	41
6	1	40	37	25	16	2	42	39	35
7	1	42	38	35	17	2	42	48	46
8	1	39	37	29	18	2	40	46	42
9	1	35	33	31	19	2	38	45	43
10	1	43	44	38	20	2	41	40	35

注：参与者变量仅为了便于说明，该列不被录入 SPSS。

数据输入和分析

步骤 1 和步骤 2 介绍怎么向 SPSS 录入数据。也可以从网上下载数据文件，见

www.routledge.com/cw/yockey 上章节 11（Chapter 11）文件夹下 teaching stress.sav。如果你倾向于使用网站上的数据文件，则直接转向步骤 3。

步骤 1：创建变量

1. 启动 SPSS。

2. 点击变量视图标签。

在 SPSS 中创建四个变量，其中一个变量是项目帮助的分组变量，另外三个变量分别对应每个时间点的教学压力得分。分别将这四个变量命名为**项目帮助**、**之前**、**四周**和**八周**。

3. 在变量视图窗口前四行分别录入变量名称**项目帮助**、**之前**、**四周**和**八周**。在测量列，将**项目帮助**归为名义尺度，**之前**、**四周**和**八周**归为标度尺度（见图 11－1）。

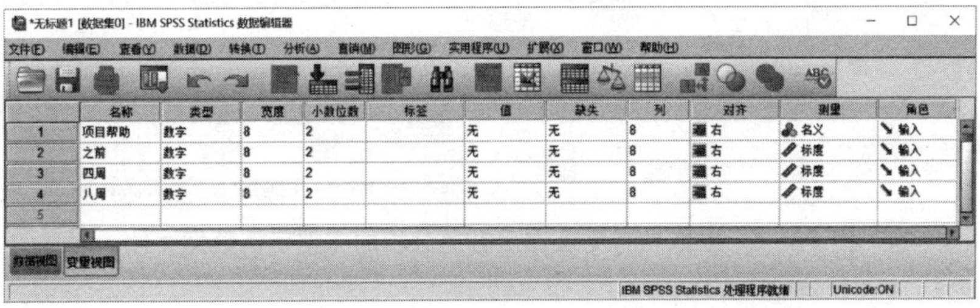

图 11－1　已录入项目帮助、之前、四周和八周这四个变量的变量视图窗口

4. 使用第 1 章介绍过的流程，为**项目帮助**创建值标签。对**项目帮助**而言，1＝“有导师”，2＝“无导师”。

步骤 2：录入数据

1. 单击数据视图标签。**项目帮助**、**之前**、**四周**和**八周**这四个变量出现在数据视图窗口的前四列。

2. 参照图 11－1，录入每位参与者在这四个变量的取值。对第一位参与者，分别在**项目帮助**、**之前**、**四周**和**八周**这 4 列录入数值 1，40，39 和 35。使用这一方法，录入所有 20 位参与者的数据。完整数据见图 11－2。

步骤 3：分析数据

1. 从菜单栏选择**分析**＞**一般线性模型**＞**重复测量…**（见图 11－3）。

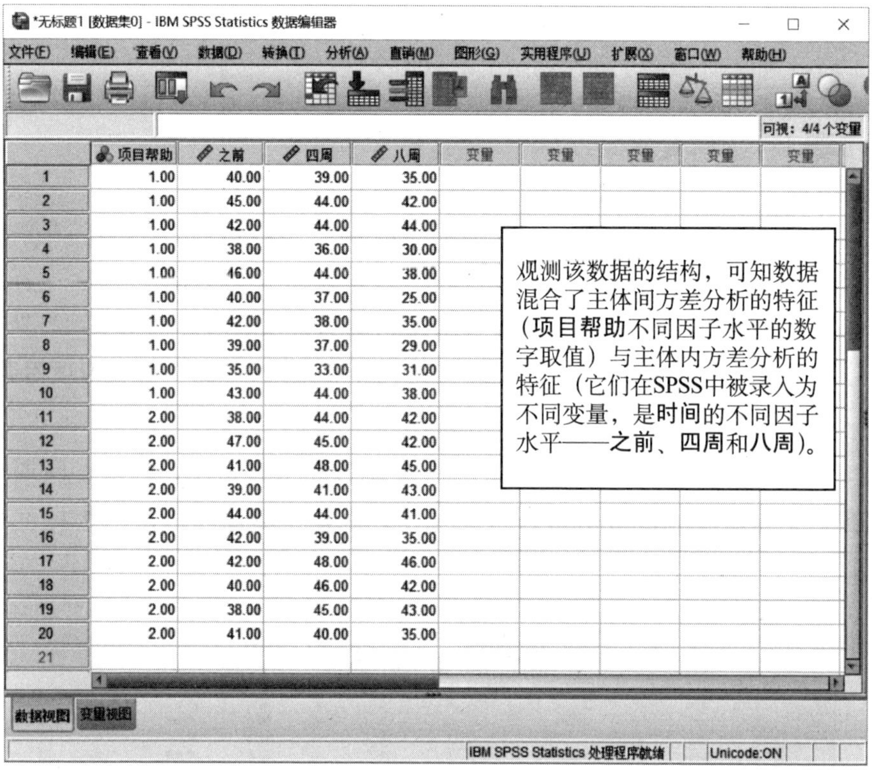

图 11－2　主体内有交互作用方差分析的完整示例数据文件

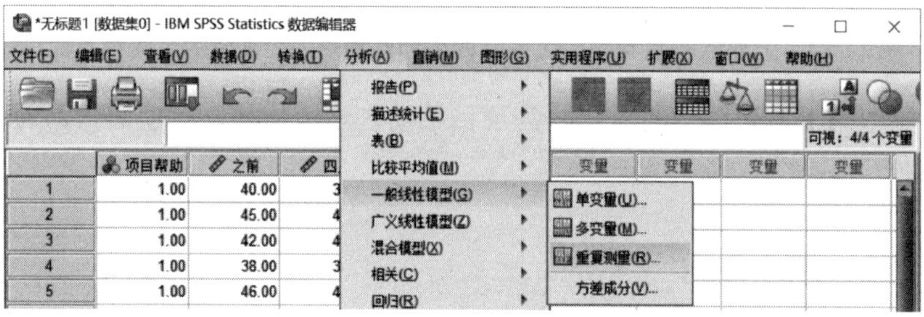

图 11－3　主体内有交互作用方差分析的菜单命令

弹出重复测量定义因子对话框（见图 11－4）。该对话框用于录入主体内因子的名称和水平个数[3]。

2. 双击主体内因子名文本框中的名称“因子 1”（因子 1 是 SPSS 对主体内因子设定的默认名称）。录入名称**时间**。

3. 在级别数文本框内录入 3。这与**时间**的因子水平个数（**之前**、**四周**和**八周**）一致。详见图 11－5。

4. 单击添加。

5. 单击定义。

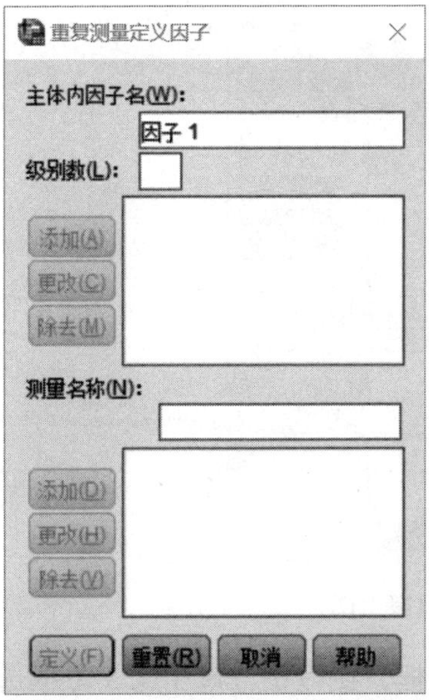

图 11-4　重复测量定义因子**对话框**

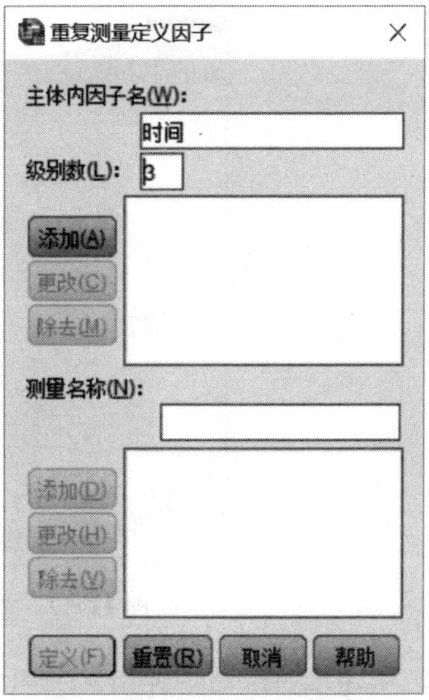

图 11-5　重复测量定义因子**对话框（接上图）**

弹出重复测量对话框，且 4 个变量（**项目帮助**、**之前**、**四周**和**八周**）位于对话框左侧（见图 11-6）。

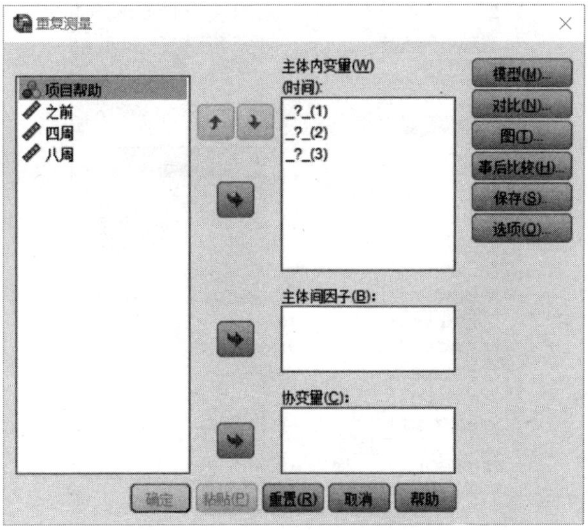

图 11-6　重复测量**对话框**

6. 选择主体间变量**项目帮助**，然后单击位于中间的右箭头按钮（）将其移入主体间因子方框。

7. 按住 Ctrl 键不放，点选**之前**、**四周**和**八周**这三个变量。然后单击位于最上方的右箭头按钮（）将其移入主体内变量方框（见图 11-7）。

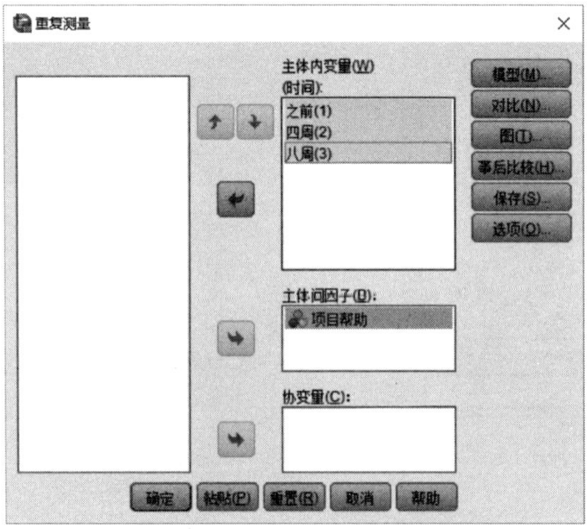

图 11－7　重复测量**对话框（接上图）**

8. 单击选项按钮。弹出重复测量：选项对话框。在因子与因子交互方框选中**项目帮助**、**时间**和**项目帮助＊时间**，并单击右箭头按钮（　）将其移入显示下列各项的平均值方框。在显示区域，勾选描述统计和效应量估算（详见图 11－8）。

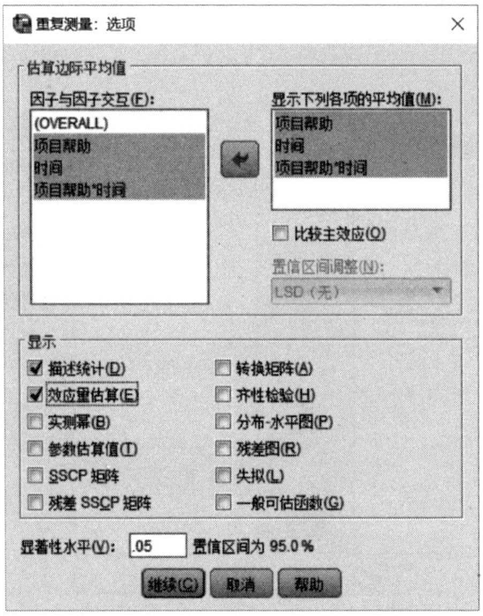

图 11－8　重复测量：选项**对话框**

9. 单击继续。

10. 单击图按钮。弹出重复测量：轮廓图对话框。选中因子方框内**时间**并单击位于最上方的右箭头按钮（　）将其移入水平轴方框。再选中**项目帮助**并单击位于中间的右箭头按钮（　）将其移入单独的线条方框。详见图 11－9。

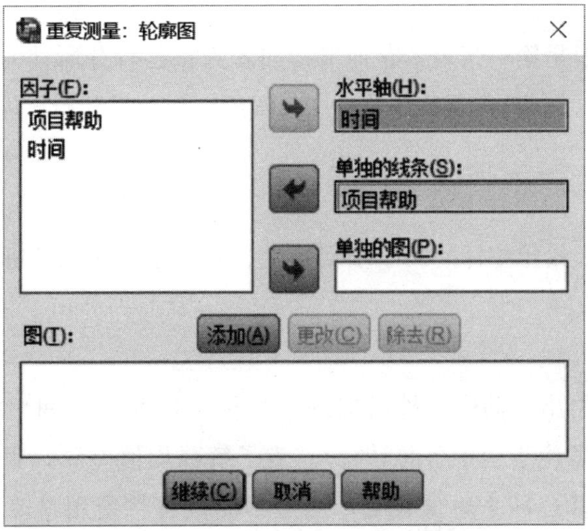

图 11-9　重复测量：轮廓图对话框

11. 单击添加。图方框中出现交互作用**时间 * 项目帮助**（见图 11-10）。

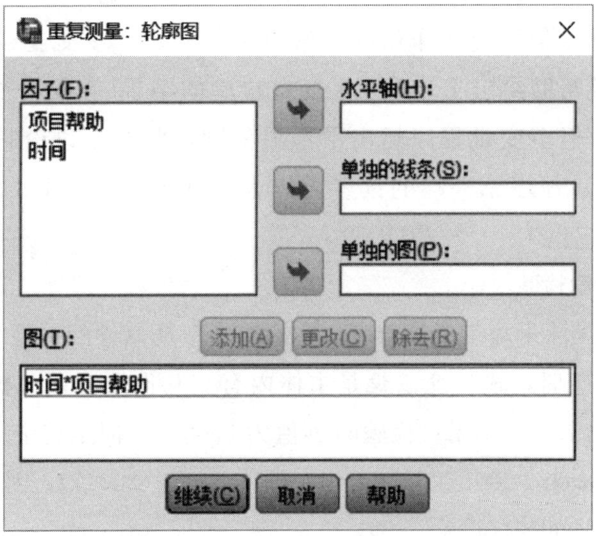

图 11-10　重复测量：轮廓图对话框（接上图）

12. 单击继续。

13. 单击确定。

分析程序在 SPSS 中运行之后，结果会显示在查看器窗口。

步骤 4：解释输出结果

主体内有交互作用方差分析的输出结果见图 11-11。

主体内因子

主体内因子表是第一张表，它列出参加者为自己打分所处的 3 个时间点，包括项目开始之前（**之前**）、项目开始 4 周（**四周**）和项目开始 8 周（**八周**，即项目的结尾）。

主体间因子

主体间因子表给出主体间因子**项目帮助**、其因子水平的值标签以及各分组的个案数。

描述统计

描述统计表给出实验中每种情况的平均值、标准偏差和个案数（**时间**各因子水平的相应数据位于表中各总计行）。为了解释均值差异，我们将把注意力集中到后面几张估算边际平均值表上，但是书面报告将使用描述统计表中的标准偏差。

多变量检验

可通过单变量检验（ANOVA）方法或多变量检验（MANOVA）方法对**时间**和**时间 * 项目帮助**交互作用的原假设进行检验。多变量检验表分别为**时间**和**时间 * 项目帮助**给出 4 个不同多变量检验的结果[4]。虽然多变量检验是自动输出的结果，但多变量程序超出了本书范围，此处不讨论它。对多变量检验（MANOVA）程序感兴趣的读者可以参考 Maxwell 和 Delaney（2004）或者 Stevens（2002）。

莫奇来球形度检验

下一张表是莫奇来球形度检验表，它给出球形度假设的检验结果。主体内因子水平不少于 3 个时，球形度假设是主体内有交互作用方差分析的一个假设条件[5]。虽然表中给出检验结果（检验的 p 值为 0.006），但是这个结果可能不准确（详细内容见 Howell（2007）或 Maxwell 和 Delaney（2004）），因此不予考虑（后面给出球形度假设的替代检验）。

一般线性模型

主体内因子

测量：MEASURE_1

时间	因变量
1	之前
2	四周
3	八周

主体间因子

		值标签	个案数
项目帮助	1.00	有导师	10
	2.00	无导师	10

描述统计

	项目帮助	平均值	标准偏差	个案数
之前	有导师	41.000 0	3.299 83	10
	无导师	41.200 0	2.780 89	10
	总计	41.100 0	2.971 80	20
四周	有导师	39.600 0	4.087 92	10
	无导师	44.000 0	3.126 94	10
	总计	41.800 0	4.200 25	20
八周	有导师	34.700 0	6.000 93	10
	无导师	41.400 0	3.687 82	10
	总计	38.050 0	5.942 49	20

多变量检验[a]

效应		值	F	假设自由度	误差自由度	显著性	偏 η^2
时间	比莱轨迹	0.704	20.183[b]	2.000	17.000	0.000	0.704
	威尔克 Lambda	0.296	20.183[b]	2.000	17.000	0.000	0.704
	霍特林轨迹	2.375	20.183[b]	2.000	17.000	0.000	0.704
	罗伊最大根	2.375	20.183[b]	2.000	17.000	0.000	0.704
时间 * 项目帮助	比莱轨迹	0.365	4.878[b]	2.000	17.000	0.021	0.365
	威尔克 Lambda	0.635	4.878[b]	2.000	17.000	0.021	0.365
	霍特林轨迹	0.574	4.878[b]	2.000	17.000	0.021	0.365
	罗伊最大根	0.574	4.878[b]	2.000	17.000	0.021	0.365

a. 设计：截距 + 项目帮助。

主体内设计：时间。

b. 精确统计。

莫奇来球形度检验[a]

测量：MEASURE _ 1

主体内效应	莫奇来 W	近似卡方	自由度	显著性	Epsilon[b]		
					格林豪斯-盖斯勒	辛-费德特	下限
时间	0.545	10.310	2	0.006	0.687	0.767	0.500

注：检验“正交化转换后因变量的误差协方差矩阵与恒等矩阵成比例”这一原假设。

a. 设计：截距 + 项目帮助。

主体内设计：时间。

b. 可用于调整平均显著性检验的自由度。修正检验将显示在主体内效应检验表中。

主体内效应检验

测量：MEASURE _ 1

源		Ⅲ类平方和	自由度	均方	F	显著性	偏 Eta 平方
时间	球形度假设	159.033	2	79.517	12.078	0.000	0.402
	格林豪斯-盖斯勒	159.033	1.375	115.676	12.078	0.001	0.402
	辛-费德特	159.033	1.534	103.699	12.078	0.000	0.402
	下限	159.033	1.000	159.033	12.078	0.003	0.402
时间 * 项目帮助	球形度假设	108.633	2	54.317	8.251	0.001	0.314
	格林豪斯-盖斯勒	108.633	1.375	79.016	8.251	0.004	0.314
	辛-费德特	108.633	1.534	70.836	8.251	0.003	0.314
	下限	108.633	1.000	108.633	8.251	0.010	0.314
误差（时间）	球形度假设	237.000	36	6.583			
	格林豪斯-盖斯勒	237.000	24.747	9.577			
	辛-费德特	237.000	27.605	8.585			
	下限	237.000	18.000	13.167			

时间和**时间 * 项目帮助**的 p 值。要么使用格林豪斯-盖斯勒的结果，要么使用球形度假设的结果（**时间**和**时间 * 项目帮助**都显著，因为其 p 值都小于 0.05）。

主体内对比检验

测量：MEASURE _ 1

源	时间	Ⅲ类平方和	自由度	均方	F	显著性	偏 η^2
时间	线性	93.025	1	93.025	8.463	0.009	0.320
	二次	66.008	1	66.008	30.349	0.000	0.628
时间 * 项目帮助	线性	105.625	1	105.625	9.610	0.006	0.348
	二次	3.008	1	3.008	1.383	0.255	0.071
误差（时间）	线性	197.850	18	10.992			
	二次	39.150	18	2.175			

主体间效应检验

测量：MEASURE _ 1

转换后变量：平均

源	Ⅲ类平方和	自由度	均方	F	显著性	偏 η^2
截距	97 526.017	1	97 526.017	2 852.101	0.000	0.994
项目帮助	212.817	1	212.817	6.224	0.023	0.257
误差	615.500	18	34.194			

项目支持显著，因为 p 值小于 0.05。

估算边际平均值

1. 项目帮助

测量：MEASURE _ 1

项目帮助	平均值	标准误差	95%置信区间	
			下限	上限
有导师	38.433	1.068	36.190	40.676
无导师	42.200	1.068	39.957	44.443

2. 时间

测量：MEASURE_1

时间	平均值	标准误差	95%置信区间	
			下限	上限
1	41.100	0.682	39.667	42.533
2	41.800	0.814	40.090	43.510
3	38.050	1.114	35.710	40.390

3. 项目帮助 * 时间

测量：MEASURE_1

项目帮助	时间	平均值	标准误差	95%置信区间	
				下限	上限
有导师	1	41.000	0.965	38.973	43.027
	2	39.600	1.151	37.182	42.018
	3	34.700	1.575	31.391	38.009
无导师	1	41.200	0.965	39.173	43.227
	2	44.000	1.151	41.582	46.418
	3	41.400	1.575	38.091	44.709

轮廓图

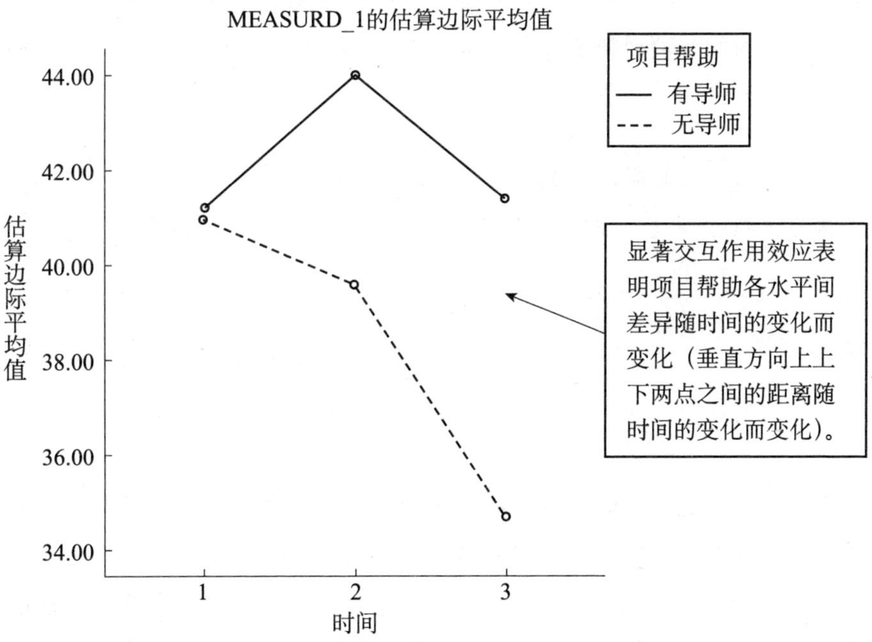

图 11－11　主体内有交互作用方差分析的输出结果

正如第 10 章讨论的那样，如果不满足球形度假设，方差分析 F 检验（在主体内效应检验表中显示为球形度假设）就不准确，从而得到不该拒绝的原假设却被拒绝的结果。为应对违反球形度假设时 F 检验不准确的问题，需对标准 F 检验做调整，也正因为这个需要，出现了几个适用于无须球形度假设的选替 F 检验。主体内效应检验表中有 3 个这样的替代检验：格林豪斯-盖斯勒、辛-费德特和下限。基于第 10 章讨论过的原因，我们选用格林豪斯-盖斯勒 F 值。虽然违反球形度假设时，格林豪斯-盖斯勒方法更准确，但因为用手计算非常烦琐，所以一般只在上机分析时考虑它。因此，那些用 SPSS 证实手算结果的用户将会用到球形度假设的结果。

主体内效应检验

主体内效应检验表是下一张表，它回答的问题是 3 个时间点的压力得分是否不同以及**时间**和**项目帮助**之间是否存在交互作用。

和第 8 章中讨论过的单因素方差分析类似，F 检验是两个方差的比值，其中每个方差都指输出结果中的均方：

$$F=\frac{\text{均方效应}}{\text{均方误差}}$$

在主体内有交互作用方差分析中，包括主体内因子（**时间**和**时间×项目帮助**）的检验都有误差项，这不同于主体间因子（**项目帮助**）检验。在主体内效应检验表中，**时间**和**时间×项目帮助**共用相同误差项，即均方误差（时间）。用于检验**时间**的 F 比值为：

$$F=\frac{\text{时间的均方}}{\text{误差(时间)的均方}}$$

将表中格林豪斯-盖斯勒行的相应数值代入上式可得**时间**的 F 值为：

$$F=\frac{115.676}{9.577}=12.078$$

这与表中格林豪斯-盖斯勒行的 F 值一致。（球形度假设的 F 值也是 12.078 (79.517/6.583)。虽然 4 个检验程序算得的 F 值相同，但它们的自由度和 p 值不同。）

球形度假设情况下，**时间**检验使用两个自由度，其中一个是时间的，另一个是误差的，二者取值分别为 2 和 36。（在此提醒，如果你拿输出结果与手算结果做比较，那么你应当使用球形度假设的结果。）为得到格林豪斯-盖斯勒方法的自由度，需调整球形度假设的自由度，使其能够弥补数据球形度的缺失。如果你查看上一张莫奇来球形度检验表，你就可以看到格林豪斯-盖斯勒方法在统计量 Epsilon 的取值为 0.687。用此 Epsilon 取值乘以球形度假设的两自由度（2 和 36）即可得到格林豪斯-盖斯勒检验的自由度（在舍入误差内），即 1.375 和 24.747。

表中格林豪斯-盖斯勒行显著性列给出时间检验的 p 值为 0.001。因为 p 值小于 0.05，所以拒绝 3 时间点均值相等这个原假设，并得出结论：3 个时间点中至少有 1 个，其均值与其他不同。

再来看**时间×项目帮助**的检验，其格林豪斯-盖斯勒 F 值为 8.251（79.016/9.577），p 值为 0.004。因为 p 值小于 0.05，所以拒绝原假设，并得出结论：存在显著的**时间×项目帮助**交互作用（将在后文给出该结果的书面报告）。

主体内对比检验

主体内对比检验表是下一张表，它用于对主体内主效应和交互作用进行特定后续检验。因为我们使用后续检验的替代方法，所以不讨论该表。

主体间效应检验

主体间效应检验表给出主体间因子（**项目帮助**）的检验结果。**项目帮助**检验的 F 值为 6.224（项目帮助的均方/误差的均方＝212.817/34.194），p 值为 0.023[6]。因为 p 值小于 0.05，所以拒绝原假设，原假设即有导师和无导师的新进教师，其平均压力水平相同。

估算边际平均值

估算边际平均值表给出每个因子水平和交互作用的平均值。项目帮助表是第一张估算边际平均值表，它给出有导师和无导师这两个分组的平均值。因为**项目帮助**显著，所以我们根据均值决定压力得分更低的分组。项目帮助的平均值表明，那些有导师的新进教师（平均值＝38.43），其平均压力水平比那些没有导师的（平均值＝42.20）低。

时间表是下一张估算边际平均值表，它给出**时间**各水平的平均值。因为**时间**有 3 个因子水平，所以不进一步分析，我们根本不能明确知道 3 个时间点中哪一个显著不同（回想一下不少于 3 个分组时备择假设的不明确性）。（出于篇幅考虑，不在此处执行后续检验；但是，对主体内因子执行后续检验的指令将在本章练习之前的总结中给出。）

项目帮助 * 时间表是最后一张估算边际平均值表，它给出实验中 6 种情况的平均值（3 个时间水平×2 个项目帮助水平）。要解释显著的交互作用效应，我们需要把注意力集中在轮廓图上。轮廓图以图形形式呈现 6 种情况平均值，更直观。

轮廓图

实验中 6 种情况的 6 个平均值被画在轮廓图上。正如我们先前说明的那样，**时间**在横轴，**项目帮助**两因子水平表示不同线条类型（图中，1、2 和 3 分别表示**时间**的 3 个因子水平，依次为**之前**、**四周**和**八周**）。查看均值可知，在项目开始之前，有导师和无导师这两个分组的平均压力水平几乎一样（41.00 和 41.20），但是项目开始 4 周和项目开始 8 周这两种情况下，有导师组的压力水平都比无导师组低（项目开始 4 周时分别是 39.60 和 44.00，项目开始 8 周时分别是 34.70 和 41.40）。显著交互作用效应表明两线条明显不平行，这同时证实两组（有导师和无导师）的差异随时间变化而变化。

检验交互作用效应：简单效应分析

虽然交互作用效应表明两线条明显不平行，但是它并没有表明垂直方向上哪两点显著不同[7]。为了判断差异的显著性，需采用简单效应检验。基于某个因子水平，简单效应检验可用于检查另一个因子的水平间差异。后面对本章案例进行几个不同的简单效应检验，包括时间各因子水平基础上（检验轮廓图中两根线条间差异）的项目支持检验（有导师和无导师）和项目支持各因子水平基础上（检验轮廓图中每根线条的自身差异）的时间（**之前**、**四周**和**八周**）检验。

为阐明主体内有交互作用方差分析的简单效应检验，我们分 3 种情况检验有导师和无导师这两个分组之间是否具有显著差异，即项目开始之前、项目开始四周和项目开始八周（也即交互作用图中的 1、2 和 3）。这就需要进行 3 次不同的独立样本 t 检验，其中时间的每个因子水平各一个。因为 t 检验是后续检验，所以每个检验的 alpha 水平为 0.016（0.05/3），以便 3 个检验的 alpha 水平之和不超过 0.05（为后续检验调整 alpha 水平的更多内容可参看本书第 10 章）。

在时间的每个因子水平上，检验有导师和无导师这两个分组，即检验下述 3 个原假设

$$H_0: \mu_{\text{有导师\_之前}} = \mu_{\text{无导师\_之前}}$$

$$H_0: \mu_{\text{有导师\_四周}} = \mu_{\text{无导师\_四周}}$$

$$H_0: \mu_{\text{有导师\_八周}} = \mu_{\text{无导师\_八周}}$$

下面给出运行独立样本 t 检验的命令（有关独立样本 t 检验的详细内容，可参看本书第 7 章）。

1. 从菜单栏选择**分析**>**比较平均值**>**独立样本 T 检验…**。

2. 将**项目帮助**移入分组变量方框。

3. 单击定义组按钮，为组 1 赋值 1，为组 2 赋值 2。

4. 按住 Ctrl 键不放，选中**之前**、**四周**和**八周**，然后单击右箭头按钮（）将其移入检验变量方框（见图 11－12）。

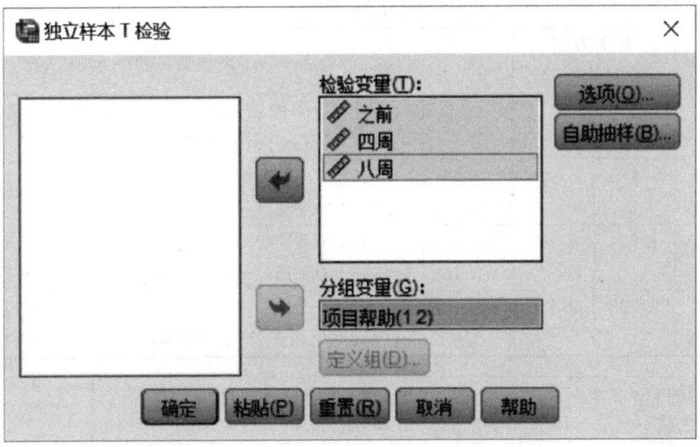

图 11－12　独立样本 T 检验**对话框**

5. 单击确定。

简单效应分析的结果——在每个时间水平上检验项目帮助

独立样本 t 检验的输出结果见图 11－13。根据独立样本检验表可知，项目支持的因子水平差异在 4 周（$p=0.015$）和 8 周（$p=0.008$）都显著，但在项目开始之前（$p=0.885$）不显著（每个检验的 alpha 水平是 0.016)。组统计表中平均值表明，在项目开始 4 周和 8 周这两个时间点，有导师组的压力水平都明显低于无导师组。这些结果将包含在本章结尾的报告里。

也可以做其他的简单效应检验，比如基于**项目帮助**两分组分别检验各**时间**水平之间的差异。举个例子，我们可以基于有导师这一分组检验各**时间**水平之间的压力差异，这个分析过程就是主体内单因素方差分析。如果方差分析显著，则像第 10 章阐述的那样，用相依样本 t 检验对**时间**的两两比较做检验（1 和 2、1 和 3 以及 2 和 3)。虽然出于篇幅考虑不在此处阐述这些检验，但是有导师这一分组的时间水平差异检验将作为练习放在本章习题 3 中（解答见附录 B)。

T－检验

组统计

	项目帮助	个案数	平均值	标准差	标准误差平均值
之前	有导师	10	41.000 0	3.299 83	1.043 50
	无导师	10	41.200 0	2.780 89	0.879 39
四周	有导师	10	39.600 0	4.087 92	1.292 71
	无导师	10	44.000 0	3.126 94	0.988 83
八周	有导师	10	34.700 0	6.000 93	1.897 66
	无导师	10	41.400 0	3.687 82	1.166 19

独立样本检验

		莱文方差等同性检验		平均值等同性 t 检验						
		F	显著性	t	自由度	显著性（双尾）	平均值差值	标准误差差值	差值 95% 置信区间 下限	上限
之前	假定等方差	0.483	0.496	−0.147	18	0.885	−0.200 00	1.364 63	−3.066 99	2.666 99
	不假定等方差			−0.147	17.498	0.885	−0.200 00	1.364 63	−3.072 90	2.672 90
四周	假定等方差	1.984	0.176	−2.703	18	0.015	−4.400 00	1.627 54	−7.819 34	−0.980 66
	不假定等方差			−2.703	16.846	0.015	−4.400 00	1.627 54	−7.836 21	−0.963 79
八周	假定等方差	2.693	0.118	−3.008	18	0.008	−6.700 00	2.227 36	−11.379 50	−2.020 50
	不假定等方差			−3.008	14.949	0.009	−6.700 00	2.227 36	−11.448 90	−1.951 10

与调整后的 alpha 水平 0.016 相比，**四周**和**八周**均显著，其 p 值都小于 0.016（**之前**不显著，因为其 p 值大于 0.016）。

图 11－13　独立样本 t 检验的输出结果（显著交互作用之后的简单效应检验）

效应值

一般用偏 η^2 度量主体内有交互作用方差分析的效应值。为计算目标效应的偏 η^2，需正确选用表格的平方和数据（数据要么来自主体内效应检验表，要么来自主体间效应检验表）。偏 η^2 的计算公式为：

$$偏\ \eta^2 = \frac{SS_{效应}}{SS_{效应} + SS_{误差}}$$

$SS_{效应}$ 和 $SS_{误差}$ 的取值位于方差分析表中Ⅲ类平方和列（对**时间**和**时间×项目帮助**而言，需将 $SS_{误差}$ 表示为 $SS_{误差(时间)}$）。找到**时间**的相应数据，将其代入上式可得偏 η^2 为

$$偏\ \eta^2 = \frac{159.003}{159.003 + 237.000} = 0.402$$

这与主体内效应检验表中**时间**的数值一致。

偏 η^2 取值越大，效应解释的因变量方差越多。不过没给出偏 η^2 是小、中等还是大的一般效应估计。

以 APA 格式表述结果

在书写主体内有交互作用方差分析的报告时，每个检验的结论、自由度、F 值、p 值和效应值都随各组均值和标准差一同给出（必要时，可能需要将各组平均

值和标准差整理到一个单独的表格里）。下面是一个以 APA 格式书写的报告示例。

报告

以**项目帮助**（有导师和无导师）为主体间因子，时间（**之前**、**四周**和**八周**）为主体内因子，对教学压力进行了 2×3 的主体内有交互作用方差分析。结果表明，**项目帮助**的主效应显著，$F(1,18)=6.22$，$p<0.05$，偏 $\eta^2=0.26$；**时间**的主效应也显著，用格林豪斯-盖斯勒方法调整的 F 值为 $F(1.38, 24.75)=12.08$，$p<0.05$，偏 $\eta^2=0.40$。对项目支持而言，有导师的新进教师，其压力水平显著低于没有导师的新进教师。此外，还存在显著交互作用，即**项目帮助×时间**，这时用格林豪斯-盖斯勒方法调整的 F 值为 $F(1.38, 24.75)=8.25$，$p<0.05$，偏 $\eta^2=0.31$。选定每个检验的 alpha 水平为 0.016 后，对**时间**各因子水平情况下的**项目帮助**进行了简单效应分析。简单效应检验结果表明，在项目开始到第 4 周、第 8 周时，有导师的新进教师，其压力水平显著低于没有导师的新进教师，两时间点的 t 值分别为 $t(18)=-2.70$ 和 $t(18)=-3.01$，其 p 值都小于 0.016。但是，在项目开始之前，有无导师没有显著差异，$t(18)=-0.15$，$p>0.016$。在项目开始之前、4 周时和 8 周时这三个时间点，有无导师的教师的平均值和标准差见表 11-13。

表 11-3　在项目开始之前、4 周时和 8 周时这三个时间点，有无导师的教师的平均值和标准差

	有导师		无导师	
时间	平均值	标准差	平均值	标准差
之前	41.00	3.30	41.20	2.78
4 周	39.60	4.09	44.00	3.13
8 周	34.70	6.00	41.40	3.69

主体内有交互作用方差分析的假设条件

1. 不同参与者之间的观测值独立。

违反这个假设条件会严重威胁到主体内有交互作用方差分析的准确性。如果有理由相信已经违反了独立性假定，就不应该使用主体内有交互作用方差分析。

2. 正态性。

该假设条件意味着：（1）总体中，因变量在主体内各因子水平的取值应该服从正态分布；（2）在主体间各因子水平上，主体的平均得分（取主体内因子所有水平的平均值）也应该服从正态分布。违反正态性假定的后果可参看第 8 章。

3. 方差齐性。

这个假设条件意味着，总体中，主体间因子的各水平方差应该相等（基于参加者在主体内因子所有水平的平均得分可算得该方差）。违反方差齐性假定的后果可参看第 8 章。

4. 球形度。

将主体内因子水平两两配对，则对其中任意一对组合，球形度假设需要二者得分差值的总体方差相等。因为违反球形度假设会威胁到方差分析检验的准确性，所以建议使用调整后的替代方法（例如格林豪斯-盖斯勒）。有关球形度假设的更多内容，可参看第 10 章。

5. 方差协方差矩阵的一致性。

这个假设条件意味着，对主体间因子的两不同水平而言，每对方差和协方差相等（协方差用于测度两变量间的共享变异性）。例如，本章案例中，主体内因子有 3 个因子水平，则一致性假定意味着，在主体间因子水平的两分组内，3 对方差（$var_{之前}$，$var_{四周}$和 $var_{八周}$）和 3 对协方差（$var_{之前,四周}$、$var_{之前,八周}$和 $var_{四周,八周}$）对应相等。各组样本量相等或近似相等时，小到中等程度地违反一致性假定，一般是允许的。如果组间除了样本量不等之外，方差-协方差矩阵也不等，且这种差异程度在中等以上，那么就不应该使用主体内有交互作用方差分析。

总结：在 SPSS 中进行主体内有交互作用方差分析的步骤

Ⅰ. 数据输入和分析

1. 为主体间因子创建一个变量，且为主体内因子的每个水平分别创建变量。

2. 为主体间因子创建值标签。在值标签对话框，正确输入数值和标签。单击确定。

3. 录入数据。

4. 选择**分析**>**一般线性模型**>**重复测量…**。

5. 弹出重复测量定义因子对话框后，在主体内因子名文本框录入主体内因子的名称，并在级别数方框录入因子水平个数。随后单击定义。

6. 在重复测量对话框内，将主体间因子移入主体间因子方框，并将主体内因子的各因子水平都移入主体内变量方框。

7. 单击选项。将每个因子和交互作用移入显示下列各项的平均值方框。然后，在显示区域，勾选描述统计和效应量估算。单击继续。

8. 单击确定。

Ⅱ. 结果的解释

根据主体内效应检验表中格林豪斯-盖斯勒这一行或球形度假设这一行的 p 值，解释主体内因子和交互作用的检验结果（如果比较输出结果与手算结果，则需使用球形度假设的数值）。再根据主体间效应检验表中 p 值，解释主体间因子的结果。

• 如果主体间因子显著且它有两个因子水平，则检查边际平均值。如果主体间因子显著且其因子水平不少于 3 个，则进行图基检验（单击事后比较并选择图基）并解释相应结果（有关图基检验的更多内容，可参看第 8 章）。如果主体内因子显著且它有两个因子水平，也检查边际平均值。如果主体内因子显著且其因子水平不少于 3 个，则进行相依样本 t 检验。如果交互作用显著，则描述交互作用特征或者进行简单效应检验（如果需要的话；注意每个检验的 alpha 水平等于 0.05 除以检验总次数）。

• 如果所有的检验都不显著，则停止。写明结果：主效应检验和交互作用检验都不显著。

练习

1. 一位临床心理学家比较了认识行为疗法和精神分析疗法在不同治疗时长下的效用。20 位寻求治疗的患者同意加入该实验，其中 10 位患者接受认识行为疗法，另外 10 位患者接受精神分析疗法。在治疗开始之前、进行到 8 周和进行到 16 周这三个时间点，分别对参与者的幸福感进行综合测评。幸福感取值范围为 10～50，且取值越高，幸福感越强。数据见表 11 - 4。

表 11 - 4 练习 1 数据（对疗法，1＝“认识行为”，2＝“精神分析”）

疗法	之前	八周	十六周	疗法	之前	八周	十六周
1	19	18	22	2	23	23	17
1	18	18	21	2	19	19	20
1	21	22	24	2	16	17	15
1	22	23	28	2	18	19	19

续表

疗法	之前	八周	十六周	疗法	之前	八周	十六周
1	24	24	26	2	23	25	24
1	18	21	27	2	24	25	23
1	19	23	25	2	19	20	18
1	19	20	23	2	22	24	22
1	17	18	16	2	20	20	19
1	23	24	28	2	22	22	23

为回答如下问题，请在 SPSS 中录入数据并执行恰当分析。将变量分别命名为**疗法**、**之前**、**八周**和**十六周**。

A. 写出每个检验的原假设和备择假设。

B. 写出每个检验的研究问题。

C. 检验主效应和交互作用（每个检验的 $\alpha=0.05$）。若有的话，哪些检验显著？若有的话，哪些检验不显著？

D. 给出每个检验的效应值。哪一个检验的效应值最大？

E. 使用 APA 格式写出分析结果的书面报告。

2. 对练习 1 中数据进行交互作用效应的简单效应检验。通过检验判断每个时间点的两种疗法之间是否存在差异（在之前、八周和十六周这 3 种情况，分别检验两疗法组数据）。调整 alpha 水平并根据调整后数值评价每个检验，以便使三个检验的 alpha 水平之和不超过 0.05。

3. 在本章提出的问题中，通过在每个时间水平检验有、无导师这两个分组的方式进行简单效应分析。另一个可以做的分析就是检验有导师的教师在 3 个时间点的压力得分是否存在显著差异。在 SPSS 中执行该检验并回答下面的每个问题。数据见网址 www.routledge.com/cw/yockey 上 Chapter11 文件夹下 teaching stress.sav。为回答如下问题，请在 SPSS 中打开数据文件并执行恰当分析（对**项目帮助**，那些有导师的教师被赋值为 1）。（提示：为执行这个检验，要么执行选择个案程序，要么执行拆分文件程序。有关这两个程序的更多内容，可参看附录 A。）

A. 写出检验的原假设和备择假设。

B. 写出检验的研究问题。

C. 对有导师的新进教师而言，三个时间点的压力得分之间存在显著差异吗？（取 $\alpha=0.05$）

D. 如果时间显著，执行恰当的后续检验。调整每个后续检验的 alpha 以便其

alpha 水平之和不超过 0.05。若有的话，哪些检验显著？若有的话，哪些检验不显著？

E. 使用 APA 格式写出分析结果的书面报告。

注　释

1. 虽然主体内因子通常由被测量多次的相同人员组成，但是也可由只被测量一次的相关人员组成（比如兄弟姐妹）。

2. 因为备择假设不明确，所以如果时间显著，则需要靠更深入的检验确定差异特征。将它与项目帮助（只有两个分组）的备择假设做比较：如果项目帮助显著，那么只需通过检查两分组均值就可以决定哪组压力水平更低（无须进行进一步检验）。

3. 出于这个原因，我们没有在 SPSS 中为主体内因子创建名称，而是为它的各因子水平创建名称——**之前**、**四周**和**八周**。

4. 多变量检验表检验的是主体内因子和包括主体内因子在内的所有交互作用，但不检验主体间因子。

5. 当主体内因子只有两个水平时，不需要球形度假设。

6. 因为主体间因子无须球形度假设，所以**项目帮助**没有调整的程序。

7. 例如，有导师、无导师这两组教师只在时间点 3 显著不同，或他们在时间点 2 和时间点 3 都显著不同。

第 12 章

皮尔逊 *r* 相关系数

皮尔逊 r 相关系数测度两变量间的线性相关程度。相关程度用字母 r 表示；r 可以是正值（一个变量的取值越大，与其线性相关的另一变量取值也越大）、负值（一个变量的取值越大，与其线性相关的另一变量取值反而越小）或 0（两变量之间没有线性关系）。相关系数的取值范围为−1（完全负相关关系）到 1（完全正相关关系）。下文将介绍一个使用皮尔逊 r 相关系数的例子。

例子

为了开展某研究项目，一名学生想调查生活意义和心理幸福感之间是否存在相关关系。30 名学生愿意参加实验，并由调查者测得其生活意义分数和心理幸福感分数。生活意义取值范围为 10～70（得分越高，生活越有意义），心理幸福感取值范围为 5～35（得分越高，幸福感越强）。

皮尔逊 r 相关系数的目标和所需数据

皮尔逊 r 相关系数的目标和所需数据见表 12－1。

表 12－1　皮尔逊 r 相关系数

目标	所需数据	实例
测度两变量之间的线性相关程度	两个连续变量[1]	变量 1：生活意义 变量 2：幸福感

原假设与备择假设

原假设为“总体中，两变量之间无相关关系”。将总体相关系数记为希腊字母 ρ（读作“rou”）：

$$H_0: \rho = 0$$

备择假设为“总体中，两变量之间存在相关关系”：

$$H_1: \rho \neq 0$$

原假设的决策

皮尔逊 r 相关系数所检验的原假设为：生活意义和心理幸福感之间不存在相关关系。在原假设为真的情况下，如果检验结果看起来不可能（p 值小于 5%），则拒绝原假设；如果检验结果看起来很有可能（p 值大于 5%），则不拒绝原假设。

研究问题

该研究的基本问题也可表述为问句形式，例如：

“生活意义和心理幸福感之间存在相关关系吗？”

数据

30 个参与者的数据见表 12－2。

表 12－2　相关系数的示例数据

参与者	生活意义	幸福感	参与者	生活意义	幸福感
1	35	19	16	70	31
2	65	27	17	25	12
3	14	19	18	55	20
4	35	35	19	61	31
5	65	34	20	53	25
6	33	34	21	60	32
7	54	35	22	35	12
8	20	28	23	35	28
9	25	12	24	50	20
10	58	21	25	39	24
11	30	18	26	68	34
12	37	25	27	56	28
13	51	19	28	19	12
14	50	25	29	56	35
15	30	29	30	60	35

注：参与者变量仅为了便于说明，该变量不被录入 SPSS。

数据输入和分析

步骤 1 和步骤 2 介绍怎么向 SPSS 录入数据。也可以从网上下载数据文件，见

www.routledge.com/cw/yockey 上章节 12（Chapter 12）文件夹下 meaning.sav。如果你倾向于使用网站上的数据文件，则直接转向步骤 3。

步骤 1：创建变量

1. 启动 SPSS。

2. 点击**变量视图**标签

将在**变量视图**窗口创建两个变量，其中一个是生活意义变量，另一个是心理幸福感变量。分别将这两个变量命名为**生活意义**和**幸福感**。

3. 在**变量视图**窗口前两行分别录入变量名称**生活意义**和**幸福感**。在**测量**列，将它们都归为**标度**尺度（详见图 12-1）。

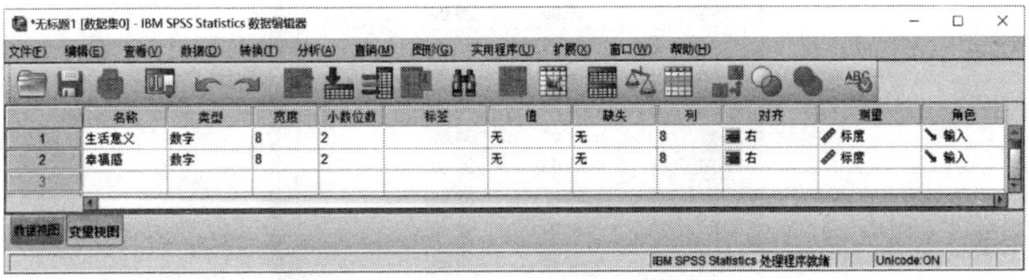

图 12-1　已录入生活意义和幸福感这两个变量的变量视图窗口

步骤 2：录入数据

1. 单击**数据视图**标签。**生活意义**和**幸福感**这两个变量出现在**数据视图**窗口前两列。

2. 参照表 12-2，录入每位参与者在这两个变量的取值。对第一位参与者，分别在**生活意义**和**幸福感**这两列录入数值 35 和 19。用同样的方法，录入所有 30 位参与者的数据。完整数据见图 12-2。

步骤 3：分析数据

1. 从菜单栏选择**分析**＞**相关**＞**双变量…**（见图 12-3）。

弹出**双变量相关性**对话框，**生活意义**和**幸福感**这两个变量位于对话框左侧（见图 12-4）。

2. 按住 Ctrl 键不放，选中**生活意义**和**幸福感**，然后单击右箭头按钮（）将其移入**变量**方框（见图 12-5）。

3. 单击**确定**。

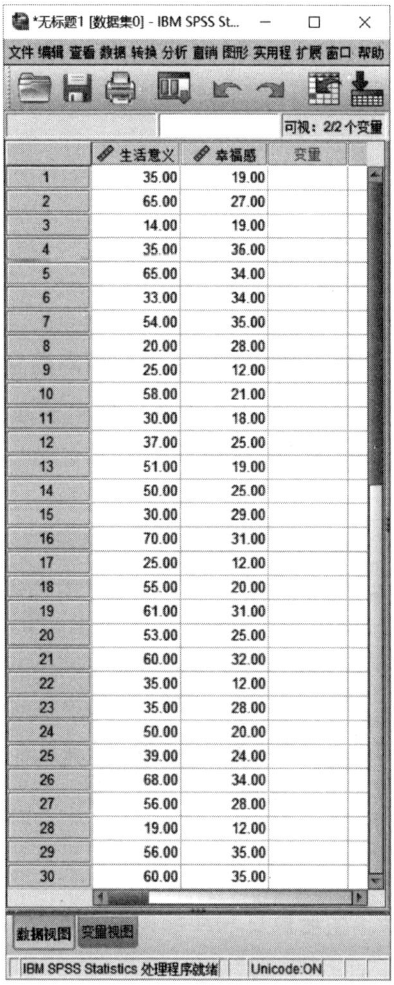

图 12－2　皮尔逊 *r* 相关系数的示例数据文件

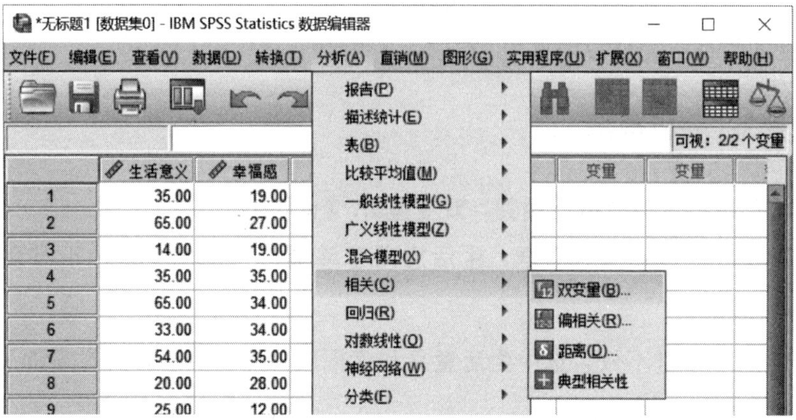

图 12－3　皮尔逊 *r* 相关系数的菜单命令

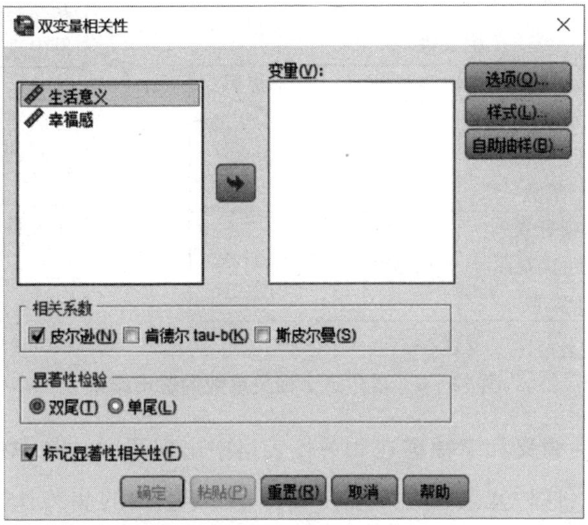

图 12 - 4 双变量相关性对话框

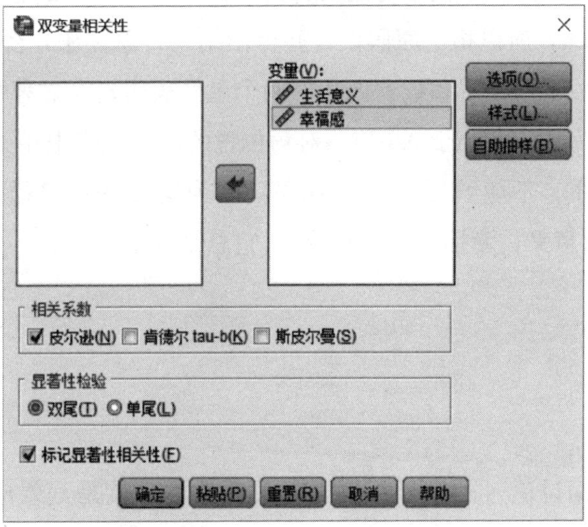

图 12 - 5 双变量相关性对话框（接上图）

相关性程序在 SPSS 中运行之后，结果会显示在查看器窗口。

步骤 4：解释输出结果

相关性程序的输出结果见图 12 - 6。

相关性

SPSS 只输出一张相关性表，表中给出我们所研究问题的解答，研究问题即**生活意义**和**幸福感**之间是否存在相关关系。

相关性

相关性

		生活意义	幸福感
生活意义	皮尔逊相关性	1	0.549**
	显著性（双尾）		0.002
	个案数	30	30
幸福感	皮尔逊相关性	0.549**	1
	显著性（双尾）	0.002	
	个案数	30	30

** 在 0.01 级别（双尾），相关性显著。

相关性表中相同结果出现两次。

生活意义和**幸福感**之间的相关系数。

相关性显著，因为 p 值小于 0.05。

图 12-6　皮尔逊 r 相关系数的输出结果

注意到，**生活意义**和**幸福感**在相关性表格中出现两次，其中行方向出现一次，列方向出现一次（这种冗余情况出现在所有 SPSS 输出的相关性表中）。可以在**生活意义**和**幸福感**相交的单元格读取相关系数取值和 p 值。基于 30 个参与者数据，相关性表给出**生活意义**和**幸福感**之间的相关系数为 0.549，相应 p 值为 0.002。因为 0.002 小于 0.05，所以拒绝原假设，并得出结论：总体中，**生活意义**和**幸福感**之间存在正相关关系（相关系数右上角的两个星号表明，在显著性为 0.01 时相关性显著，这是因为 0.002 小于 0.01）。对角位置的两单元格中相关系数都是 1，这是完全正相关关系。不应该对此感到惊讶，因为这是变量自己与自己的相关性（**生活意义**和**生活意义**，**幸福感**和**幸福感**），它总是等于 1。

效应值

不像我们前面讨论过的统计程序，相关系数本身就是其效应值的一般估计。Cohen（1988）分别给出 r 效应值是小、中等还是大的估计值为 ±0.1，±0.3 和 ±0.5。基于 Cohen 准则，与相关系数 0.549 相对应的效应值为 0.549，这是一个大的效应值，它表明**生活意义**和**幸福感**之间存在相当强的正相关关系。

以 APA 格式表述结果

虽然相关性表给出个案数，但是没给出自由度，它们一般都需要被写入书面报告，因此要计算自由度，公式为：

自由度 $= N-2$

式中，N 表示实验的个案总数（参与者人数）。因为 30 人参与该实验，所以自由度等于 28。

书面结果需包含假设检验的结论、r 值、自由度和 p 值。下面是一个以 APA 格式书写的简要文字报告示例。

报告

生活意义和心理幸福感之间存在显著的正相关关系，$r(28)=0.55$，$p<0.05$。

计算相关系数时，通常借助散点图检查两变量之间的线性关系（直线）和离群值。绘制散点图的命令见第 3 章。（有关更多线性和离群值检验的内容，可参看统计学基础书目。）

皮尔逊相关系数的假设条件

1. 不同参与者之间的观测值独立。

这个假设意味着每个参与者的得分应该与其他所有参与者的得分独立（两个参与者通过相互讨论得到幸福感评分，这就是违反独立性假定的一个例子）。如果违反了独立性假定，就不应该使用相关系数。

2. 两变量正态性。

这个假设条件意味着总体中每个变量的取值应该服从正态分布，而且对某一变量的任意取值，另外一个变量的取值应该服从正态分布。对中等样本和大样本，大多数非正态分布对相关系数检验的准确性影响很小。

总结：在 SPSS 中计算皮尔逊相关系数的步骤

Ⅰ. 数据输入和分析

1. 在 SPSS 中创建两个变量。
2. 录入数据。
3. 选择**分析**>**相关**>**双变量…**。
4. 将两变量移入变量方框。
5. 单击确定。

Ⅱ. 结果的解释

检查相关性表中的 p 值。

• 如果 $p \leqslant 0.05$，则拒绝原假设。写明结果：两变量间存在显著（正或负）相关性。

• 如果 $p > 0.05$，则不拒绝原假设。写明结果：两变量间不存在显著相关性。

练习

1. 一名学生对学习时长（单位：分钟）和考试成绩（范围为 0～100）之间是否存在相关关系这个问题很感兴趣。表 12－3 给出的数据是 25 位学生花在学习上的时长（**学习时长**）和其期末考试成绩（**考试成绩**）。

表 12－3　25 位参与者数据

学习时长（单位：分钟）	考试成绩
450	90
65	50
120	75
240	82
100	55
490	85
200	79
400	83
55	60
40	48
280	74
180	96
365	85
200	63
290	77
200	82
105	80
460	89
300	55
450	92
365	95
80	55
185	75
180	81
300	87

为回答如下问题，请在 SPSS 中录入数据并执行恰当分析。将变量分别命名为**学习时长**和**考试成绩**。

A. 写出原假设和备择假设。

B. 写出数据的研究问题。

C. 在 SPSS 中计算两变量的相关系数。相关系数的取值是多少？

D. 这个相关性显著吗？(取 $\alpha=0.05$)

E. 该调查的效应值是多少？你认为该效应值是小、中等还是大？

F. 使用 APA 格式写出分析结果的书面报告。

2. 一位研究员感兴趣的研究问题是婚姻满意度和移情性理解（换位思考）水平之间是否存在相关关系。参与者为 25 对夫妻，从每对夫妻中选出一人并通过婚姻满意度量表和移情量表分别得到相应得分。婚姻满意度的取值范围为 15～60（得分越高，婚姻满意度越高），移情性理解水平的取值范围为 10～50（得分越高，移情性理解水平越高）。数据见网址 www. routledge. com/cw/yockey 上 Chapter12 文件夹下 Chapter 12 _ Exercise 2. sav（变量被命名为 **maritalsatisfaction** 和 **empathy**，依次分别表示婚姻满意度和移情性理解水平）。为回答如下问题，请在 SPSS 中打开数据文件并执行恰当分析。

A. 写出原假设和备择假设。

B. 写出数据的研究问题。

C. 在 SPSS 中计算两变量的相关系数。相关系数的取值是多少？

D. 这个相关性显著吗？(取 $\alpha=0.05$)

E. 该调查的效应值是多少？你认为该效应值是小、中等还是大？

F. 使用 APA 格式写出分析结果的书面报告。

3. 一位研究员进行一项调查。两目标变量是家长为孩子（3 岁时）读书所花时长与后来孩子在二年级英语技能考试中的成绩。目的是探究这二者之间是否存在相关关系。数据由 30 个孩子的父母给出，包括为孩子读书所花时长（取值范围为 1～10，且得分越高，在孩子 3 岁时为其读书的时间越多）和英语技能考试得分（取值范围为 10～50，且得分越高，考试表现越好）。数据见网址 www. routledge. com/cw/yockey 上 Chapter12 文件夹下 Chapter 12 _ Exercise 3. sav（变量名称为 **readingtime** 和 **examscores**，分别表示阅读时长和考试得分）。为回答如下问题，请在 SPSS 中打开数据文件并执行恰当分析。

A. 写出原假设和备择假设。

B. 写出数据的研究问题。

C. 在 SPSS 中计算两变量的相关系数。相关系数的取值是多少？

D. 这个相关性显著吗？（取 $\alpha=0.05$）

E. 该调查的效应值是多少？你认为该效应值是小、中等还是大？

F. 使用 APA 格式写出分析结果的书面报告。

注　释

1. 虽然相关性的计算大多是基于两个连续变量，但是也可以计算二分变量和连续变量之间（称作点二系列相关）、两个二分变量之间（称作 φ 系数）的皮尔逊相关系数。

第 13 章
一元线性回归

已知某变量取值，如果想用它得到另一变量的预测值，则可使用一元线性回归[1]。在回归中，称被预测的变量为因变量或标准变量，称被用于预测的变量为自变量或预测变量。下文将介绍一个使用一元线性回归的例子。

例子

为了开展某研究项目，一位学生想调查大学生的社会支持（一个人可以向他人寻求帮助的程度）是否可用来预测其心理幸福感。25 位学生同意参与该实验，并由调查者测得其社会支持和心理幸福感分数。社会支持的取值范围为 8～40，其分数越高，社会支持程度越高。心理幸福感的取值范围为 10～70，其分数越高，心理幸福感越强。

一元线性回归的目标和所需数据

一元线性回归的目标和所需数据见表 13－1。

表 13－1　一元线性回归

目标	所需数据	实例
根据某自变量取值得到因变量的预测值	因变量 • 连续变量 自变量 • 连续变量[2]	因变量 • 幸福感 自变量 • 社会支持

原假设与备择假设

原假设应该是社会支持不可以用来预测幸福感。为评价该原假设，需要创建一个回归方程（稍后将介绍这个方程），还需要检验回归系数（被称作 beta 权数），看其是否显著不等于 0。显著不为 0 的回归系数表明自变量是因变量的显著预测变量。总体回归系数的符号记为希腊字母 β 或者 beta。

原假设为“回归系数等于 0”：

$H_0:\beta_{SSI}=0$（社会支持的回归系数等于 0；社会支持不可用于预测幸福感。）

备择假设为“回归系数不等于 0”：

$H_1: \beta_{SSI} \neq 0$（社会支持的回归系数不等于0；社会支持可用于预测幸福感。）

原假设的决策

要检验的原假设为社会支持不可以用来预测幸福感。在原假设为真的情况下，如果检验结果看起来不可能（p 值小于 5%），则拒绝原假设；如果检验结果看起来很有可能（p 值大于 5%），则不拒绝原假设。

研究问题

该研究的基本问题也可表述为问句形式，例如：

“大学生的社会支持可以预测其心理幸福感吗?”

数据

25 位参与者的社会支持和幸福感得分见表 13 - 2。

表 13 - 2　一元线性回归的示例数据

参与者	社会支持	幸福感	参与者	社会支持	幸福感
1	20	32	14	35	66
2	38	65	15	32	25
3	35	60	16	34	52
4	30	56	17	35	70
5	12	25	18	28	51
6	31	25	19	17	32
7	18	65	20	24	42
8	28	56	21	31	25
9	14	23	22	16	61
10	24	42	23	32	52
11	34	60	24	19	26
12	28	51	25	25	41
13	32	58			

注：参与者变量仅为了便于说明，该变量不被录入 SPSS。

数据输入和分析

步骤 1 和步骤 2 介绍怎么向 SPSS 录入数据。也可以从网上下载数据文件，见

www.routledge.com/cw/yockey 上章节 13（Chapter 13）文件夹下 well being.sav。如果你倾向于使用网站上的数据文件，则直接转向步骤 3。

步骤 1：创建变量

1. 启动 SPSS。

2. 点击变量视图标签。

将在变量视图窗口创建两个变量，其中一个是社会支持变量，另一个是幸福感变量。分别将这两个变量命名为**社会支持**和**幸福感**。

3. 在变量视图窗口前两行分别录入变量名称**社会支持**和**幸福感**。在测量列，将它们都归为标度尺度（详见图 13－1）。

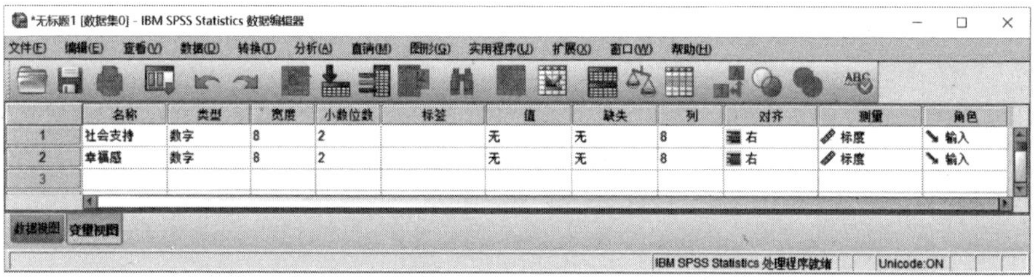

图 13－1　已录入社会支持和幸福感这两个变量的变量视图窗口

步骤 2：录入数据

1. 单击数据视图标签。**社会支持**和**幸福感**这两个变量位于数据视图窗口前两列。

2. 参照表 13－2，录入每位参与者在这两个变量的取值。对第一位参与者，分别在**社会支持**和**幸福感**这两列录入数值 20 和 32。用同样的方法，录入所有 25 位参与者的数据。完整数据见图 13－2。

步骤 3：分析数据

1. 从菜单栏选择**分析**＞**回归**＞**线性…**（见图 13－3）。

弹出线性回归对话框，**社会支持**和**幸福感**这两个变量位于对话框左侧（见图 13－4）。

2. 选中**幸福感**变量，然后单击位于最上方的右箭头按钮（）将其移入因变量方框。

3. 选中**社会支持**变量，然后单击从上往下数第二个右箭头按钮（）将其移入自变量方框（见图 13－5）。

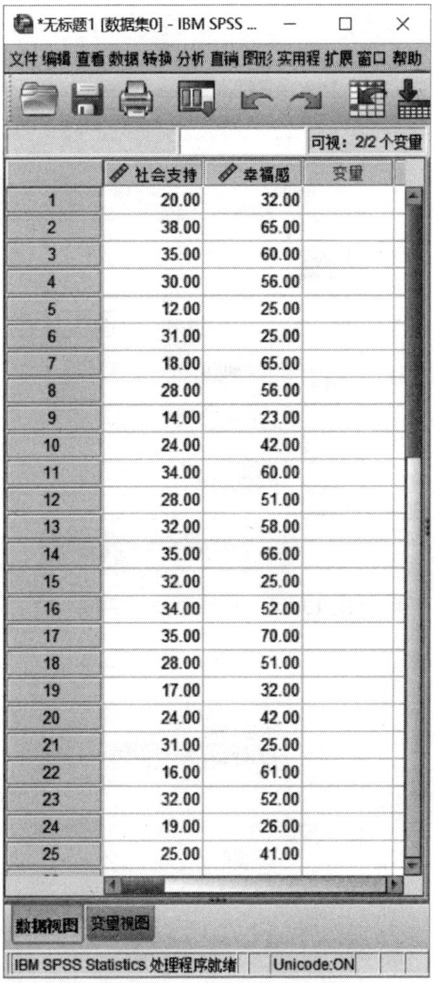

图 13－2　一元线性回归的完整示例数据文件

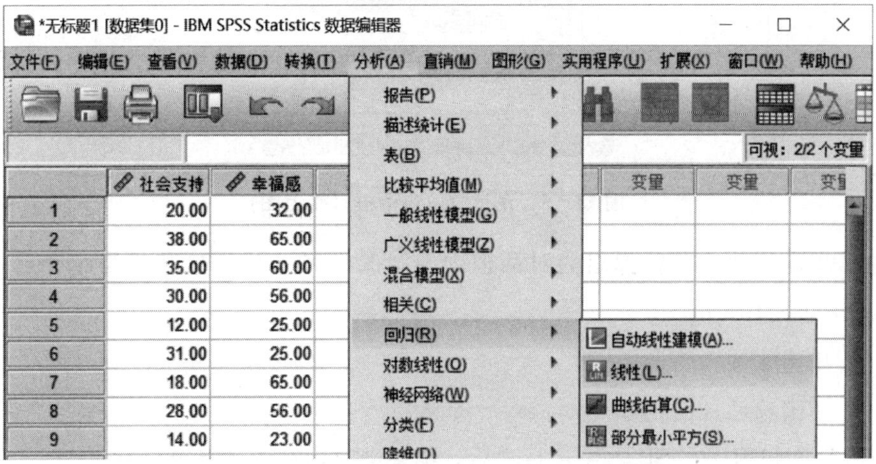

图 13－3　线性回归程序的菜单命令

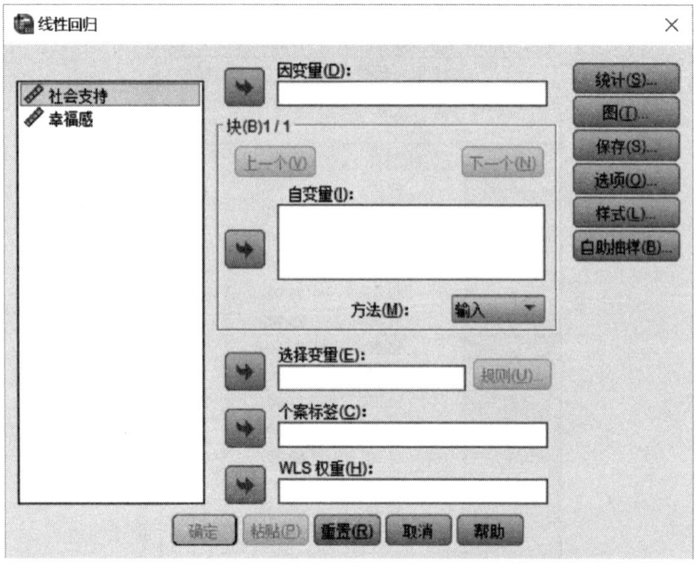

图 13-4　线性回归对话框

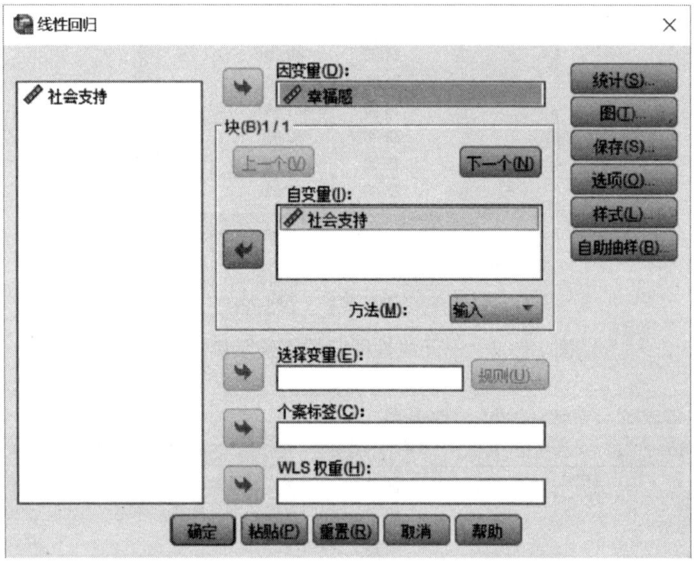

图 13-5　线性回归对话框（接上图）

4. 单击统计。在新弹出的对话框内，勾选描述（估算值和模型拟合已被勾选）。详见图 13-6。

5. 单击继续。

6. 单击确定。

线性回归程序在 SPSS 中运行之后，结果会显示在查看器窗口。

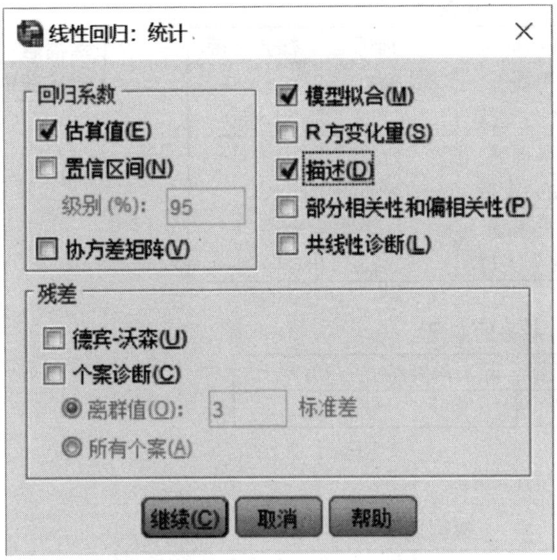

图 13－6　线性回归：统计对话框

步骤 4：解释输出结果

线性回归程序的输出结果见图 13－7。

描述统计

描述统计表给出每个变量的平均值、标准偏差和个案数。

相关性

相关性表给出**幸福感**和**社会支持**之间的相关系数。两变量之间的相关系数为 0.490，单尾 p 值为 0.006 4（SPSS 采用四舍五入且只保留到 3 位小数，所以输出的数值为 0.006；用 2 乘 0.006 4 可得双尾检验 p 值为 0.013，这在舍入误差范围内）。不论是采用单尾检验（0.006<0.05）还是双尾检验（0.013<0.05），两变量之间的相关关系都显著。在一元线性回归中，如果（双尾检验）相关关系显著，那么回归也将是显著的。

输入/除去的变量

这张表给出用于预测幸福感得分的变量（**社会支持**）。

回归

描述统计

	平均值	标准偏差	个案数
幸福感	46.440 0	15.703 18	25
社会支持	26.880 0	7.529 50	25

相关性

		幸福感	社会支持
皮尔逊相关性	幸福感	1.000	0.490
	社会支持	0.490	1.000
显著性（单尾）	幸福感		0.006
	社会支持	0.006	
个案数	幸福感	25	25
	社会支持	25	25

幸福感和**社会支持**之间的皮尔逊相关系数。

输入/除去的变量[a]

模型	输入的变量	除去的变量	方法
1	社会支持[b]		输入

a. 因变量：幸福感。
b. 已输入所请求的所有变量。

模型摘要

模型	R	R^2	调整后 R^2	标准估算的误差
1	0.490[a]	0.240	0.207	13.980 53

a. 预测变量：（常量），社会支持。

R^2 取值为 0.24，这表明**社会支持**解释了**幸福感**得分 24%的方差。

ANOVA[a]

模型		平方和	自由度	均方	F	显著性
1	回归	1 422.692	1	1 422.692	7.279	0.013[b]
	残差	4 495.468	23	195.455		
	总计	5 918.160	24			

a. 因变量：幸福感。
b. 预测变量：（常量），社会支持。

系数[a]

模型		未标准化系数		标准化系数	t	显著性
		B	标准误差	Beta		
1	（常量）	18.954	10.565		1.794	0.086
	社会支持	1.023	0.379	0.490	2.698	0.013

a. 因变量：幸福感。

ANOVA 表和系数表所检验的原假设相同，即**社会支持**是不是**幸福感**的显著预测变量（注意两检验的 p 值相同）。**社会支持**是**幸福感**的显著预测变量，因为 p 值小于 0.05。

图 13－7　线性回归程序的输出结果

模型摘要

模型摘要表给出 R、R^2、调整后 R^2 和标准估算的误差。前三个指标测度的是**幸福感**能被**社会支持**预测的程度，最后一个指标测度的是**幸福感**不能被**社会支持**预测的程度。下面讨论这些数值。

R 是复相关系数。在一元回归中，它等于**社会支持**和**幸福感**之间皮尔逊相关系数的绝对值（R 的取值范围为 0～1）。R^2 是第二个指标，等于 R 的二次方（$0.490^2=0.24$）。用 100%乘它所得结果表示因变量的总方差中能被自变量所解释的比重。本章案例中，**社会支持**解释了**幸福感**得分 24%（0.24×100%）的方差。调整后 R^2 是在 R^2 基础上做调整之后得到的结果，其目的是更好地估计 R^2 的真实值（基于样本数据算得的 R^2 有大于其真实值的倾向）。最后，标准估算的误差表示因变量取值不能被自变量预测的程度。13.98 这个取值表示，当用**社会支持**预测**幸福感**时，回归方程的平均预测误差为 13.98。

ANOVA

ANOVA 表检验的问题是**社会支持**是不是**幸福感**的显著预测变量。该检验所用方法是方差分析（ANOVA），在第 8 章讨论过它。在一元线性回归的 ANOVA 表中，小于 0.05 的 p 值表明自变量是因变量的显著预测变量。因为表中给出的 p 值为 0.013，它小于 0.05，所以**社会支持**是**幸福感**的显著预测变量。

系数

系数表是最后一张表，表中数值可用于构建回归方程，还能用于检验原假设，即**社会支持**是不是**幸福感**的显著预测变量。（因为 ANOVA 表已经表明**社会支持**是**幸福感**的显著预测变量，所以系数表中对预测变量的检验略显冗余[3]。）

首先讨论回归方程，然后讨论**社会支持**的检验。

线性回归方程的形式为：

$$\hat{Y} = a + bX$$

式中，$\hat{Y}$ 表示因变量的预测值，即案例中**幸福感**的预测得分；a 表示 y 轴截距（当 $X=0$ 时，$\hat{Y}$ 的取值）；b 表示回归直线的斜率；X 表示每位参与者的自变量取值，即案例中**社会支持**分数。

在系数表中未标准化系数 B 列可找到 a 和 b 的估计值。系数表中，y 轴截距为 18.954，斜率为 1.023。将两数值代入上式可得**幸福感**得分的预测方程为：

$$\hat{Y}_{幸福感} = 18.954 + 1.023X_{社会支持}$$

这就是本章案例的一元回归方程。基于此方程，每个**社会支持**的给定取值都对应一个**幸福感**预测值。例如，前两个参与者的**社会支持**分数分别为 20 和 38，将它们代入方程即可得到参与者 1 的预测值为：

$$\hat{Y}_{幸福感} = 18.954 + 1.023 \times 20 = 39.41$$

参与者 2 的预测值为：

$$\hat{Y}_{幸福感} = 18.954 + 1.023 \times 38 = 57.83$$

同理可算得数据表中每位参与者的**幸福感**预测值[4]。预测值通常有一定误差（它们不会与真实值完全一样）；R 值越大，预测值与真实值越接近，其中 R 值为 1 时，预测值是真实值的完美估计，即二者完全吻合。

检验社会支持的显著性

系数表也给出**社会支持**的显著性检验。**社会支持**的 t 值和 p 值在系数表后两列。其 t 值和 p 值分别为 2.698 和 0.013。因为 0.013 小于 0.05，所以拒绝 beta 权数为 0 这个原假设，并得出结论：社会支持是心理幸福感的显著预测变量。注意到系数表中**社会支持**的 p 值与 ANOVA 表中的 p 值相等，都是 0.013。正如前面介绍过的那样，二者相等的原因是它们检验的原假设相同，即一元线性回归中，社会支持是不是心理幸福感的显著预测变量。

虽然用未标准化系数列的参数估计来计算因变量预测值，但是标准化系数也应包含在书面报告中。将预测变量和标准变量都标准化（标准化即使变量的平均值为 0，标准差为 1），则基于它们算得的回归系数就是标准化系数[5]。标准化系数列的 beta 取值为 0.490，这与相关性表中两变量间皮尔逊相关系数相同（一元线性回归中，beta 总是等于皮尔逊相关系数）。

虽然常数检验不是一元线性回归的目的，但是它能够对 y 轴截距是否显著不为 0 这个问题进行检验。本案例中，18.954 与 0 没有显著差异，因为检验的 p 值（0.086）大于 0.05。

效应值

一般用 R^2 度量一元线性回归的效应值。Cohen（1988）分别给出一元线性回归效应值是小、中等还是大的估计值为 0.01，0.09 和 0.24。本章案例中，$R^2 = 0.24$ 是一个很大的效应值，它表明**社会支持**能解释**幸福感** 24%的方差。

以 APA 格式表述结果

书面报告需包含标准化系数、预测变量（**社会支持**）的检验结果和 R^2 取值。下面是一个简要的书面报告示例。

报告

以**幸福感**为标准变量，**社会支持**为预测变量，进行了回归分析。结果表明，

社会支持是**幸福感**的显著预测变量，$\beta=0.49$，$t(23)=2.70$，$p<0.05$，它解释了**幸福感** 24%（$R^2=0.24$）的方差。

（注：一元回归中，t 检验的自由度为 $N-2$，其中 N 等于样本量。本章案例的样本量 $N=25$，则自由度为 23。）

一元回归的假设条件

1. 不同参与者之间的观测值独立。

该假设意味着每位参与者的得分应该与其他所有参与者的得分独立（两个参与者通过相互讨论得到**幸福感**评分，这就是违反独立性假设的一个例子）。违反这个假设条件会严重威胁到用回归程序所做统计检验的准确性。如果有理由相信已经违反了独立性假设，就不应该使用线性回归。

2. 两变量正态性。

该假设条件意味着总体中每个变量的取值应该服从正态分布，而且对某一变量的任意取值，另外一个变量的取值应该服从正态分布。对中等样本和大样本，大多数非正态分布对回归程序的准确性影响很小。

3. 方差齐性。

该假设意味着因变量的总体方差与自变量相等。在一元回归过程中，总会不同程度地违反该假设，若违反程度在轻微到中等之间，还是可以认为满足方差齐性。

总结：在 SPSS 中进行一元线性回归分析的步骤

Ⅰ. 数据输入和分析

1. 在 SPSS 中创建两个变量，其中一个是自变量，另一个是因变量。
2. 录入数据。
3. 选择**分析**>**回归**>**线性…**。
4. 将自变量和因变量分别移入对应方框。
5. 单击统计，勾选描述（估算值和模型拟合已被勾选），然后单击继续。
6. 单击确定。

Ⅱ. 结果的解释

本章介绍了所有表格（描述统计表、相关性表、输入/除去的变量表、模型摘要表、ANOVA 表和系数表）。在此，只总结模型摘要表和系数表中信息。

• 注意模型摘要表中的 R^2 取值。

• 检查系数表中预测变量的 p 值（或是 ANOVA 表中 p 值，因为一元回归中这两个检验等价）。

• 如果预测变量显著（$p \leqslant 0.05$），则拒绝原假设，并写明结果：自变量是因变量的显著预测变量。

• 如果预测变量不显著（$p > 0.05$），则不拒绝原假设，并写明结果：自变量不是因变量的显著预测变量。

练习

1. 一位研究员研究了父亲的乐观情绪是否可以预测其儿子（年轻的成年人）的乐观情绪。20 对父子同意参与实验，并由调查者测度他们当时的乐观情绪分数（得分取值范围为 10～50，且分数越高，越乐观）。数据见表 13－3。

表 13－3　20 对父子的乐观情绪得分

父亲	儿子
40	45
30	35
25	20
29	35
20	22
25	35
46	48
49	39
46	49
23	38
46	35
26	28
16	19
29	45
46	31
49	41
37	31
31	36
42	45
43	48

为回答如下问题，请在 SPSS 中录入数据并执行恰当分析。将变量分别命名为**父亲**和**儿子**。

A. 写出原假设和备择假设。

B. 写出数据的研究问题。

C. 预测变量显著吗？（取 $\alpha=0.05$）

D. 效应值是多少？你认为该效应值是小、中等还是大？

E. 写出数据的回归方程。

F. 使用 APA 格式写出分析结果的书面报告。

2. 一位学区员工想了解 7 年级数学技能入学考试成绩是否可以预测 7 年级数学期末成绩。收集了 30 名学生的 7 年级入学考试得分和期末考试得分。入学考试得分的取值范围为 20～100，期末考试得分的取值范围为 0～100（对两次考试的分数来说，分数越高，表现越好）。数据见网址 www.routledge.com/cw/yockey 上 Chapter13 文件夹下 Chapter 13 _ Exercise 2.sav（变量被命名为 **mathexam** 和 **grade**，依次分别表示入学考试得分和期末考试得分）。为回答如下问题，请在 SPSS 中打开数据文件并执行恰当分析。

A. 写出原假设和备择假设。

B. 写出数据的研究问题。

C. 预测变量显著吗？（取 $\alpha=0.05$）

D. 效应值是多少？你认为该效应值是小、中等还是大？

E. 写出数据的回归方程。

F. 使用 APA 格式写出分析结果的书面报告。

3. 一位工业心理学家想调查随和性（讨人喜欢、友善和与人相处融洽）是否可以预测主管对其工作的满意度。选出 25 位员工并用量表测得其随和性得分（取值范围为 7～35，且得分越高，越随和）。然后，得到主管对员工的满意度（满意度取值范围为 0～10，且得分越高，满意度越高）。数据文件可以从网上下载，见 www.routledge.com/cw/yockey 上 Chapter13 文件夹下 Chapter 13 _ Exercise 3.sav（变量被命名为 **agreeableness** 和 **satisfaction**，依次分别表示随和性评分和满意度得分）。为回答如下问题，请在 SPSS 中打开数据文件并执行恰当分析。

A. 写出原假设和备择假设。

B. 写出数据的研究问题。

C. 预测变量显著吗？（取 $\alpha=0.05$）

D. 效应值是多少？你认为该效应值是小、中等还是大？

E. 写出数据的回归方程。

F. 使用 APA 格式写出分析结果的书面报告。

注　释

1. 线性回归与相关系数（相关系数在第 12 章讨论过）既有共同点也有不同点。事实上，回归分析中，若想一个变量是另一个变量的显著预测变量，则需要它们之间存在显著相关关系。二者的不同点在于目的不同。相关系数的目的是描述两变量间线性相关关系，线性回归的目的是评价一个变量是不是另一变量的显著预测变量。

2. 虽然一元回归中常用的预测变量为连续变量，但预测变量也可以是二分变量（只有两个类别的分类变量）。如果分类变量的类别多于两个，则需对其做特殊编码并使用多元回归。

3. 虽然在一元回归中 ANOVA 表和系数表的检验问题相同，但是它们在多元回归中不尽相同。第 14 章将介绍多元回归。

4. 在 SPSS 中可通过如下步骤得到预测值，先单击线性回归对话框（见图 13－5）中的保存按钮，在新对话框中的预测值区域勾选未标准化。然后，预测值将出现在数据文件中，位于**幸福感**变量右侧。

5. 当回归系数是标准化系数时，y 轴截距为 0 且不显示在系数表中（这就是常数行标准化系数列这个单元格中没有数值的原因）。

第 14 章
多元线性回归

已知两个或多个不同变量的取值，如果想用它们得到另一变量的预测值，则可使用多元线性回归[1]。在多元回归中，称被预测的变量为因变量或标准变量，称被用于预测的变量为自变量或预测变量。下文将介绍一个使用多元线性回归的例子。

例子

为了开展研究方法课内项目，一名学生想研究大学生的社会关系、乐观水平和学术成就是否可用来预测其生活意义。30 位学生同意参与该实验，并由调查者测得其四项指标得分。四项指标的介绍见表 14-1。

表 14-1　多元回归示例中 4 项指标的描述

量表	测度内容	量表范围
生活意义	当前感觉到的生活意义水平	10～70；分数越高，越觉得生活有意义
社会关系	感觉与他人的联系情况是怎样的；能向他人寻求帮助的程度	8～40；分数越高，认为从他人那里得到的帮助越多
乐观水平	对生活的乐观程度	10～50；分数越高，越乐观
学术成就	已获得学术成就的水平	5～25；分数越高，学术成就越大

多元线性回归的目标和所需数据

多元线性回归的目标和所需数据见表 14-2。

表 14-2　多元线性回归

目标	所需数据	实例
根据两个或多个自变量取值得到因变量的预测值	因变量 • 连续变量 自变量 • 连续变量或分类变量[2]	因变量 • 生活意义 自变量 • 乐观水平 • 社会关系 • 学术成就

原假设与备择假设

在多元回归中，每个预测变量（自变量）都有自己的原假设和备择假设。需要创建一个回归方程（稍后介绍这个方程），还需要检验每个变量的回归权数（称作 beta 权数），看其是否显著不等于 0。显著不为 0 的 beta 权数表明相应自变量是因变量的显著预测变量。总体回归权数的符号记为希腊字母 β 或者 beta。

每个预测变量的原假设为其 beta 权数等于 0：

$H_0:\beta_{社会关系}=0$ (H. 1) （社会关系的 beta 权数为 0；它不可用于预测生活意义。）

$H_0:\beta_{乐观水平}=0$ (H. 2) （乐观水平的 beta 权数为 0；它不可用于预测生活意义。）

$H_0:\beta_{学术成就}=0$ (H. 3) （学术成就的 beta 权数为 0；它不可用于预测生活意义。）

每个预测变量的备择假设为其 beta 权数不等于 0：

$H_1:\beta_{社会关系}\neq 0$（社会关系的 beta 权数不为 0；它可以预测生活意义。）

$H_1:\beta_{乐观水平}\neq 0$（乐观水平的 beta 权数不为 0；它可以预测生活意义。）

$H_1:\beta_{学术成就}\neq 0$（学术成就的 beta 权数不为 0；它可以预测生活意义。）

除了检验每个预测变量的显著性之外，还需要对多元回归方程这个整体（包含所有预测变量）进行检验，看其是否可以显著地预测因变量。如果回归方程显著，那么所有预测变量将共同解释生活意义的大部分方差（它们可以预测生活意义）。用 R^2（取值范围为 0～1）度量方差被解释的比重，其中 $R^2=0$ 表示生活意义被预测变量解释的方差占比为 0，$R^2=1$ 表示生活意义被预测变量解释的方差占比为 1（实际分析中 R^2 的取值一般在 0～1 之间）。

原假设为总体中预测变量（指作为一个整体的所有预测变量）不能解释生活意义的任何方差（它们不能预测生活意义），即

$H_0:R^2=0$ (H. 4)

备择假设为总体中预测变量（指作为一个整体的所有预测变量）可以解释生活意义的方差（它们可以预测生活意义），即

$H_1:R^2>0$

原假设的决策

多元回归程序分别检验每个预测变量的显著性（原假设 H. 1，H. 2 和 H. 3），此外还检验整个回归方程的显著性（原假设 H. 4）。对其中一个原假设，在它为真的情况下，如果检验结果看起来不可能（p 值小于 5%），则拒绝它；如果检验结果看起来很有可能（p 值大于 5%），则不拒绝它。

研究问题

该研究的基本问题也可表述为问句形式，例如：

单独考虑每个预测变量（原假设 H.1，H.2 和 H.3）：

"社会关系可以预测生活意义吗？"

"乐观水平可以预测生活意义吗？"

"学术成就可以预测生活意义吗？"

同时考虑所有预测变量（原假设 H.4）：

"当同时考虑时，社会关系、乐观水平和学术成就可以预测生活意义吗？"

数据

30 位参与者的数据见表 14－3，数据有关**生活意义**、**社会关系**、**乐观水平**和**学术成就**这四个变量。

表 14－3　多元回归的示例数据

参与者	生活意义	社会关系	乐观水平	学术成就	参与者	生活意义	社会关系	乐观水平	学术成就
1	34	25	14	12	16	54	36	29	18
2	62	41	35	20	17	68	37	42	22
3	54	38	40	18	18	53	29	46	15
4	59	36	35	17	19	33	20	23	14
5	28	18	32	15	20	45	21	27	11
6	31	28	15	18	21	25	29	32	7
7	64	25	35	22	22	61	38	39	22
8	57	22	45	24	23	53	21	30	17
9	26	19	32	21	24	22	21	18	11
10	44	27	23	12	25	40	25	30	16
11	62	31	47	17	26	50	25	41	18
12	54	25	50	20	27	32	16	17	12
13	59	24	35	14	28	55	30	34	21
14	68	28	31	16	29	35	19	22	7
15	36	31	17	19	30	52	21	42	13

注：参与者变量仅为了便于说明，该列不被录入 SPSS。

数据输入和分析

步骤 1 和步骤 2 介绍怎么向 SPSS 录入数据。也可以从网上下载数据文件，见 www.routledge.com/cw/yockey 上章节 14（Chapter 14）文件夹下 meaning in life.sav。如果你倾向于使用网站上的数据文件，则直接转向步骤 3。

步骤 1：创建变量

1. 启动 SPSS。

2. 点击变量视图标签

将在变量视图窗口创建四个变量，其中一个是标准变量（**生活意义**），另外三个是预测变量（**社会关系**、**乐观水平**和**学术成就**）。分别将这四个变量命名为**生活意义**、**社会关系**、**乐观水平**和**学术成就**。

3. 在变量视图窗口前四行分别录入变量名称**生活意义**、**社会关系**、**乐观水平**和**学术成就**。在测量列，将它们都归为标度尺度（详见图 14-1）。

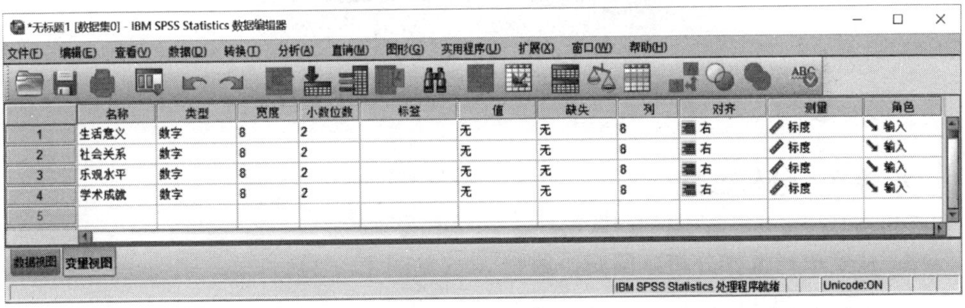

图 14-1　已录入生活意义、社会关系、乐观水平和学术成就的变量视图窗口

步骤 2：录入数据

1. 单击数据视图标签。**生活意义**、**社会关系**、**乐观水平**和**学术成就**这四个变量位于数据视图窗口前四列。

2. 参照表 14-3，录入每位参与者在这四个变量的取值。对第一位参与者，分别在**生活意义**、**社会关系**、**乐观水平**和**学术成就**这 4 列录入数值 34，25，14 和 12。用同样的方法，录入所有 30 位参与者的数据。完整数据见图 14-2。

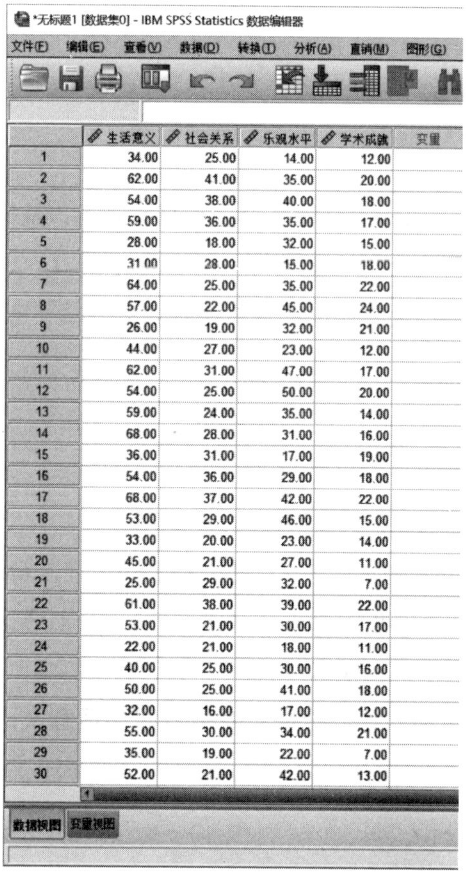

	生活意义	社会关系	乐观水平	学术成就
1	34.00	25.00	14.00	12.00
2	62.00	41.00	35.00	20.00
3	54.00	38.00	40.00	18.00
4	59.00	36.00	35.00	17.00
5	28.00	18.00	32.00	15.00
6	31.00	28.00	15.00	18.00
7	64.00	25.00	35.00	22.00
8	57.00	22.00	45.00	24.00
9	26.00	19.00	32.00	21.00
10	44.00	27.00	23.00	12.00
11	62.00	31.00	47.00	17.00
12	54.00	25.00	50.00	20.00
13	59.00	24.00	35.00	14.00
14	68.00	28.00	31.00	16.00
15	36.00	31.00	17.00	19.00
16	54.00	36.00	29.00	18.00
17	68.00	37.00	42.00	22.00
18	53.00	29.00	46.00	15.00
19	33.00	20.00	23.00	14.00
20	45.00	21.00	27.00	11.00
21	25.00	29.00	32.00	7.00
22	61.00	38.00	39.00	22.00
23	53.00	21.00	30.00	17.00
24	22.00	21.00	18.00	11.00
25	40.00	25.00	30.00	16.00
26	50.00	25.00	41.00	18.00
27	32.00	16.00	17.00	12.00
28	55.00	30.00	34.00	21.00
29	35.00	19.00	22.00	7.00
30	52.00	21.00	42.00	13.00

图 14-2　多元回归的完整示例数据文件

步骤 3：分析数据

1. 从菜单栏选择**分析**>**回归**>**线性 ...**（见图 14-3）。

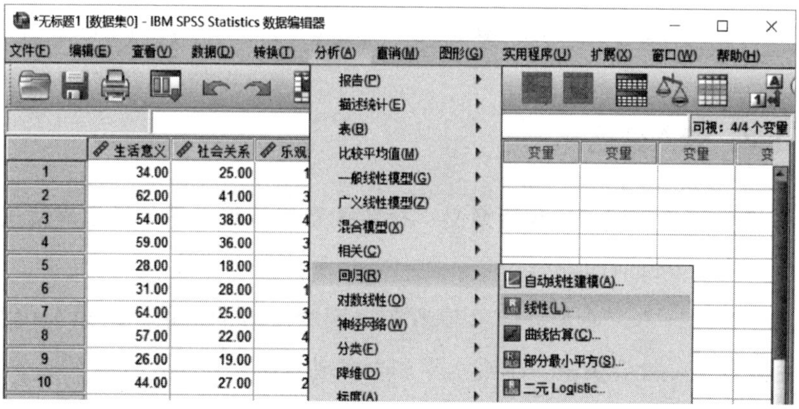

图 14-3　多元回归程序的菜单命令

弹出线性回归对话框，**生活意义**、**社会关系**、**乐观水平**和**学术成就**这四个变量位于对话框左侧（见图 14-4）。

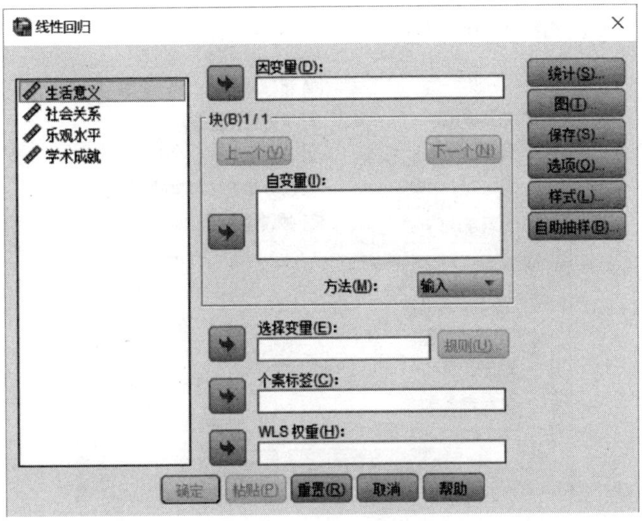

图 14-4 线性回归对话框

2. 选中因变量**生活意义**，然后单击位于最上方的右箭头按钮（）将其移入因变量方框。

3. 按住 Ctrl 键不放，选中自变量**社会关系**、**乐观水平**和**学术成就**，然后单击从上往下数第二个右箭头按钮（）将其移入自变量方框。详见图 14-5。

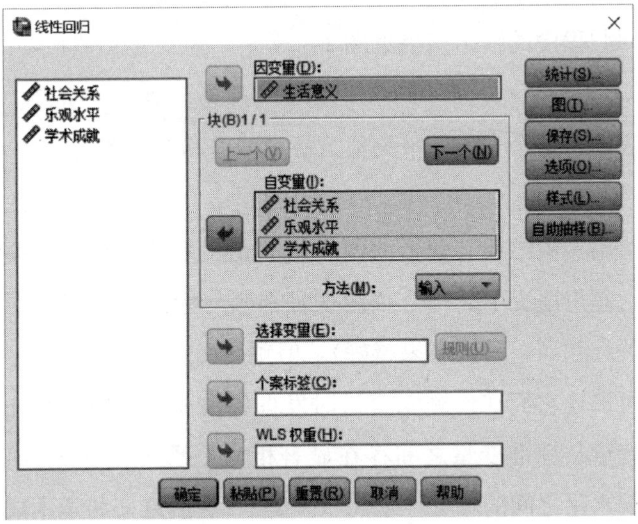

图 14-5 线性回归对话框（接上图）

4. 单击统计按钮。在线性回归：统计对话框内，勾选描述（估算值和模型拟合已被勾选）。详见图 14-6。

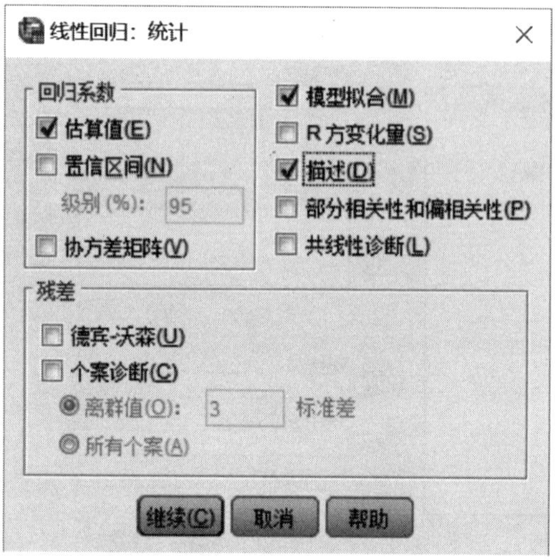

图 14-6　线性回归：统计对话框

5. 单击继续。

6. 单击确定。

多元回归程序在 SPSS 中运行之后，结果会显示在查看器窗口。

步骤 4：解释输出结果

多元线性回归程序的输出结果见图 14-7。

描述统计

描述统计表给出每个变量的平均值、标准偏差和个案数。

相关性

相关性表给出实验中所有变量两两之间的相关系数（有关相关系数的内容可参看第 12 章）。理想情况下，每个预测变量都应与标准变量存在中等到极大程度的相关性（相关性越高，预测结果越好），但预测变量之间的相关性不应太高（低度的相关关系可以让它们在预测因变量时发挥各自相对独特的作用）[3]。从相关性表可知各预测变量与标准变量之间存在显著相关关系（p 值都小于 0.05），其中**生活意义**和**乐观水平**之间的相关性最高（0.66），**生活意义**和**学术成就**之间的相关性最低（0.56）。各预测变量之间存在中等程度的相关关系，其相关系数取值在 0.31～0.47 之间。

回归

描述统计

	平均值	标准偏差	个案数
生活意义	47.200 0	13.902 12	30
社会关系	26.866 7	6.765 70	30
乐观水平	31.933 3	10.020 44	30
学术成就	16.300 0	4.387 68	30

预测变量和标准变量（**生活意义**）之间的相关系数。

相关性

		生活意义	社会关系	乐观水平	学术成就
皮尔逊相关性	生活意义	1.000	0.561	0.663	0.555
	社会关系	0.561	1.000	0.307	0.425
	乐观水平	0.663	0.307	1.000	0.474
	学术成就	0.555	0.425	0.474	1.000
显著性（单尾）	生活意义		0.001	0.000	0.001
	社会关系	0.001		0.050	0.010
	乐观水平	0.000	0.050		0.004
	学术成就	0.001	0.010	0.004	
个案数	生活意义	30	30	30	30
	社会关系	30	30	30	30
	乐观水平	30	30	30	30
	学术成就	30	30	30	30

输入/除去的变量[a]

模型	输入的变量	除去的变量	方法
1	学术成就，社会关系，乐观水平[b]		输入

a. 因变量：生活意义。

b. 已输入所请求的所有变量。

预测变量可以解释**生活意义** 61%的方差。

模型摘要

模型	R	R^2	调整后 R^2	标准估算的误差
1	0.778[a]	0.606	0.560	9.220 60

a. 预测变量：（常量），学术成就，社会关系，乐观水平。

ANOVA[a]

模型		平方和	自由度	均方	F	显著性
1	回归	3 394.295	3	1 131.432	13.308	0.000[b]
	残差	2 210.505	26	85.019		
	总计	5 604.800	29			

a. 因变量：生活意义。

b. 预测变量：（常量），学术成就，社会关系，乐观水平。

因为 p 值小于 0.05，所以回归方程（包含所有预测变量在内）显著。预测变量共同解释**生活意义**的大部分方差。

系数[a]

模型		未标准化系数		标准化系数	t	显著性
		B	标准误差	Beta		
1	（常量）	−1.971	8.281		−0.238	0.814
	社会关系	0.691	0.282	0.336	2.449	0.021
	乐观水平	0.653	0.196	0.470	3.334	0.003
	学术成就	0.599	0.470	0.189	1.274	0.214

a. 因变量：生活意义。

社会关系和乐观水平均显著，因为其 p 值都小于 0.05。它们能分别解释生活意义的大部分方差。

图 14－7　多元线性回归程序的输出结果

输入/除去的变量

这张表总结了用于预测**生活意义**的变量。注意到，表中输入的变量列给出所有预测变量（**学术成就**、**社会关系**和**乐观水平**）。对应表格下方的注释为“已输入所请求的所有变量”，这表示回归模型同时包含所有预测变量。一个替代方法是，先将一部分预测变量包含在回归模型中，然后加入一部分其他变量，依此类推。这类方法中最受欢迎的是分层回归，它可以使变量根据使用者规定的顺序进入回归模型。在分层回归方法下，先让一个或多个预测变量对标准变量进行预测，再加入一个或多个其他变量继续预测，然后依此类推[4]。

模型摘要

模型摘要表给出 R、R^2、调整后 R^2 和标准估算的误差。前三个指标测度的是生活意义能被 3 个自变量预测的程度，最后一个指标测度的是生活意义不能被 3 个自变量预测的程度。下面讨论这些数值。

R 是多重相关系数。在多元回归中，它等于生活意义原始数据与其回归分析预测值之间相关系数的绝对值（R 的取值范围为 0～1）。R^2 是第二个指标，等于 R 的二次方（$0.778\,2^2=0.61$）。用 100％乘它所得结果表示因变量中能被自变量解释的总方差比重。本章案例中，**社会关系**、**乐观水平**和**学术成就**共同解释了**生活意义** 61％（0.61×100％）的方差。调整后 R^2 是在 R^2 基础上做调整之后得到的结果，其目的是更好地估计 R^2 的真实值（基于样本数据算得的 R^2 有大于其真实值的倾向）。最后，标准估算的误差表示因变量取值不能被自变量预测的程度。9.220 6 这个取值表示，用**社会关系**、**乐观水平**和**学术成就**预测**生活意义**时，回归方程的平均预测误差为 9.22。

ANOVA——检验整个回归的显著性

ANOVA 表检验的问题是回归方程（包含所有预测变量）是否可以显著预测**生活意义**（这与 R^2 是否显著大于 0 的检验相类似）。该检验所用方法是方差分析

(ANOVA)，在第 8 章讨论过它。ANOVA 表中，小于 0.05 的 p 值表明回归方程（包含所有预测变量）可以显著预测**生活意义**。因为表中给出的 p 值为 0.000（应读作"小于 0.001"），它小于 0.05，所以拒绝 $R^2=0$ 这个原假设，并得出结论：回归方程（包含 3 个预测变量）可以显著预测生活意义。

系数——检验每个预测变量的显著性

系数表是最后一张表，表中数值可用于构建回归方程，还能用于检验每个预测变量的显著性。

首先讨论回归方程，然后检验**社会关系**、**乐观水平**和**学术成就**是不是**生活意义**的显著预测变量。

多元回归方程的形式为：

$$\hat{Y}=a+b_1X_1+b_2X_2+b_3X_3$$

式中，$\hat{Y}$ 表示因变量的预测值，即案例中**生活意义**的预测得分；a 表示 y 轴截距（当预测变量都取 0 时，$\hat{Y}$ 的取值）；b_i 表示第 i 个预测变量的回归系数，i 取 1，2 或 3 时，它分别对应案例中**社会关系**、**乐观水平**或**学术成就**的回归系数；X_i 表示每位参与者在第 i 个预测变量的取值，i 取 1，2 和 3 时，它分别对应案例中第一个预测变量、第二个预测变量和第三个预测变量。

当有更多预测变量时，需要拓展回归方程以让它包含这些变量。比如，预测变量有 4 个时，就应该在上式右端加上"$+b_4X_4$"。

在系数表中未标准化系数 B 列可找到 a（y 轴截距；在 SPSS 中被叫做"常数"）、b_1、b_2 和 b_3（每个预测变量的回归系数）的估计值。表中，y 轴截距为 -1.971，**社会关系**、**乐观水平**或**学术成就**的回归系数分别为 0.691，0.653 和 0.599。将它们代入上式可得**生活意义**的预测方程为：

$$\hat{Y}_{\text{生活意义}}=-1.971+0.691\times\text{社会关系}+0.653\times\text{乐观水平}+0.599\times\text{学术成就}$$

这就是本章案例的多元回归方程。将每个参与者在 3 个预测变量的取值代入上式，就可以得到**生活意义**预测值。例如，第一个参与者在**社会关系**、**乐观水平**和**学术成就**的取值分别为 25，14 和 12。将它们代入方程即可算得**生活意义**预测值：

$$\hat{Y}_{\text{生活意义}}=-1.971+0.691\times25+0.653\times14+0.599\times12=31.634$$

同理可算得数据表中每位参与者的幸福感预测值[5]。预测值通常有一定误差（它们不会与真实值完全一样）；R 值越大，预测值与真实值越接近，其中 R 值为 1 时，预测值是真实值的完美估计，即二者完全吻合。

解释回归系数的方向

3 个预测变量的回归系数都是正值（0.691，0.653 和 0.599）。这个事实表示预测变量增加时，标准变量的预测值也随之增加。例如，在其他变量保持不变的情况下，**社会关系**每增加 1 个单位（例如，从 25 增加到 26）时，**生活意义**的预测值会随之增加 0.691 个单位。负回归系数的解释截然相反，即在其他变量保持不变的情况下，预测变量每增加 1 个单位时，预测值会随之减少，且恰好减少回归系数个单位。

检验每个预测变量的显著性

在系数表中找到每个预测变量的检验指标。各预测变量的 t 值和 p 值位于表格后两列。系数表中，**社会关系**（t=2.449，p=0.021）和**乐观水平**（t=3.334，p=0.003）均显著，因为它们的 p 值都小于 0.05。但是，**学术成就**不显著，因为其 p 值 0.214 大于 0.05。

注意系数表中标准化系数列。虽然用未标准化系数列的参数估计来计算因变量预测值，但是标准化系数也应包含在书面报告中。将预测变量和标准变量都标准化（标准化即使变量的平均值为 0，标准差为 1），基于它们算得的回归系数就是标准化系数[6]。

虽然多元回归不把常数检验作为目标，但是常数检验可对 y 轴截距是否显著不为 0 这个问题进行检验。本案例中，−1.971 与 0 没有显著差异，因为检验的 p 值（0.814）大于 0.05。

效应值

用 R^2 度量多元回归的效应值。Cohen（1988）分别给出多元回归效应值是小、中等还是大的估计值为 0.02，0.13 和 0.26。本章案例中，$R^2=0.61$ 是一个非常大的效应值，它表明预测变量能解释生活意义 61%的方差。

以 APA 格式表述结果

书面报告需包含回归方程检验（包括 R^2 和 ANOVA 检验的结果）和每个预测

变量的检验（包括 β、t 值和 p 值）。下面是一个简单书面报告示例。

报告

以**生活意义**为标准变量，**社会关系**、**乐观水平**和**学术成就**为预测变量，进行了多元回归分析。整体上看，回归方程显著，$F(3,26)=13.31$，$p<0.05$，$R^2=0.61$。预测变量中，**社会关系**（$\beta=0.34, t(26)=2.45$，$p<0.05$）和**乐观水平**（$\beta=0.47, t(26)=3.33$，$p<0.05$）均显著，但**学术成就**不是生活意义的显著预测变量，$\beta=0.19, t(26)=1.27$，$p>0.05$。

（注：多元回归中，每个 t 检验的自由度为 $N-p-1$，其中 p 等于预测变量个数，N 等于样本量。）

多元回归的假设条件

1. 不同参与者之间的观测值独立。

该假设意味着每位参与者的得分应该与其他所有参与者的得分独立（在完成量表时，参与者不应相互影响）。违反这个假设条件会严重威胁到用多元回归程序所做统计检验的准确性。如果有理由相信已经违反了独立性假定，就不应该使用多元回归。

2. 总体中，变量服从多元正态分布。

该假设条件意味着，不仅每个变量服从正态分布，而且每个变量与其他变量的任意组合也服从正态分布，即多元正态分布（例如**学术成就**与**生活意义**、**社会关系**和**乐观水平**的所有可能组合应该服从正态分布）。对中等样本和大样本，大多数非正态分布对多元回归程序的准确性影响很小。

3. 方差齐性。

该假设意味着，自变量之间任意组合所形成的总体中，因变量方差都相等。在多元回归过程中，总会不同程度地违反该假定，若违反程度在轻微到中等之间，则可以认为满足方差齐性[7]。

总结：在 SPSS 中进行多元线性回归分析的步骤

Ⅰ. 数据输入和分析

1. 在 SPSS 中为标准变量和每个预测变量分别创建一个单独变量。

2. 录入数据。

3. 选择**分析**>**回归**>**线性…**。

4. 将自变量和因变量分别移入对应方框。

5. 单击统计，勾选描述（估算值和模型拟合已被勾选），然后单击继续。

6. 单击确定。

Ⅱ. 结果的解释

本章介绍了所有表格（描述统计表、相关性表、输入/除去的变量表、模型摘要表、ANOVA 表和系数表）。在此，只总结模型摘要表、ANOVA 表和系数表中信息。

a. 注意模型摘要表中的 R^2 取值。在 ANOVA 表中，如果 $p \leqslant 0.05$，则拒绝 $R^2 = 0$ 这个原假设，这表明回归模型（包含所有预测变量）可以解释因变量的大部分方差。

b. 检查系数表中每个预测变量的 p 值。

• 如果一个或多个预测变量显著（$p \leqslant 0.05$），则拒绝其 beta 系数为 0 这个原假设，并写明结果：这个或多个预测变量可以显著预测标准变量。

• 如果没有一个预测变量显著（系数表中每个预测变量的 $p > 0.05$），则不拒绝每个预测变量的 beta 系数为 0 这个原假设，并写明结果：预测变量不能显著预测标准变量。

练习

1. 一位工业心理学家从不同公司共选取了 30 名员工，想了解 3 个预测变量是否可以预测其工作满意度。这 3 个预测变量为：工作重要性（**importance**）、晋升机会（**advance**）和向老板表达想法的能力（**express**）。实验中，工作满意度（**satisfaction**）为标准变量。各变量分数越高，其代表的特征水平越高（例如，工作满意度分数越高，某人对其工作越满意）。数据见表 14－4。

表 14－4 练习 1 的数据

satisfaction	importance	advance	express
35	20	12	18
48	24	22	20
22	10	17	12
38	8	25	12

续表

satisfaction	importance	advance	express
33	20	10	17
45	15	30	15
30	12	20	19
38	22	9	17
45	21	18	23
23	12	14	11
13	8	16	15
41	21	29	17
33	15	24	17
40	21	23	17
48	19	21	25
45	18	13	22
23	10	22	18
45	15	10	20
27	22	21	21
12	12	21	8
12	6	18	17
41	22	31	15
29	17	25	15
42	19	21	19
30	20	27	15
39	24	19	18
42	22	19	21
46	19	15	17
25	8	21	19
41	17	12	23

为回答如下问题，请在 SPSS 中录入数据并执行恰当分析。将变量分别命名为 **satisfaction**，**importance**，**advance** 和 **express**。

A. 写出每个预测变量的原假设和备择假设。

B. 写出整个回归方程的原假设和备择假设。

C. 分别写出每个预测变量和整个回归模型的研究问题。

D. 模型的 R^2 是多少？整个回归模型显著吗？

E. 如果有的话，哪些预测变量显著？如果有的话，哪些预测变量不显著？

F. 整个回归模型的效应值是多少？你认为该效应值是小、中等还是大？

G. 写出数据的回归方程。

H. 使用 APA 格式写出分析结果的书面报告。

2. 一位研究者感兴趣的问题是宽恕心和社会支持是否可以预测幸福感。25 人同意参与该实验，并由调查者度量其各变量取值。3 个变量的描述见表 14－5。

表 14－5　练习 2 的变量

量表	度量内容	度量范围
幸福感（**happiness**）	对生活的幸福感水平	7～35；分数越高，越觉得幸福
宽恕心（**forgiveness**）	能宽恕别人的程度	10～50；分数越高，越倾向于宽恕他人
社会支持（**support**）	能向他人寻求帮助的程度	5～25；分数越高，互助网络越紧密

数据见网址 www.routledge.com/cw/yockey 上 Chapter14 文件夹下 Chapter 14 _ Exercise 2.sav。为回答如下问题，请在 SPSS 中打开数据文件并执行恰当分析。

A. 写出每个预测变量的原假设和备择假设。

B. 写出整个回归方程的原假设和备择假设。

C. 分别写出每个预测变量和整个回归模型的研究问题。

D. 模型的 R^2 是多少？整个回归模型显著吗？

E. 如果有的话，哪些预测变量显著？如果有的话，哪些预测变量不显著？

F. 整个回归模型的效应值是多少？你认为该效应值是小、中等还是大？

G. 写出数据的回归方程。

H. 使用 APA 格式写出分析结果的书面报告。

3. 一位研究者感兴趣的问题是幸福感和生活意义是否可以预测死亡恐惧。50 人同意参与该实验，并由调查者用量表度量各变量取值。3 个变量的描述见表 14－6。

表 14－6　练习 3 的变量

量表	度量内容	度量范围
死亡恐惧（**feardeath**）	对死亡的恐惧程度	8～48；分数越高，对死亡越恐惧
幸福感（**wellbeing**）	当前感觉到的幸福感水平	5～40；分数越高，越觉得幸福
生活意义（**meaning**）	当前感觉到的生活意义水平	30～70；分数越高，越觉得生活有意义

数据见网址 www.routledge.com/cw/yockey 上 Chapter14 文件夹下 Chapter 14 _ Exercise 3.sav。为回答如下问题，请在 SPSS 中打开数据文件并执行恰当分析。

A. 写出每个预测变量的原假设和备择假设。

B. 写出整个回归方程的原假设和备择假设。

C. 分别写出每个预测变量和整个回归模型的研究问题。

D. 模型的 R^2 是多少？整个回归模型显著吗？

E. 如果有的话，哪些预测变量显著？如果有的话，哪些预测变量不显著？

F. 整个回归模型的效应值是多少？你认为该效应值是小、中等还是大？

G. 写出数据的回归方程。

H. 使用 APA 格式写出分析结果的书面报告。

注 释

1. 多元回归是一个相当复杂的主题，本书只是简介。关于该主题的更多内容，可参看 Stevens（2002）。

2. 在 SPSS 中，可直接将类别数为两个的分类变量（如性别）输入为单独的预测变量，但是，类别数不低于 3 个的分类变量将在进入回归方程时被记为多重变量（让预测变量个数等于其类别数－1）。有关多类别预测变量编码的更多内容，可参看 Cohen，Cohen，West 和 Aiken（2002）。

3. 预测变量之间高度相关时，会出现多重共线性问题，这会导致回归系数的估计不稳定。有关多重共线性的更多内容，可参看 Stevens（2002）。

4. 分层回归中，让一个或多个预测变量先进入模型，进行第一次回归，然后加入一个或多个其他预测变量，进行第二次回归，后面依此类推。分层回归的目的是想了解加入新变量之后，新模型是否比旧模型解释更多（显著多）方差。

5. 在 SPSS 中可通过如下步骤得到预测值，先单击线性回归对话框（见图 14－5）中的保存按钮，然后在新对话框中的预测值区域勾选未标准化。然后，预测值将出现在数据文件中，位于**学术成就**变量右侧。

6. 当回归系数是标准化系数时，y 轴截距为 0 且不显示在系数表中（这就是常数行标准化系数列这个单元格中没有数值的原因）。

7. 如果模型中包含一个或多个分类变量，而且各类的样本容量存在中度到高度的差异，那么保持方差齐性会牺牲多元回归程序的准确性。

第 15 章

卡方拟合优度检验

卡方拟合优度检验的问题是样本落入变量各类别的比例（或频率）是否与原假设指定的比例（或频率）一致。下文将介绍一个使用卡方拟合优度检验的例子。

例子

一位对社会心理学感兴趣的学生想研究感知责任是否为群体规模的函数（一个人是主动承担责任还是逃避责任，这取决于其所处的群体规模吗?）。90 位大学生参与该实验。实验中，他们被告知 3 种情境，其中都有一个需要帮助但没人帮助她的妇女，不过，各情境里妇女周围可向她提供帮助的人数不同。3 种情境的群体规模分别为 1 人、5 人和 25 人。要求参与者据此回答一个问题，即对 3 种情境中的每个人而言，处于哪种情境的人最应该为袖手旁观负责（只能三选一）。

卡方拟合优度检验的目标和所需数据

卡方拟合优度检验的目标和所需数据见表 15－1。

表 15－1　卡方拟合优度检验

目标	所需数据	实例
检验样本的比例（或频数）是否与原假设指定的比例（或频数）存在显著差异	类别数不少于两个的分类变量 每位参与者提供一个频数（他属于所有类别中的一个）	分类变量 • 群体规模（1，5 和 25）

原假设与备择假设

3 个情境就代表 3 个不同类别。原假设为“感知责任不是随群体规模变化的函数”，这意味着落入 3 个类别的样本比例（或人数）相等。

H_0：感知责任不随群体规模变化（总体中选择各类别的人数或比例相等）

备择假设为“感知责任是随群体规模变化的”，这意味着落入 3 个类别的样本比例（或人数）不相等。

H_1：感知责任是随群体规模变化的（总体中选择各类别的人数或比例不相等）

原假设的决策

卡方拟合优度检验的问题是变量各类别比例是否与原假设指定的比例相等。在原假设为真的情况下，如果检验结果看起来不可能（p 值小于 5%），则拒绝原假设；如果检验结果看起来很有可能（p 值大于 5%），则不拒绝原假设。

研究问题

该研究的基本问题也可表述为问句形式，例如：

"感知责任随群体规模变化吗？"

数据

90 位参与者的数据见表 15－2。90 位参与者中，42 人认为 1 人情境最有责任，30 人认为 5 人情境最有责任，18 人认为 25 人情境最有责任。通常称这些数据为观测频数，因为它们是在实验中被观测到的。

表 15－2　选择 1 人情境、5 人情境或 25 人情境的人数（观测频数）

1 人	5 人	25 人
42	30	18

卡方拟合优度检验将观测频数与原假设下的期望频数做比较。为了得到期望频数，我们首先需要在原假设为真时找到各类别的期望比例。原假设为"感知责任不随群体规模变化"，即选择各类别的人数比例应该相等，又考虑到变量有 3 个类别，因此将各类别比例定为 1/3，见表 15－3。

表 15－3　原假设为真时选择各情境的期望比例

1 人	5 人	25 人
1/3	1/3	1/3

一旦比例确定下来，就可以据此得到期望频数，具体做法是用参与者总人数乘以各类别比例。

计算各类别期望频数的公式如下：

$$各类别期望频数＝各类别期望比例 \times N$$

通过使用该公式算得各类别的期望频数为：

1 人情境的期望频数＝1/3×90＝30

5 人情境的期望频数＝1/3×90＝30

25 人情境的期望频数＝1/3×90＝30

将 3 个类别的期望频数整理为表 15－4。

表 15－4 原假设为真时选择各情境的期望频数

1人	5人	25人
30	30	30

卡方拟合优度检验将表 15－2 中观测频数与表 15－4 中期望频数做比较。一般而言，观测频数和期望频数之间的差异越大，拒绝原假设的可能性越大。[1]

向 SPSS 录入数据之前，我们先讨论两种为卡方程序输入数据的方法。这两种数据录入方法分别是*数据权重法*和*个案观测法*，二者不同点在于数据的构建方式。下面介绍这两种方法。

数据权重法

选用数据权重法时，*数据视图*窗口的行数应等于目标变量的类别数（本案例中，数据应为 3 行，因为有 3 个不同类别）。在 SPSS 中创建 2 个变量，其中一个用来区分不同类别，另一个用来记录落入相应类别的人数（频数）。已算得各类别频数时，通常采用数据权重法（如本章案例数据，详见表 15－2）。

个案观测法

选用个案观测法时，*数据视图*窗口的行数应等于参与者总人数（本案例中，数据应为 90 行，因为有 90 位参与者）。在 SPSS 中创建 1 个变量即可，可通过给变量赋值（比如，1，2 或 3）的方式表示每位参与者的类别选择情况。当未算得各类别频数时，个案观测法最有用，因为数据是直接输入的，比如直接测量数据或调查表数据。

将数据权重法和个案观测法的特点整理为表 15－5。

表 15－5 数据权重法和个案观测法这两种数据录入方法的特点

方法	SPSS 所需变量个数	数据视图窗口的数据行数	使用场合
数据权重法	2——其中一个表示不同类别，另一个表示相应频数	等于变量类别数（本案例是 3）	以总结形式给出数据时（比如表 15－2）
个案观测法	1——表示不同类别	等于参与者总人数（本案例是 90）	直接给出数据时（比如录入调查表数据）

因为已算得各类别频数（见表 15－2），所以我们采用数据权重法。使用该方法录入数据，需在 SPSS 中创建 2 个变量。（图 15－2 和本章练习 2 会介绍如何使用个案观测法构建数据，倾向于使用该方法的读者可参看这些内容。）

数据输入和分析

步骤 1 和步骤 2 介绍怎么向 SPSS 录入数据。也可以从网上下载数据文件，见 www.routledge.com/cw/yockey 上章节 15（Chapter 15）文件夹下 no help.sav。如果你倾向于使用网站上的数据文件，则直接转向步骤 3。

步骤 1：创建变量

1. 启动 SPSS。

2. 点击变量视图标签。

将在变量视图窗口创建两个变量，其中一个是不同群体规模（1，5 和 25）的类别变量，另一个是频数（选择每个类别的人数）。分别将这两个变量命名为**群体规模**和**频数**。

3. 在变量视图窗口前两行分别录入变量名称**群体规模**和**频数**。在测量列，将**群体规模**归为名义尺度，将**频数**归为标度尺度（详见图 15－1）。

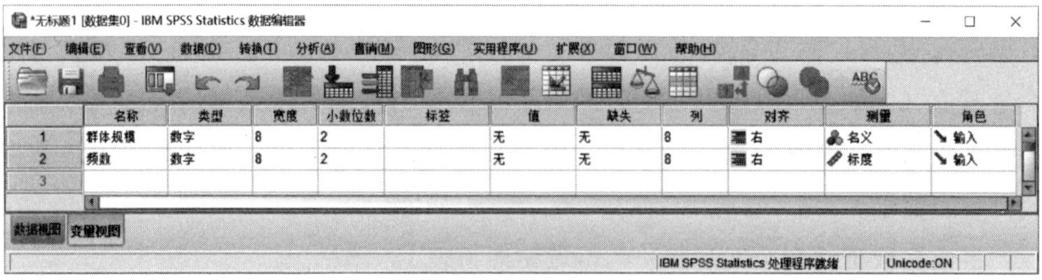

图 15－1　已录入群体规模和频数这两个变量的变量视图窗口

接下来，我们将为**群体规模**的不同类别创建值标签，将 1 人情境赋值为“1”，5 人情境赋值为“2”，25 人情境赋值为“3”。

4. 使用第 1 章介绍过的流程，为**群体规模**创建值标签。对**群体规模**，1＝“1 人情境”，2＝“5 人情境”，3＝“25 人情境”。

步骤 2：录入数据

单击数据视图标签。**群体规模**和**频数**这两个变量位于数据视图窗口前两列。

因为我们使用的数据录入方法为数据权重法，所以我们需要在数据文件中为 3 种情境分别创建各自的行。数据结构见表 15－6。表中，对群体规模而言，1 表示 1 人情境，2 表示 5 人情境，3 表示 25 人情境。

表 15－6　使用数据权重法时，群体规模和频数的取值

群体规模	频数
1	42
2	30
3	18

参照表 15－6，在 SPSS 中录入 3 行数据，其中每行分别代表一个类别（1 人情境、5 人情境或 25 人情境）。

录入数据

在数据视图窗口第一行，分别为**群体规模**和**频数**录入数值 1 和 42。在第二行，录入数值 2 和 30。在第三行，录入数值 3 和 18。完整数据见图 15－2。

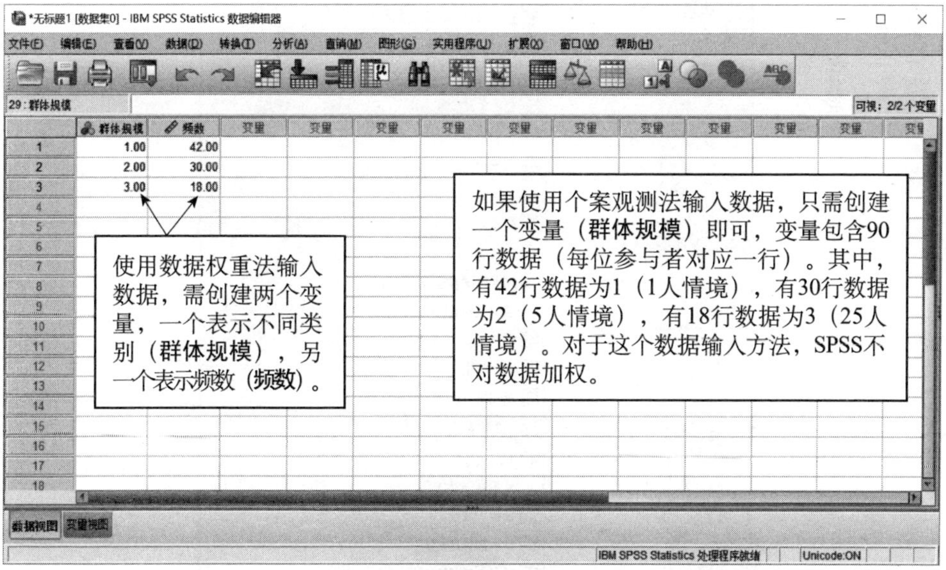

图 15－2　卡方拟合优度检验的完整示例数据文件

步骤 3：分析数据

在进行卡方分析之前，我们首先需要为**频数**数据加权[2]。为数据加权即让变量取值代表观测值总数而不是简单的数字。例如，当**频数**被加权时，第一个频数 42 所对应的是 42 个人而不是 42 这个数。

为频数加权

1. 从菜单栏选择**数据**>**个案加权…**（见图 15－3）。

2. 弹出个案加权对话框。先点选个案加权系数，再选中**频数**变量，然后单击右箭头按钮（ ）将其移入频率变量方框（详见图 15－4）。

3. 单击确定。这表示**频数**取值（42，30 和 18）对应各类别总人数而不是简单的数值[3]。

频数已被加权，现在我们可以在 SPSS 中进行卡方拟合优度检验。

图 15－3　个案加权程序的菜单命令

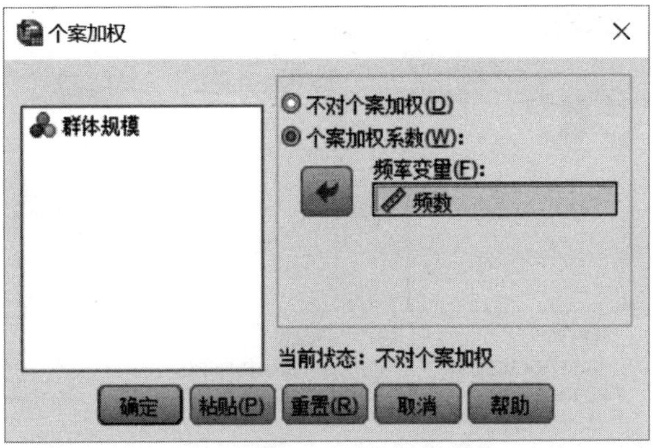

图 15-4　个案加权对话框

卡方拟合优度检验

1. 从菜单栏选择**分析**>**非参数检验**>**旧对话框**>**卡方 ...**（见图 15-5）。

弹出卡方检验对话框，**群体规模**和**频数**这两个变量位于对话框左侧（见图 15-6）。

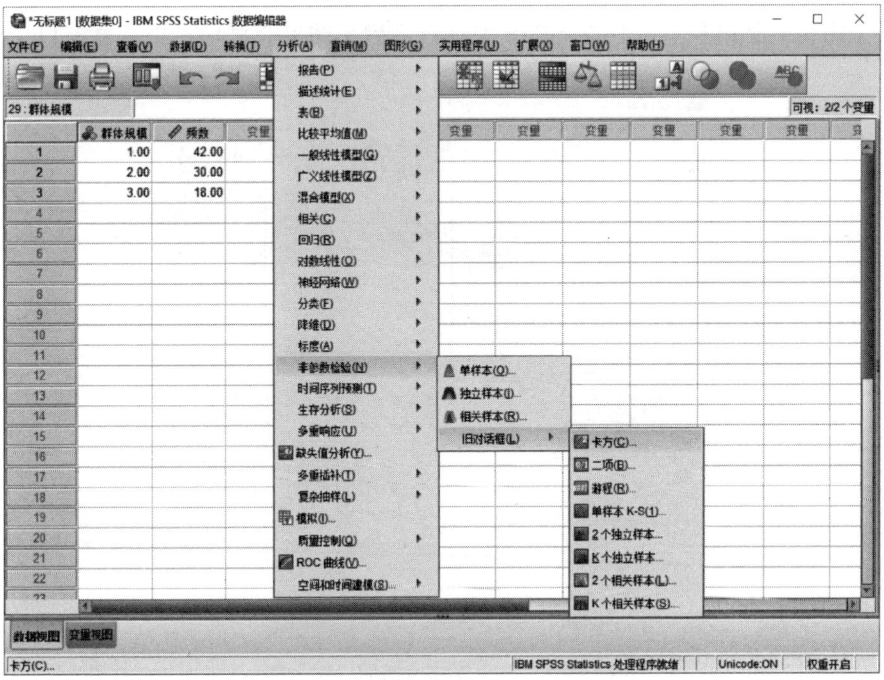

图 15-5　卡方拟合优度程序的菜单命令

2. 选中**群体规模**变量，然后单击右箭头按钮（ ）将其移入检验变量列表方框（详见图 15-7）。（注：**频数**变量应该留在对话框左侧。）

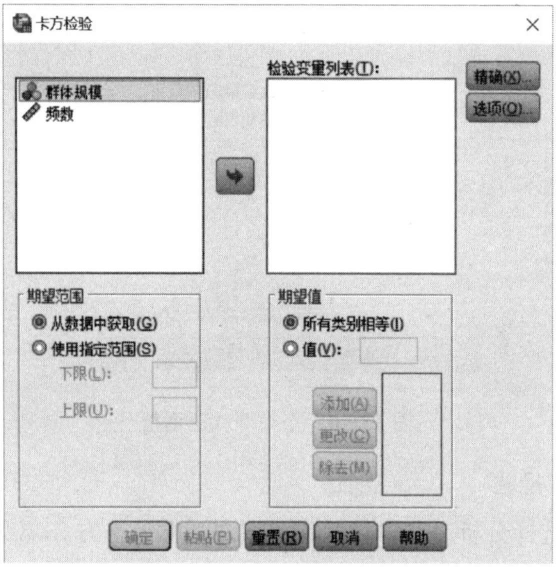

图 15-6　卡方检验对话框

3. 单击确定。

卡方拟合优度检验程序在 SPSS 中运行之后，结果会显示在查看器窗口。

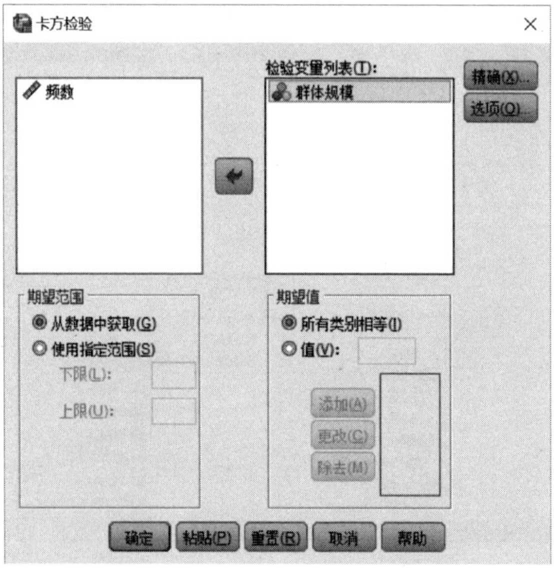

图 15-7　卡方检验对话框（接上图）

步骤 4：解释输出结果

卡方拟合优度检验程序的输出结果见图 15-8。

NPar 检验
卡方检验
频率

群体规模

	实测个案数	期望个案数	残差
1 人情境	42	30.0	12.0
5 人情境	30	30.0	0.0
25 人情境	18	30.0	−12.0
总计	90		

检验统计

	群体规模
卡方	9.600[a]
自由度	2
渐近显著性	0.008

a. 0 个单元格（0.0%）的期望频率低于 5。期望的最低单元格频率为 30.0。

图 15－8　卡方拟合优度检验程序的输出结果

群体规模

群体规模表是第一张表，它给出观测频数（实测个案数）、期望频数（期望个案数）和残差，残差即 1 人情境、5 人情境和 25 人情境这三种情况的观测频数和期望频数之差。表中分别给出 1 人情境、5 人情境和 25 人情境这三种情况的观测频数为 42，30 和 18。各类别的期望频数为 30，这与我们先前算出的期望频数一致。注意到，1 人情境和 25 人情境这两种情况，其观测频数和期望频数都相差 12（对 1 人情境而言，观测频数>期望频数，但对 25 人情境而言，观测频数<期望频数）。观测频数和期望频数之间的差别是否大到具有统计显著性，这个问题将在后文讨论。

检验统计

检验统计表是下一张表，它回答的问题是感知责任是不是群体规模的函数。卡方拟合优度检验使用的卡方统计量为：

$$\chi^2=\sum\frac{(\text{观测频数}-\text{期望频数})^2}{\text{期望频数}}$$

式中，观测频数和期望频数分别对应群体规模表中实测个案数和期望个案数。将群体规模表中相应数据代入上式，可得卡方（χ^2）值为：

$$\chi^2=\frac{(42-30)^2}{30}+\frac{(30-30)^2}{30}+\frac{(18-30)^2}{30}=9.60$$

这与检验统计表中的卡方值相等。卡方检验的自由度为 2（自由度＝类别数－1），

p 值（对应表中渐近显著性）为 0.008。因为 p 值小于 0.05，所以拒绝 3 个类别频数相等这个原假设，即感知责任随群体规模变化。

因为结果显著，所以为了判断参与者心中哪一种情境最（最不）应该为没帮助妇女而负责，我们要进一步检查群体规模表中的残差列。对 1 人情境，观测频数为 42 而期望频数为 30，这表明选择 1 人情境的人数比预期多 12 人。对 5 人情境，观测频数和期望频数相等（观测频数＝期望频数＝30），这表明选择 5 人情境的人数和预期一样。对 25 人情境，观测频数为 18 而期望频数为 30，这表明选择 25 人情境的人数比预期少 12 人。总之，选择 1 人情境的人数比预期多，选择 25 人情境的人数比预期少，选择 5 人情境的人数和预期一样。这表明，在独自一人时，人们更有帮助别人的责任感，但身处大群体时，这种感知责任较弱。

以 APA 格式表述结果

书面报告需包含假设检验的结论、自由度、个案数、卡方值和 p 值。对显著结果，还要介绍观测频数与期望频数之间的关系。下面是一个简要的书面报告示例。

报告

对需要帮助的人袖手旁观，这种感知责任是随群体规模变化的函数，$\chi^2(2, N = 90) = 9.60$，$p<0.05$。参与者认为处于 1 人情境的人最应为袖手旁观负责，处于大群体（25 人情境）的人最不应为袖手旁观负责。参与者中，认为 1 人情境、5 人情境和 25 人情境最应为袖手旁观负责的比例分别为 46.7%，33.3%和 20.0%[4]。

（注：上述结果中 χ^2 右侧括号里的 2 表示自由度，$N = 90$ 表示样本量；因为不像本书介绍的其他程序那样，卡方检验的自由度不由样本量决定。）

卡方拟合优度检验的假设条件

1. 观测值独立。

该独立性假定意味着单元格内各观测值（参与者）之间相互独立。如果一个人被计入两个不同单元格，这就违反了独立性假定（比如，让参与者给出最有感知责任的两个情境）。违反这个假设条件会严重威胁到卡方检验的准确性。如果有理由相信已经违反了独立性假定，就不应该使用卡方拟合优度检验。

2. 单元格内期望频数的大小。

对有不多于 4 个单元格（类别）的表格而言，建议每个单元格的期望频数不少于 5。但对单元格较多的大表格而言，一个或少数单元格的期望频数小于 5，这也不会令卡方检验的结果无效，尽管在样本总量小的时候会损失功效。

总结：在 SPSS 中进行卡方拟合优度检验的步骤

分别就数据权重法和个案观测法这两种数据输入方法介绍卡方拟合优度检验。（如前所述，将在本章练习 2 中说明个案观测法的数据结构。）

Ⅰ. a. 数据输入和分析——数据权重法

1. 在 SPSS 中创建两个变量（一个分类变量，一个频数变量）。
2. 为分类变量创建值标签。在值标签对话框，正确输入数值和标签。单击确定。
3. 录入数据。（对数据权重法而言，数据文件的行数等于变量类别数。）
4. 为频数变量加权，其步骤是依次选择**数据**>**个案加权 …**。
5. 点选个案加权系数，然后将频数变量移入频率变量方框。单击确定。
6. 选择**分析**>**非参数检验**>**旧对话框**>**卡方 …**。
7. 将分类变量移入检验变量列表方框（频数变量应该留在对话框左侧。）
8. 单击确定。

Ⅰ. b. 数据输入和分析——个案观测法

1. 在 SPSS 中创建一个变量（分类变量）。
2. 为该变量创建值标签。在值标签对话框，正确输入数值和标签。单击确定。
3. 录入数据。（对个案观测法而言，数据文件的行数等于参与者总人数。）
4. 选择**分析**>**非参数检验**>**旧对话框**>**卡方 …**。
5. 将变量移入检验变量列表方框。
6. 单击确定。

Ⅱ. 结果的解释（不论使用哪种数据输入方法，解释都一样）

根据检验统计表中 p 值（表中渐近显著性）。

• 如果 $p \leqslant 0.05$，则拒绝原假设，且书面报告需表明观测频数和期望频数之间的大小关系。

• 如果 $p > 0.05$，则不拒绝原假设，并写明结果：观测频数和期望频数之间不存在显著差异（例如，参与者不偏好任何一个类别）。

练习

1. 一位研究者感兴趣的研究问题是眼睛大小对吸引力的影响。实验中使用两张照片（专家认为照片主人具有相似的吸引力和眼睛大小），并在实验之前对它们做了处理，以使其中一人的眼睛看上去更大（为抵消误差，其中一半参与者拿到的两张照片中第一人眼睛更大，另一半参与者拿到的两张照片中第二人眼睛更大）。80 人参与该实验，每位参与者同时看两张照片，并从中选出较有吸引力的一张。数据见表 15－7。

表 15－7　认为更具吸引力的参与者人数

大眼睛	小眼睛
60	20

为回答如下问题，请在 SPSS 中录入数据并执行恰当分析。将变量分别命名为**眼睛大小**和**频数**（要保证在分析之前为数据加权）。对**眼睛大小**，1＝“大眼睛”，2＝“小眼睛”。

A. 写出原假设和备择假设。

B. 写出数据的研究问题。

C. 参与者偏爱两张照片中的某一张吗？（取 $\alpha=0.05$）

D. 使用 APA 格式写出分析结果的书面报告。

2. 一位市场研究员想研究的问题是 LED 电视画质和 LCD 电视画质是否让人觉得不同。在当地仓储商店，分别用 LED 电视和 LCD 电视为顾客放映相同的电影预告片，然后让顾客回答哪个画质更好。65 位顾客的选择结果见表 15－8。

表 15－8　认为画质更好的参与者人数

LED	LCD
35	30

数据见网址 www.routledge.com/cw/yockey 上 Chapter15 文件夹下 Chapter 15_Exercise 2.sav（变量名为 **tv**，其中 1 表示 LED 电视，2 表示 LCD 电视）。数据文件采用的数据录入方法为个案观测法（不需要为数据加权）。为回答如下问题，请在 SPSS 中打开数据文件并执行恰当分析（使用个案观测法分析数据的步

骤可见本章习题之前的步骤总结部分）。

A. 写出原假设和备择假设。

B. 写出数据的研究问题。

C. LED 和 LCD 电视的画质存在差异吗？（取 $\alpha=0.05$）

D. 使用 APA 格式写出分析结果的书面报告。

3. 一个市场调查公司进行了一项研究，目的是评价消费者对不同价位咖啡的偏爱程度。咖啡（12 盎司的研磨咖啡）分别选用 3 美元、6 美元和 10 美元这 3 个价位中的主导品牌。150 人参与该研究，每人品尝完 3 种咖啡（知道每种咖啡的价格和品牌）之后从中选出最偏爱的一种。150 位参与者的选择结果见表 15-9。

表 15-9　认为画质更好的参与者人数

3 美元品牌	6 美元品牌	10 美元品牌
30	62	58

数据见网址 www.routledge.com/cw/yockey 上 Chapter15 文件夹下 Chapter 15 _ Exercise 3.sav（文件中，两变量名为 **cost** 和 **frequency**，依次分别表示花费和频数，其中 1 表示 3 美元品牌，2 表示 6 美元品牌，3 表示 10 美元品牌）。为回答如下问题，请在 SPSS 中打开数据文件并执行恰当分析（要保证在分析之前为数据加权）。

A. 写出原假设和备择假设。

B. 写出数据的研究问题。

C. 消费者偏爱三种咖啡中的一种（或多种）吗？（取 $\alpha=0.05$）

D. 使用 APA 格式写出分析结果的书面报告。

注　释

1. 严格来说，卡方统计量的取值也受期望频数绝对大小的影响。

2. 当使用数据权重法录入数据时，若没有在运行卡方程序之前为数据加权，结果就是错误的。

3. 需要注意的是，取消个案加权选项（在个案加权对话框中勾选不对个案加权，然后单击确定）或者关闭 SPSS 时，数据才不处于加权状态。如果在卡方检验之外还要进行其他分析，没有取消个案加权选项会使分析错误或得到错误结果。

4. 在 SPSS 中对**群体规模**运行频率程序即可算得各类别人数的百分比（假定个案已加权）。有关在 SPSS 中使用频率程序的更多内容，可参看本书第 2 章。

第 16 章

卡方独立性检验

卡方独立性检验用于检验两分类变量之间是否存在关系，其中每个变量的类别数不少于 2 个。下文将介绍一个使用卡方独立性检验的例子。

例子

一位研究者想研究性格类型（内向性格或外向性格）和娱乐活动（去游乐场还是休息一天）之间是否存在关系。100 人参与该实验，对其中每个人进行性格量表测试，并基于量表得分将其归为内向性格或外向性格。然后问他们是更倾向于去游乐园玩一天还是更倾向于休息一天。所有参与者的性格类型和娱乐活动情况见表 16 - 1。

表 16 - 1　100 位参与者的分类表

		首选的娱乐活动		总计
		游乐园	休息	
性格类型	内向性格	12	28	40
	外向性格	43	17	60
总计		55	45	100

在表 16 - 1 中，行方向表示性格类型，列方向表示首选的娱乐活动。100 位参与者中，有 40 位被归为内向性格，另外 60 位被归为外向性格。40 位性格内向的参与者中，有 12 位倾向于到游乐园玩一天，另外 28 位倾向于休息一天。60 位性格外向的参与者中，有 43 位倾向于到游乐园玩一天，另外 17 位倾向于休息一天。该研究中，分类变量是性格类型和首选的娱乐活动，待分析数据是计数形式或者频数形式。性格类型和首选的娱乐活动各有两个水平，因此称本案例为 2×2 卡方分析，这时表中有 4 个单元格。

卡方拟合优度检验的目标和所需数据

卡方拟合优度检验的目标和所需数据见表 16 - 2。

表 16 - 2　卡方拟合优度检验

目标	所需数据	实例
检验两个分类变量之间是否存在关系	频数或者计数	频数（每个单元格中的人数）
	两个分类变量，各有两个或多个类别	分类变量 • 性格类型（内向性格或外向性格） • 娱乐活动（游乐场或休息）

原假设与备择假设

卡方独立性检验的原假设和备择假设如下：

H_0：性格类型与娱乐活动之间没有关系。

H_1：性格类型与娱乐活动之间存在关系。

原假设的决策

卡方独立性检验所检验的原假设为“性格类型与娱乐活动之间没有关系”。在原假设为真的情况下，如果检验结果看起来不可能（p 值小于 5%），则拒绝原假设；如果检验结果看起来很有可能（p 值大于 5%），则不拒绝原假设。

研究问题

该研究的基本问题也可表述为问句形式，例如：

“性格类型与娱乐活动之间存在关系吗？”

数据输入和分析

步骤 1 和步骤 2 介绍怎么向 SPSS 录入数据。也可以从网上下载数据文件，见 www. routledge. com/cw/yockey 上章节 16（Chapter 16）文件夹下 choice. sav。如果你倾向于使用网站上的数据文件，则直接转向步骤 3。

步骤 1：创建变量

1. 启动 SPSS。
2. 点击变量视图标签。

将在变量视图窗口创建三个变量，其中一个表示不同性格类型，一个表示首选的娱乐活动，最后一个是频数。分别将这三个变量命名为**性格、娱乐活动**和**频数**。

3. 在变量视图窗口的前三行分别录入变量名称**性格、娱乐活动**和**频数**。在测量列，将**性格**和**娱乐活动**归为名义尺度，将**频数**归为标度尺度（见图 16－1）。

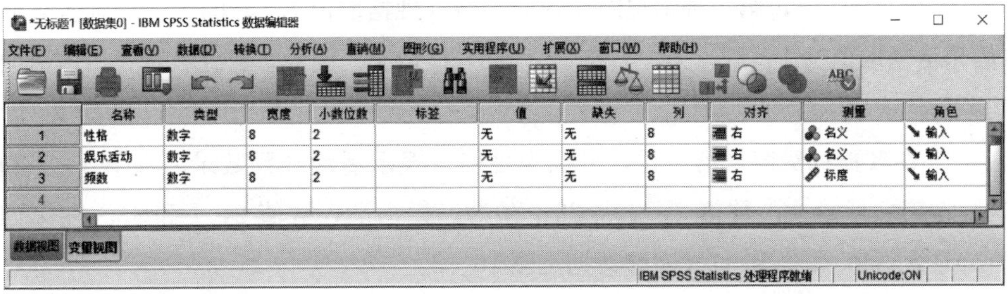

图 16－1　已录入性格、娱乐活动和频数这三个变量的变量视图**窗口**

4. 使用第 1 章介绍过的流程，为**性格**和**娱乐活动**这两个分类变量创建值标签。对**性格**，1＝“内向性格”，2＝“外向性格”。对**娱乐活动**，1＝“游乐园”，2＝“休息”。

步骤 2：录入数据

接下来，我们向 SPSS 录入数据。在 SPSS 中为卡方独立性检验录入数据的方法有两种：数据权重法和个案观测法（这两种方法的介绍见第 15 章）。正如我们在第 15 章讨论的那样，当算得单元格的频数时，使用数据权重法。因为已算得单元格频数（见表 16－1），所以我们选用数据权重法。（图 16－2 介绍如何为个案观测法安排数据结构。）

在我们的例子中，不论是性格内向的人还是性格外向的人都可以选择到游乐园玩一天或者自己休息一天，这就产生 4 种情况，即内向性格与游乐园、内向性格与休息、外向性格与游乐园以及外向性格与休息。因为我们使用的数据录入方法是数据权重法，所以我们需要在数据视图窗口为 4 种情况中的每一种分别创建不同行。该方法的数据结构见表 16－3。表中，对性格而言，1＝“内向性格”，2＝“外向性格”；对娱乐活动而言，1＝“游乐园”，2＝“休息”。

表 16－3　实验设计中的 4 种情况

性格	娱乐活动	频数
1	1	12
1	2	28
2	1	43
2	2	17

录入数据

1. 单击数据视图标签。**性格**、**娱乐活动**和**频数**这三个变量位于数据视图窗口前三列。

参照表 16－3，第一种情况对应内向性格（**性格**取值为 1）的人选择到游乐园（**娱乐活动**取值为 1）玩一天，共有 12 人符合该情况。因此，将在数据视图窗口的第一行依次输入这 3 个数值。

2. 在数据视图窗口第一行，分别为**性格**、**娱乐活动**和**频数**录入数值 1，1 和 12。在第二行，录入数值 1，2 和 28。在第三行，录入数值 2，1 和 43。在第四行，录入数值 2，2 和 17。完整数据见图 16－2。

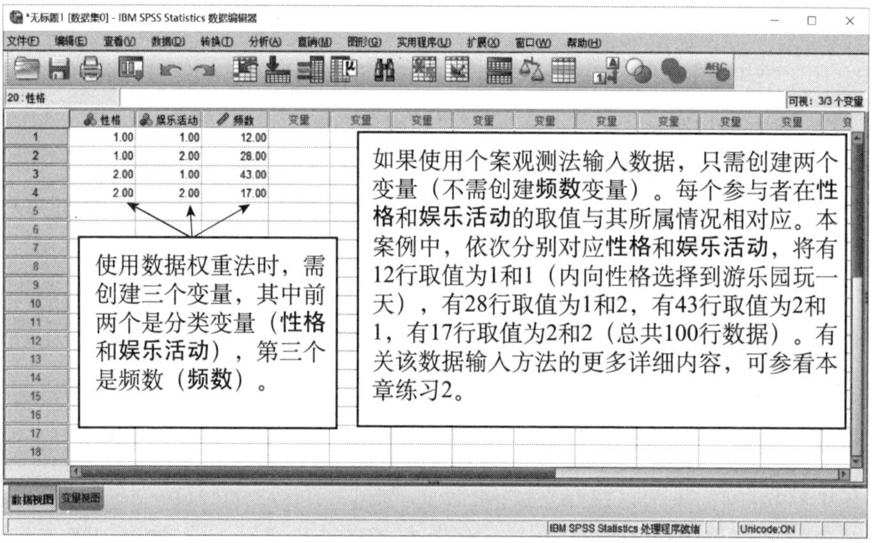

图 16－2　卡方独立性检验的完整示例数据文件

步骤 3：分析数据

在进行卡方分析之前，我们首先需要为**频数**数据加权。为数据加权即让变量取值代表观测值总数而不是简单的数字。例如，当**频数**被加权时，第一个频数 12 所对应的是 12 个人而不是 12 这个数。

为频率数据加权

1. 从菜单栏选择**数据**＞**个案加权…**（见图 16－3）。

2. 弹出个案加权对话框。先点选个案加权系数，再选中**频数**变量，然后单击右箭头按钮（➔）将其移入频率变量方框（见图 16－4）。

图16-3　个案加权程序的菜单命令

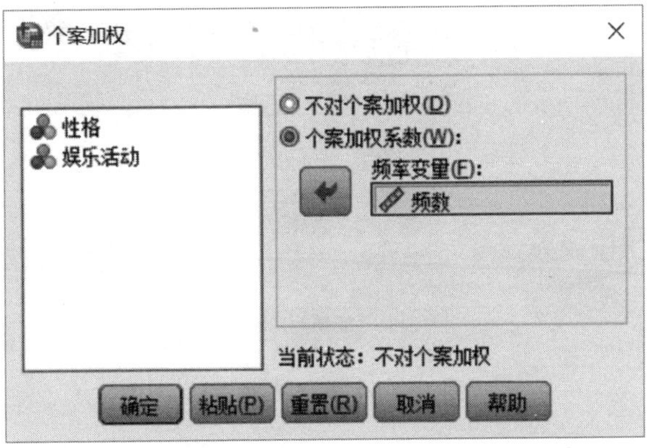

图16-4　个案加权对话框

3. 单击确定。这表示频数取值（12，28，43和17）对应各情况的总人数而不是简单的数值[1]。

频数数据已被加权，现在我们可以在 SPSS 中进行卡方独立性检验。

卡方独立性检验

1. 从菜单栏选择**分析**>**描述统计**>**交叉表 ...**（见图 16－5）。

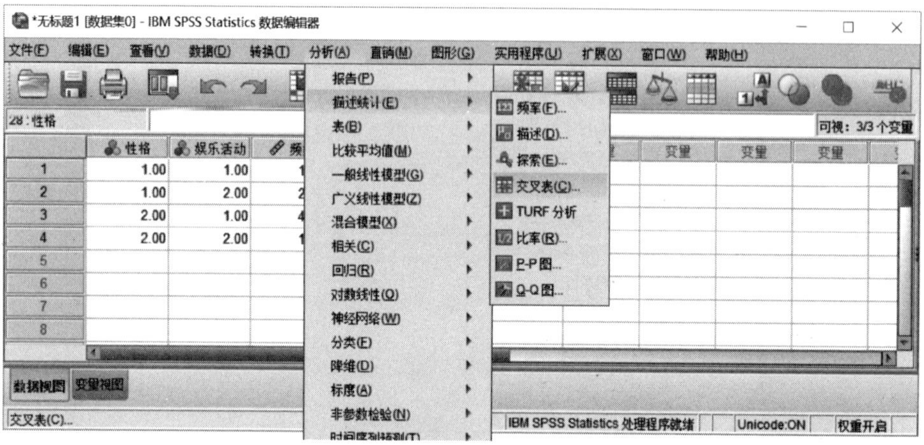

图 16－5　卡方独立性检验的菜单命令

弹出交叉表对话框，**性格**、**娱乐活动**和**频数**这三个变量位于对话框左侧（见图 16－6）。

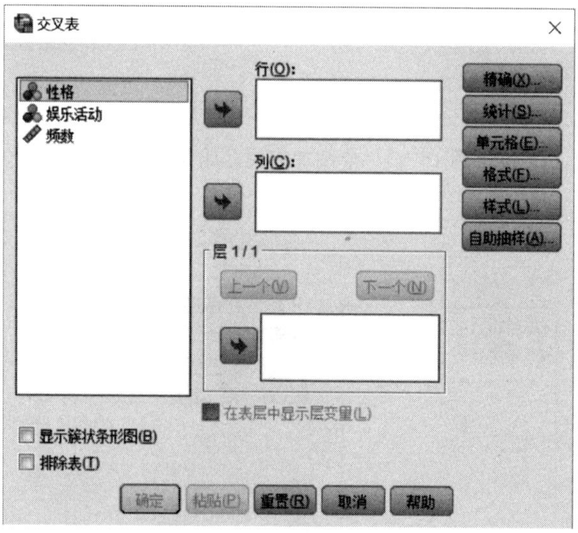

图 16－6　交叉表对话框

2. 选中**性格**，然后单击位于最上方的右箭头按钮（）将其移入行方框。

3. 选中**娱乐活动**，然后单击位于中间的右箭头按钮（）将其移入列方框。详见图 16－7。（注：**频数**变量应该留在交叉表对话框左侧。）

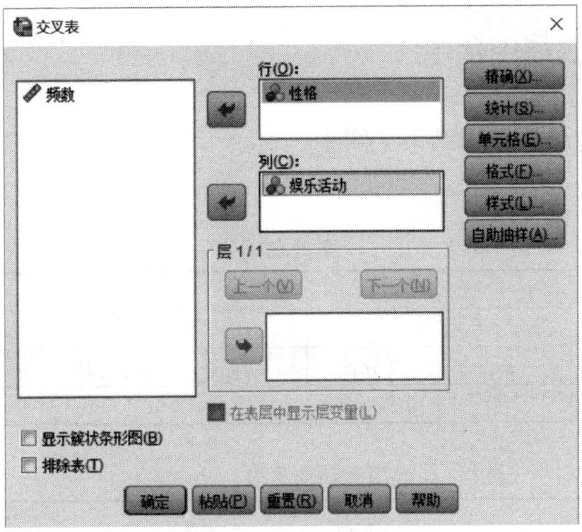

图 16－7　交叉表对话框（接上表）

4. 单击统计。弹出交叉表：统计对话框。勾选卡方与 Phi 和克莱姆 V。见图 16－8。

5. 单击继续。

6. 单击单元格。弹出交叉表：单元格显示对话框。在计数区域勾选期望（实测应该已被勾选，实测即观测），在百分比区域勾选行。详见图 16－9。

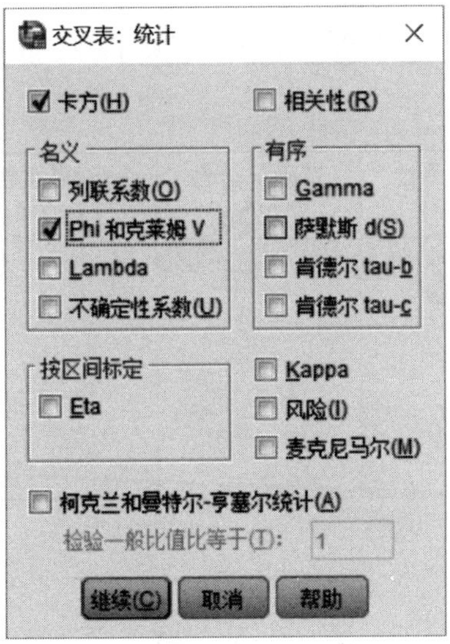

图 16－8　交叉表：统计对话框

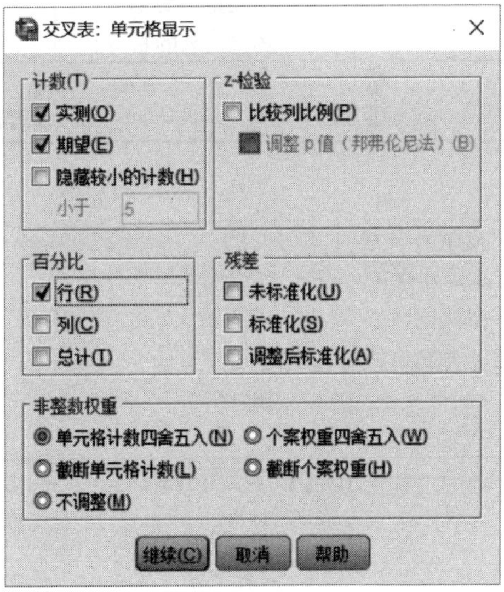

图 16－9　交叉表：单元格显示对话框

7. 单击继续。

8. 单击确定。

卡方独立性检验程序在 SPSS 中运行之后，结果会显示在查看器窗口。

步骤4：解释输出结果

卡方独立性检验的输出结果见图16-10。

交叉表

个案处理摘要

	个案					
	有效		缺失		总计	
	N	百分比	N	百分比	N	百分比
性格 * 娱乐活动	100	100.0%	0	0.0%	100	100.0%

性格 * 娱乐活动交叉表

			娱乐活动		总计
			游乐园	休息	
性格	内向性格	计数	12	28	40
		期望计数	22.0	18.0	40.0
		占 性格 的百分比	30.0%	70.0%	100.0%
	外向性格	计数	43	17	60
		期望计数	33.0	27.0	60.0
		占 性格 的百分比	71.7%	28.3%	100.0%
总计		计数	55	45	100
		期望计数	55.0	45.0	100.0
		占 性格 的百分比	55.0%	45.0%	100.0%

卡方检验

	值	自由度	渐进显著性（双侧）	精确显著性（双侧）	精确显著性（单侧）
皮尔逊卡方	16.835[a]	1	0.000		
连续性修正[b]	15.194	1	0.000		
似然比（L）	17.230	1	0.000		
费希尔精确检验				0.000	0.000
线性关联	16.667	1	0.000		
有效个案数	100				

a. 0个单元格（0.0%）的期望计数小于5。最小期望计数为18.00。

b. 仅针对2×2表进行计算。

对称测量

		值	渐进显著性
名义到名义	Phi	−0.410	0.000
	克莱姆V	0.410	0.000
有效个案数		100	

图16-10　卡方独立性检验的输出结果

个案处理摘要

个案处理摘要表给出有效个案数和缺失个案数。因为所有参与者都根据性格类型和娱乐活动被归入 4 种情况，所以 100 位参与者都是有效观测。

性格 * 娱乐活动交叉表

性格 * 娱乐活动交叉表提供有关观测频数和期望频数的重要信息。表中性格项的两计数行是我们原先录入 SPSS 的观测频数（12，28，43 和 17），两行期望计数是原假设为真时算得的期望频数（在抽样误差范围内）。若卡方检验显著，则根据观测频数和期望频数之间的差异判断两个分类变量之间关系。

卡方检验

虽然卡方检验表给出若干不同检验的结果，但最常用的结果是皮尔逊卡方。如前一章所示，皮尔逊卡方统计量的公式为：

$$\chi^2 = \sum \frac{(\text{观测频数}-\text{期望频数})^2}{\text{期望频数}}$$

式中，观测频数和期望频数分别对应性格 * 娱乐活动交叉表中计数行和期望计数行数据。将相应取值代入上式可得卡方值为：

$$\chi^2 = \frac{(12-22)^2}{22}+\frac{(28-18)^2}{18}+\frac{(43-33)^2}{33}+\frac{(17-27)^2}{27}=16.835$$

这与卡方检验表中皮尔逊卡方行结果一致。卡方独立性检验的自由度为1，其计算公式为：自由度=（性格类别数－1）×（娱乐活动类别数－1），p 值（渐近显著性）为0.000（读作“小于0.001”）。因为 p 值小于0.05，所以拒绝原假设，并得出结论：性别类型和首选的娱乐活动之间存在关系。

因为检验显著，所以我们将根据性格 * 娱乐活动交叉表中观测频数和期望频数之间的差异判断两变量之间的关系。先来看内向性格行游乐园列（性格内向的人选择到游乐园玩一天），虽然期望频数为 22 人但实际上只有 12 人选择游乐园，这表明性格内向参与者中选择到游乐园玩一天的人数比期望少。再来看性格行休息列，虽然期望频数仅为 18 人但实际上有 28 人选择休息，这表明性格内向参与者中选择休息一天的人数比期望多。对外向性格的行向数据而言，结论正好相反：性格外向参与者中选择到游乐园玩一天的人数比期望频数多（观测频数为 43，期望频数为 33），同时性格外向参与者中选择休息一天的人数比期望频数少（观测频数为 17，期望频数为 27）。结果总结见表 16 - 4。

表 16-4　卡方独立性检验的结果总结

	游乐园	休息	结论
内向性格	实际比期望少 （观测 12，期望 22）	实际比期望多 （观测 28，期望 18）	性格内向的人 倾向于休息
外向性格	实际比期望多 （观测 43，期望 33）	实际比期望少 （观测 17，期望 27）	性格外向的人 倾向于去游乐园

总之，结果表明性格内向的人倾向于休息一天，性格外向的人倾向于去游乐园玩一天。

对称测量

对称测量表在下面的效应值部分加以讨论。

效应值

一般用克莱姆（Cramer）提出的 V 相关系数来度量卡方独立性检验的效应值。其计算公式为：

$$V=\sqrt{\frac{\chi^2}{N(k-1)}}$$

式中，χ^2 是卡方检验表中皮尔逊卡方值；N 是样本总量；k 是类别数最少的变量所对应的类别数。（本案例中，因为每个变量都有两个类别，所以 $k=2$。）

将相应数值代入上式，可算得 V 相关系数取值为：

$$V=\sqrt{\frac{16.835}{100(2-1)}}=0.41$$

这与对称测量表中克莱姆 V 这一行的数值相等。

Cohen（1988）分别给出卡方独立性检验效应值是小、中等还是大的估计值为 0.10，0.30 和 0.50（该标准的适用情况为：至少存在一个这样的变量，其类别数只有两个，比如 2×2 表、2×3 表、2×4 表，等等）。因此，0.41 是一个中等大小的效应值，它表明两变量之间存在中等程度的关系[2]。

以 APA 格式表述结果

书面报告需包含假设检验的结论、自由度、个案数、卡方值、p 值和效应值。

对显著结果，除了要介绍观测频数与期望频数之间的关系之外，还要介绍落入每种情况的人数比例。下面是一个简要的 APA 书面报告示例。

报告

性格类别和首选的娱乐活动之间存在显著关系，$\chi^2(1, N=100)=16.84$，$p<0.05$，V 相关系数为 0.41。对于休息一天和到游乐园玩一天这两种选择，性格内向的人倾向于选择前者（性格内向的人中有 70%选择休息一天），性格外向的人倾向于选择后者（性格外向的人中有 72%选择到游乐园玩一天）。

卡方独立性检验的假设条件

1. 观测值独立。

该独立性假定意味着单元格内各观测值（参与者）之间相互独立。如果一个人被计入两个不同单元格，这就违反了独立性假定（比如，允许某人选择两项娱乐活动）。违反这个假设条件会严重威胁到卡方检验的准确性。如果有理由相信已经违反了独立性假定，就不应该使用卡方独立性检验。

2. 单元格内期望频数的大小。

对有 4 个单元格的小表格而言，建议每个单元格的期望频数不少于 5。但对单元格较多的大表格而言，一个或少数单元格的期望频数小于 5，这也不会令卡方检验的结果无效，尽管在样本总量小的时候会损失功效。

总结：在 SPSS 中进行卡方独立性检验的步骤

分别就数据权重法和个案观测法这两种数据输入方法介绍卡方独立性检验。（如前所述，将在本章练习 2 中说明个案观测法的数据结构。）

Ⅰ.a. 数据输入和分析——数据权重法

1. 在 SPSS 中创建三个变量（两个分类变量，一个频数变量）。

2. 为每个分类变量创建值标签。在值标签对话框，正确输入数值和标签。单击确定。

3. 录入数据。(对数据权重法而言，数据文件的行数等于两变量类别数乘积。)

4. 为频数变量加权，其步骤是依次选择**数据**>**个案加权 ...**。

5. 点选个案加权系数，然后将频数变量移入频率变量方框。单击确定。

6. 选择**分析**>**描述统计**>**交叉表 ...**。

7. 将一个类别变量移入行方框，另一个类别变量移入列方框。（频数变量应该留在对话框左侧。）

8. 单击统计。勾选卡方与 Phi 和克莱姆 V。单击继续。

9. 单击单元格。在计数区域勾选期望（实测应该已被勾选，实测即观测），在百分比区域勾选行。单击继续。

10. 单击确定。

Ⅰ. b. 数据输入和分析——个案观测法

1. 在 SPSS 中创建两个变量（每个分类变量一个）。

2. 为该变量创建值标签。在值标签对话框，正确输入数值和标签。单击确定。

3. 录入数据。(对个案观测法而言，数据文件的行数等于参与者总人数。)

4. 选择**分析**>**描述统计**>**交叉表 ...**。

5. 将一个类别变量移入行方框，另一个类别变量移入列方框。

6. 单击统计。勾选卡方与 Phi 和克莱姆 V。单击继续。

7. 单击单元格。在计数区域勾选期望（实测应该已被勾选，实测即观测），在百分比区域勾选行。单击继续。

8. 单击确定。

Ⅱ. 结果的解释（不论使用哪种数据输入方法，解释都一样）

根据卡方检验表中皮尔逊卡方行的 p 值（表中渐近显著性）。

- 如果 $p \leq 0.05$，则拒绝原假设，且书面报告需表明两变量之间关系。
- 如果 $p > 0.05$，则不拒绝原假设，并写明结果：两变量之间没有关系。

练习

1. 一位研究者研究了婴儿时期喂养方式（是否母乳）是否与一年级时体重（是否超重）存在关系这个问题。实验参与者为 300 名一年级学生，从他们父母那里得到其婴儿时期的喂养方式，并测得其体质指数（BMI）。基于 BMI 得分，判断每位学生是否超重。数据见表 16－5。

表 16－5　母乳研究中 300 名儿童的数据

		超重		总计
		是	否	
母乳	是	16	84	100
	否	56	144	200
	总计	72	228	300

为回答如下问题，请在 SPSS 中录入数据并执行恰当分析。将变量分别命名为**母乳**、**超重**和**频数**（要保证在分析之前为数据加权）。对**母乳**和**超重**而言，1＝“是”，2＝“否”。

A. 写出原假设和备择假设。

B. 写出数据的研究问题。

C. 婴儿时期喂养方式与一年级时体重之间存在显著关系吗？（取 $\alpha=0.05$）

D. 效应值是多少？你认为该效应值是小、中等还是大？

E. 使用 APA 格式写出分析结果的书面报告。

2. 一位学生想调查性别和电影偏好之间是否存在关系。他在电影院外调查了 160 人（95 名女性和 65 名男性），问他们是更倾向于看动作片还是更倾向于看剧情片（假定他们必须要从这两种电影类型中选出一种）。被调查者的选择结果见表 16－6。

表 16－6　160 位被调查者的性别和电影偏好

		电影类型		总计
		动作片	剧情片	
性别	女	15	80	95
	男	35	30	65
	总计	50	110	160

数据见网址 www.routledge.com/cw/yockey 上 Chapter16 文件夹下 Chapter 16 _ Exercise 2.sav。数据文件采用的数据录入方法为个案观测法。文件中，变量名为 **gender**（性别，1 表示女性，2 表示男性）和 **film**（电影类型，1 表示动作片，2 表示剧情片）。为回答如下问题，请在 SPSS 中打开数据文件并执行恰当分析（使用个案观测法分析数据的步骤可见本章习题之前的步骤总结部分）。

A. 写出原假设和备择假设。

B. 写出数据的研究问题。

C. 性别和电影偏好之间存在显著关系吗？（取 $\alpha=0.05$）

D. 效应值是多少？你认为该效应值是小、中等还是大？

E. 使用 APA 格式写出分析结果的书面报告。

3. 一位医学研究员感兴趣的问题是老年人中运动（是否运动）与患心脏病（是否患病）之间是否存在关系。就运动习惯以及是否曾得过心脏病这两个问题，询问了 405 位老年人。数据见表 16－7。

表 16－7　运动研究中 405 位老年人的数据

		心脏病		总计
		是	否	
运动	是	10	140	150
	否	35	220	255
	总计	45	360	405

数据见网址 www.routledge.com/cw/yockey 上 Chapter16 文件夹下 Chapter 16 _ Exercise 3.sav。文件中，变量被分别命名为 **exercise**（运动）、**heartattack**（心脏病）和 **frequency**（频数），其中对 **exercise** 和 **heartattack** 而言，1＝"是"，2＝"否"。为回答如下问题，请在 SPSS 中打开数据文件并执行恰当分析（要保证在分析之前为数据加权）。

A. 写出原假设和备择假设。

B. 写出数据的研究问题。

C. 运动与是否患心脏病之间存在显著关系吗？（取 $\alpha=0.05$）

D. 效应值是多少？你认为该效应值是小、中等还是大？

E. 使用 APA 格式写出分析结果的书面报告。

注　释

1. 需要注意的是，取消个案加权选项（在个案加权对话框中勾选不对个案加权，然后单击确定）或者关闭 SPSS 时，数据才不处于加权状态。如果在卡方检验之外还要进行其他分析，没有取消个案加权选项会使分析错误或得到错误结果。

2. 对于 2×2 表格，克莱姆（Cramer）提出的 V 相关系数也叫 φ 系数，它等于两个二分变量之间的皮尔逊 r 相关系数。

附录 A
数据转换及其他程序

在分析数据之前，通常需要对一个或多个变量执行特定操作。例如，在 SPSS 中加总若干变量，从而得到其总和。附录 A 将介绍一些常用程序，包括重新编码程序、计算程序、选择个案程序和拆分文件程序。

为了阐明这些程序，使用表 A－1 所示数据（稍后我们将介绍如何在你的电脑上打开数据文件）。数据有关 10 位参与者在 4 个变量的取值，即**性别**（1＝“男”，2＝“女”）、**意义 1**、**意义 2** 和**意义 3**。后三个变量是量表项目，用以测度生命意义。

表 A－1　示例数据

参与者	性别	意义 1	意义 2	意义 3
1	1	4	2	5
2	1	1	4	2
3	1	5	1	5
4	1	3	3	3
5	1	4	2	4
6	2	4	1	5
7	2	5	2	4
8	2	5	1	5
9	2	1	4	1
10	2	5	1	5

注：参与者变量仅为了便于说明，该列不被录入 SPSS。

生命意义量表的 3 个项目见表 A－2。每个项目的回答中，1 表示极不同意、2 表示不同意、3 表示一般（既不同意也不反对）、4 表示同意、5 表示非常同意。在回答每个问题时，每位参与者只能从 5 个回答中选择 1 个。

表 A－2　生命意义量表项目

项目	生命意义量表项目	极不同意	不同意	一般	同意	非常同意
意义 1	我对自己的人生方向感觉良好	1	2	3	4	5
意义 2	我的生活毫无意义	1	2	3	4	5
意义 3	总之，我感觉自己的人生正在步入正轨	1	2	3	4	5

重新编码程序

对于表 A－2 所示的量表项目，每位参与者只能从 5 个回答（从极不同意到非常同意）中选择最能体现其内心感受的 1 个。读完所有量表项目后，我们可以发现，如果某位参与者认为自己的生命很有意义，他会在**意义 1** 和**意义 3** 选择“非常同意”这个回答（选择“5”），但是会在**意义 2** 选择“极不同意”这个回答（选择“1”）。**意义 2** 就是负向项目的一个例子。被调查者对目标特征（生命意义）有很高认同，却做出相反方向的回答，称这样的回答项目为负向项目。因此，本案例中，一个认为生命很有意义的人极有可能在**意义 1**、**意义 2** 和**意义 3** 分别选择 5，1 和 5。在分析量表回答时，一般需要加总各项回答以算得总分数。例如，本案例中，一个认为生命很有意义的人，其量表总分可能是 11（5+1+5）。但是，在设计量表时想达到的效果是：被调查者觉得生命越有意义，量表总分就越高，因此对于一个认为生命很有意义的人，其量表总分应该是 15（5+5+5）。这就使得实际情况和预期效果之间存在差异，造成这种差异的原因就是**意义 2** 是个负向项目。为修正这一差异，需进行反向编码，即对量表中负向项目（**意义 2**）的回答逐个取反，将 1 变成 5、2 变成 4、3 还是 3、4 变成 2、5 变成 1。**意义 2** 被反向编码后，一个认为生命很有意义的人，其量表总分为 15（而不是 11），这就与量表的设计目的保持一致了。以上为反向编码的基本原理，下面让我们打开数据文件并在 SPSS 中对负向项目**意义 2** 重新编码。

（注：后文假定你已从网站上将数据文件下载到你的电脑。如果你还没有下载数据文件，请登录网址 www. routledge. com/cw/yockey。）

在电脑上打开数据文件

将数据文件下载到你的电脑。在 Appendix A（附录 A）文件夹下，打开文件 Appendix A. sav。

在 SPSS 中对意义 2 重新编码

1. 从菜单栏选择**转换**>**重新编码为不同变量 …**（见图 A－1）。

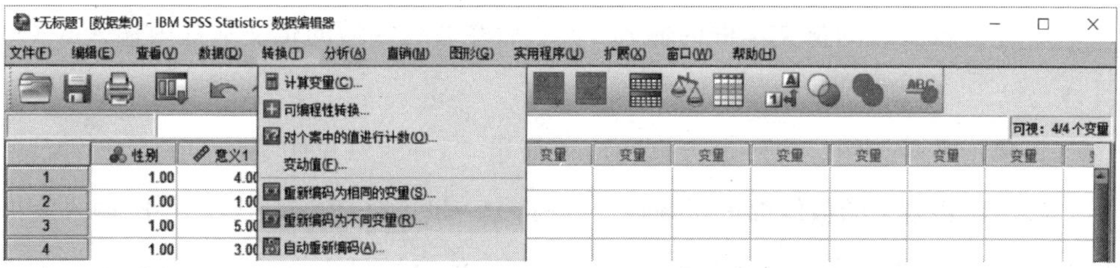

图 A－1　重新编码为不同变量程序的菜单命令

2. 弹出重新编码为不同变量对话框（见图 A－2）。

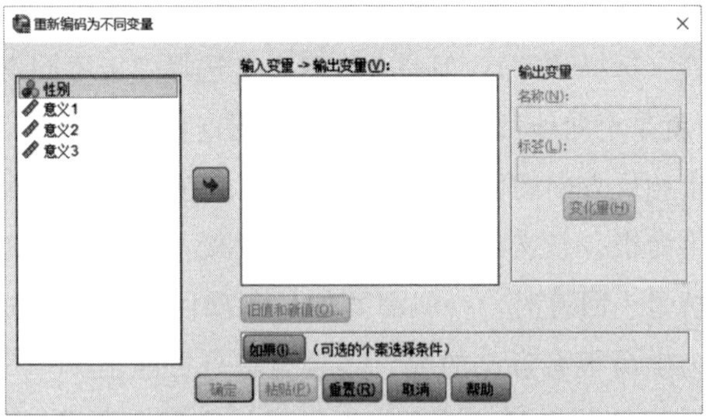

图 A-2　重新编码为不同变量**对话框**

3. 选中**意义 2** 并单击右箭头按钮以将其移入输入变量→输出变量对话框（一旦移入**意义 2**，方框名称即变为数字变量→输出变量）。在名称方框输入意义 2_重新编码（见图 A-3）。这是反向编码后的新变量名称。

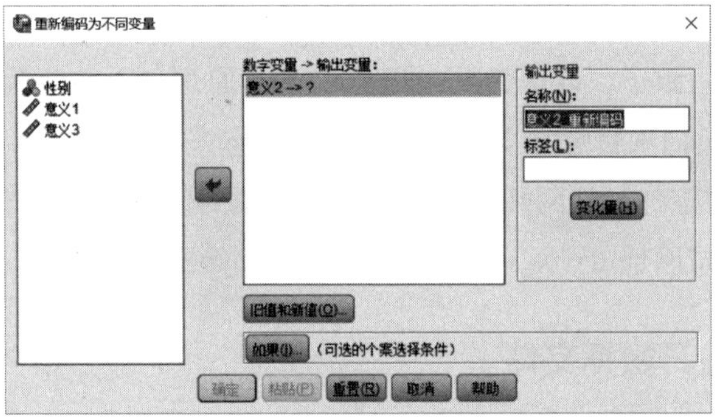

图 A-3　重新编码为不同变量**对话框（接上图）**

4. 单击变化量按钮。数字变量→输出变量方框里的内容应该变为意义 2→意义 2_重新编码。

5. 单击旧值和新值按钮。弹出重新编码为不同变量：旧值和新值对话框。为使 1 变成 5、2 变成 4、3 还是 3、4 变成 2、5 变成 1，将使用该对话框对**意义 2** 重新编码。

6. 在旧值区域的值文本框内输入 1，然后在新值区域的值文本框内输入 5（见图 A-4）。

7. 单击添加按钮。旧→新方框内应该显示“1→5”（见图 A-5）。

8. 依次将剩下的数值都重新编码（2→4，3→3[1]，4→2，5→1），每次输入完旧值和新值之后，都要单击添加按钮。当 5 对新旧值全被录入之后，旧→新方框内应该包含这些重新编码数值，见图 A-6[2]。

9. 单击继续。

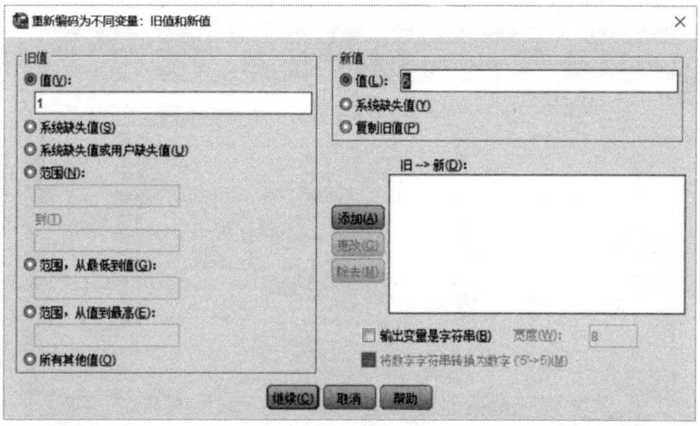

图 A-4　重新编码为不同变量：旧值和新值对话框

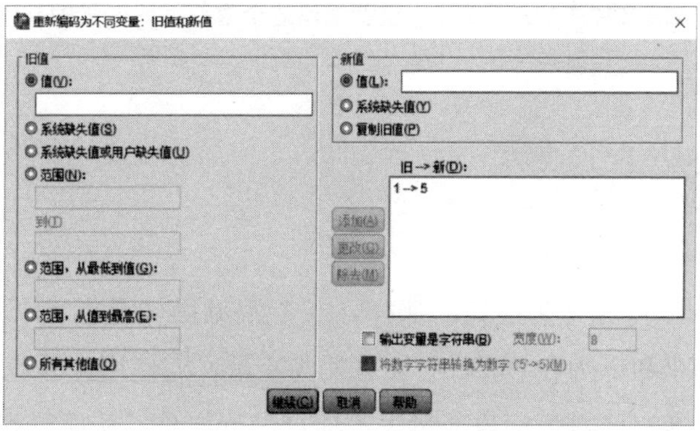

图 A-5　重新编码为不同变量：旧值和新值对话框（接上图）

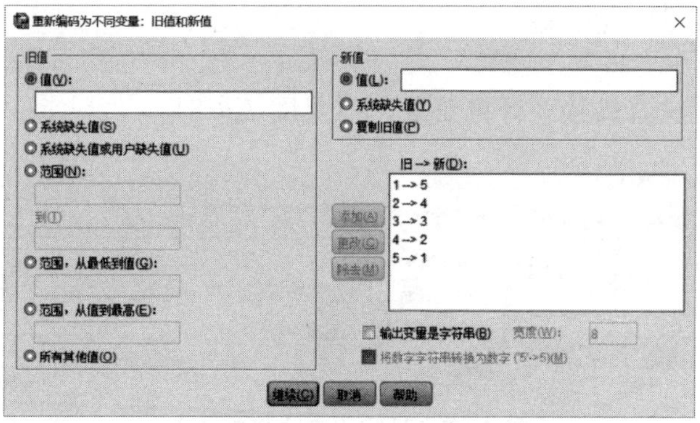

图 A-6　重新编码为不同变量：旧值和新值对话框（接上图）

10. 单击确定。

在数据视图窗口，你应该看到一列新变量，即**意义 2 _ 重新编码**，该变量包含**意义 2** 的反向编码数据（见图 A-7）。①

① 需要注意的是，SPSS 汉化版给出的反向编码变量（**意义 2 _ 重新编码**）是名义尺度，需要在变量视图窗口的测量列将名义尺度改为标度尺度。——译者

图 A-7　数据文件中加入意义 2 _ 重新编码这个重新编码变量的数据视图窗口

计算程序

正如我们在附录 A 开头提到的那样，一个常见操作是在 SPSS 中加总若干变量，从而得到其总和。为在 SPSS 中加总某些变量，需使用计算程序。

我们使用计算程序对生活意义量表各项目进行加总，从而得到其总分数。

在 SPSS 中加总变量

1. 在菜单栏选择**转换>计算变量…**（见图 A-8）。

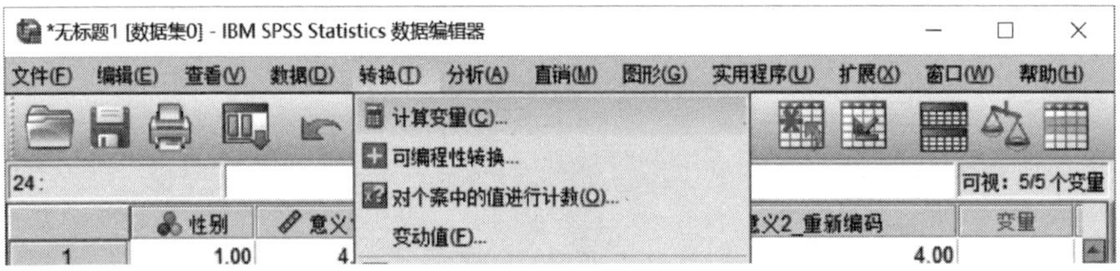

图 A-8　计算程序的菜单命令

2. 弹出计算变量对话框（见图 A-9）。

为了计算生活意义量表总分，我们需要对**意义 1**、**意义 2 _ 重新编码**和**意义 3** 求和[3]。在求和之前，需要在 SPSS 中创建一个等于这 3 个变量之和的新变量，将该变量命名为**意义 _ 总和**。

3. 在目标变量方框，录入变量名称**意义 _ 总和**。

为了计算总分，我们需要将相应变量移入数字表达式方框并用加号（+）将

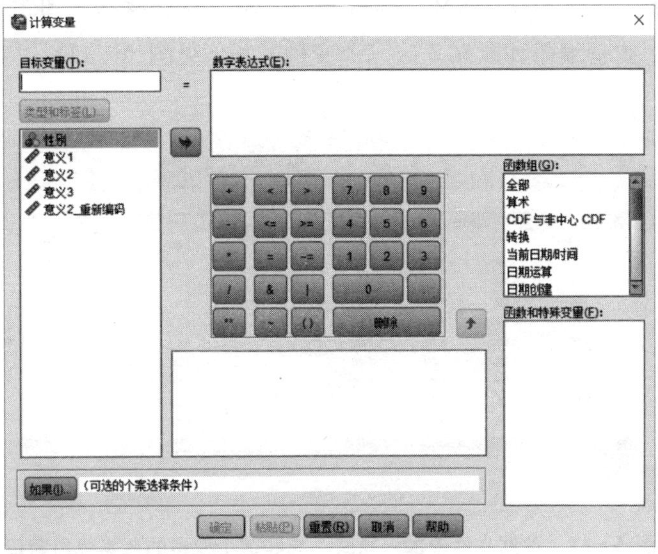

图 A-9 计算变量对话框

其相加[4]。

4. 选中第一个变量**意义 1**，然后单击右箭头按钮以将其移入数字表达式方框。单击数字表达式方框下面的加号（＋）按钮（或者同时按住键盘上 Shift 和＋这两个按键），然后将**意义 2 _ 重新编码**移入数字表达式方框并再次单击加号（＋）按钮。最后，将**意义 3** 移入数字表达式方框。数字表达式方框里的表达式为：意义 1＋意义 2 _ 重新编码＋意义 3（见图 A-10）。

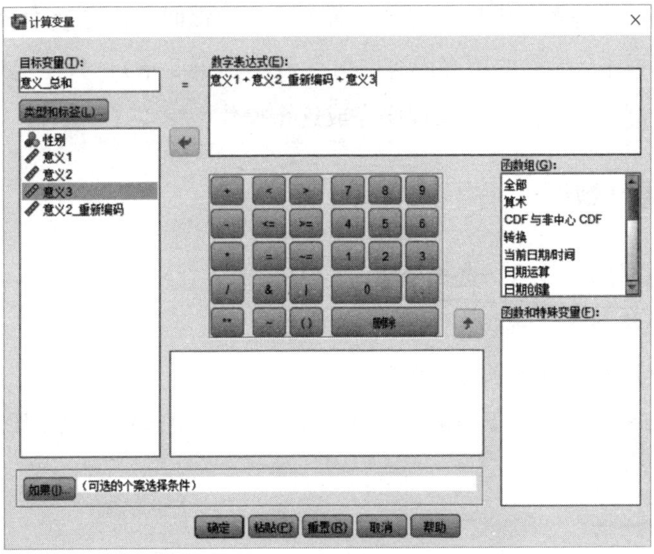

图 A-10 计算变量对话框（接上图）

5. 单击确定。一个名为**意义 _ 综合**的新变量出现在数据视图窗口，它就是**意义 1、意义 2 _ 重新编码**和**意义 3** 这三个变量的和（见图 A-11）。①

	性别	意义1	意义2	意义3	意义2_重新编码	意义_总和	变量
1	1.00	4.00	2.00	5.00	4.00	13.00	
2	1.00	1.00	4.00	2.00	2.00	5.00	
3	1.00	5.00	1.00	5.00	5.00	15.00	
4	1.00	3.00	3.00	3.00	3.00	9.00	
5	1.00	4.00	2.00	4.00	4.00	12.00	
6	2.00	4.00	1.00	5.00	5.00	14.00	
7	2.00	5.00	2.00	4.00	4.00	13.00	
8	2.00	5.00	1.00	5.00	5.00	15.00	
9	2.00	1.00	4.00	1.00	2.00	4.00	
10	2.00	5.00	1.00	5.00	5.00	15.00	

图 A-11 数据文件中加入意义 _ 总和这个变量的数据视图窗口

选择个案程序

分析数据时，可能只需用到数据文件的部分数据。这种情况下，使用选择个案程序。

为说明选择个案程序，我们假定你想对男性进行单样本 t 检验，用以分析男性对**意义 1** 的回答是否与中性回答有显著差异（中性回答即量表中数值为“3”的回答；有关单样本 t 检验的更多内容，可参看本书第 5 章）。只需选用数据文件中的男性数据即可，可用选择个案程序完成这个操作。

只选用男性数据

1. 从菜单栏选择**数据**>**选择个案 ...**（见图 A-12）。

2. 弹出选择个案对话框（见图 A-13）。

3. 在选择区域点选如果条件满足。

4. 单击如果按钮（位于如果条件满足下方），弹出选择个案：If 对话框（见图 A-14）。

---

① 需要注意的是，SPSS 汉化版给出的求和变量（**意义 _ 总和**）是名义尺度，需要在变量视图窗口的测量列将名义尺度改为标度尺度。——译者

图 A－12 选择个案程序的菜单命令

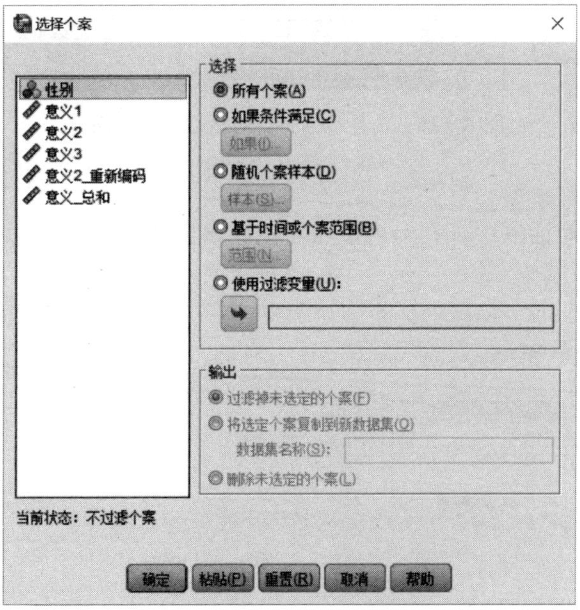

图 A－13 选择个案对话框

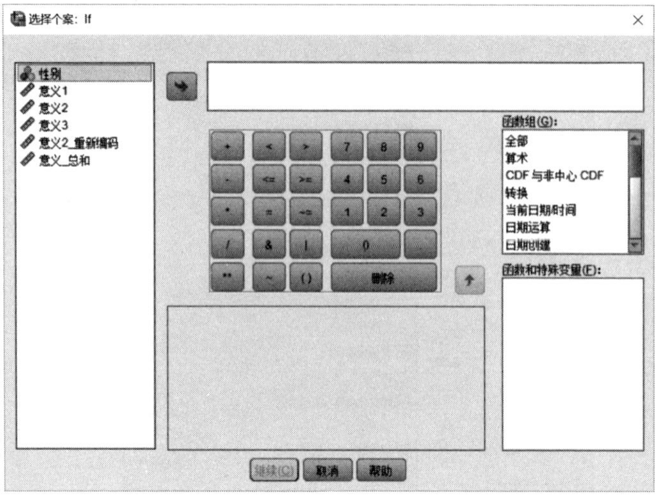

图 A－14　选择个案：If 对话框

5. 选中**性别**变量，单击右箭头按钮以将其移入右侧方框。

我们的目的是将男性数据挑选出来。因为男性被编码为 1，所以在**性别**右侧输入“＝1”（无须输入引号；见图 A－15）。这表示 SPSS 只选用男性数据。

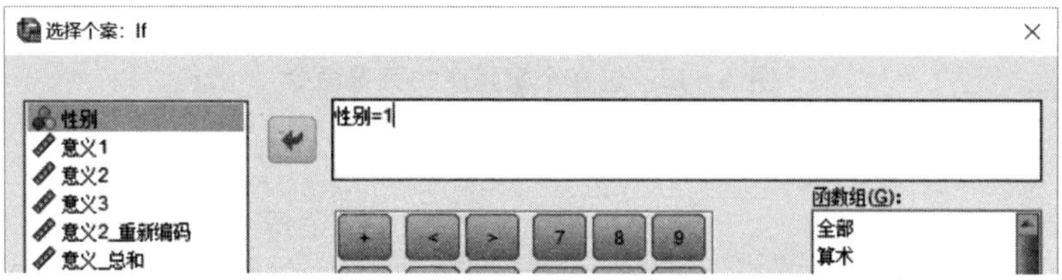

图 A－15　选择个案：If 对话框（接上图）

6. 单击继续。

7. 选择个案对话框中，在如果按钮右侧应该出现性别＝1（见图 A－16）。

8. 单击确定。

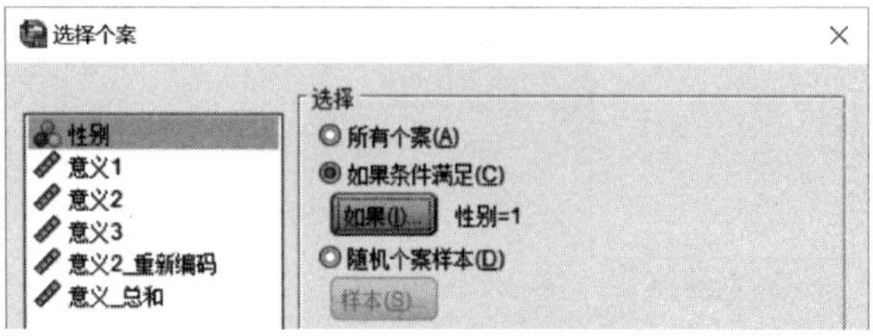

图 A－16　选择个案对话框

可以注意到，在图 A－17 所示的数据视图窗口中，第 6 到第 10 行的行标题上各有一条对角线，这表示分析中不包含这些女性数据。同时，数据文件中出现了一个筛选变量（**filter _ $**），用以表示选中的个案（1 表示该个案被选中，0 表示该个案不被选中）。

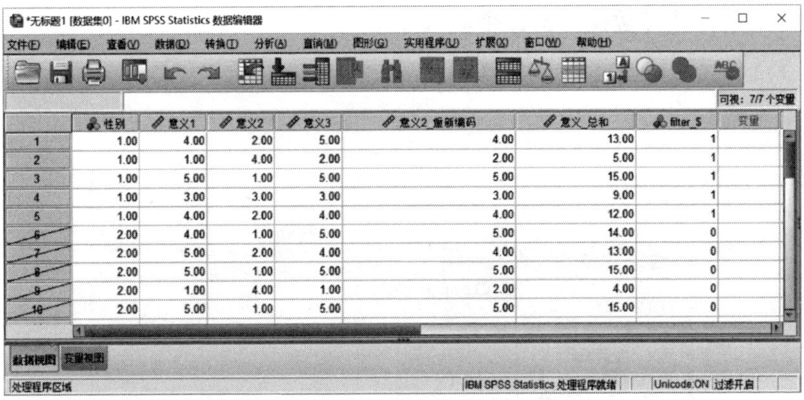

图 A－17　只选用男性的数据文件

为了用选中的数据回答问题，我们需对男性的**意义 1** 数据进行单样本 t 检验。单样本 t 检验的输出结果见图 A－18。

T－检验

单样本统计

	个案数	平均值	标准差	标准误差平均值
意义 1	5	3.400 0	1.516 58	0.678 23

单样本检验

	检验值 = 3					
	t	自由度	显著性（双尾）	平均值差值	差值 95% 置信区间	
					下限	上限
意义 1	0.590	4	0.587	0.400 00	−1.483 1	2.283 1

图 A－18　单样本 t 检验的输出结果

注意在图 A－18 中没有任何迹象表明所分析的是男性数据。但是，单样本统计表列出的个案数为 5，这说明只用到数据文件中 5 位参与者的数据。（作为本书第 5 章内容的回顾，该输出结果表明男性对**意义 1** 的回答与中性回答“3”之间没有显著差异，因为 p 值 0.587 大于 0.05[5]。）

接下来，我们将介绍如何使用拆分文件程序。该程序的适用情况是：先将数据文件拆分成不同部分再对其进行分析。不过，在使用拆分文件程序之前，我们需要取消选择个案程序，以便我们可以利用整个数据文件。如果没有取消选择个案程序，那么所有后续分析都将只对男性数据进行。

取消选择个案程序

1. 从菜单栏选择**数据**>**选择个案…**。
2. 在选择区域点选所有个案（见图 A－19）。
3. 单击确定。

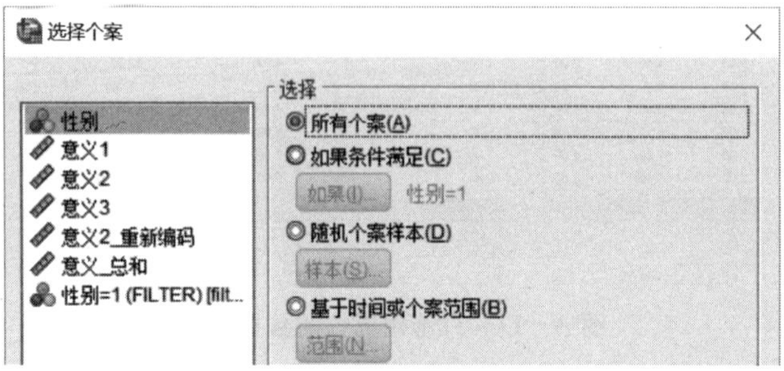

图 A－19 选择个案**对话框**

在数据视图窗口，数据应该都被选中（第 6～10 行的行标题中应该不再有斜线）。虽然筛选变量（**filter _ $**）依然保留在数据文件中，但是它已不起任何作用。若想删掉该变量，则可以单击数据视图窗口中 **filter _ $** 变量的列标题并敲击键盘上的 Delete 键。

拆分文件程序

基于**意义 1** 数据，假定你想做的不是男性的单样本 t 检验，而是男性和女性各自的单样本 t 检验。虽然可以使用选择个案程序，但是我们需要做 2 次分析（男性 1 次，女性 1 次）。相比较而言，拆分文件程序是一种更有效率的方法，它对目标变量的不同分组同时执行分析。下文介绍拆分文件程序。

执行拆分文件程序

1. 从菜单栏选择**数据**>**拆分文件…**（见图 A－20）。
2. 弹出拆分文件对话框（见图 A－21）。

拆分文件的方法有两种：比较组和按组来组织输出。比较组方法将各组结果输出在一张表格，按组来组织输出方法将各组结果输出在不同表格。我们使用比较组方法。

3. 选中比较组。
4. 选中**性别**，然后单击右箭头按钮以将其移入分组依据方框（见图 A－22）。

图 A-20　拆分文件程序的菜单命令

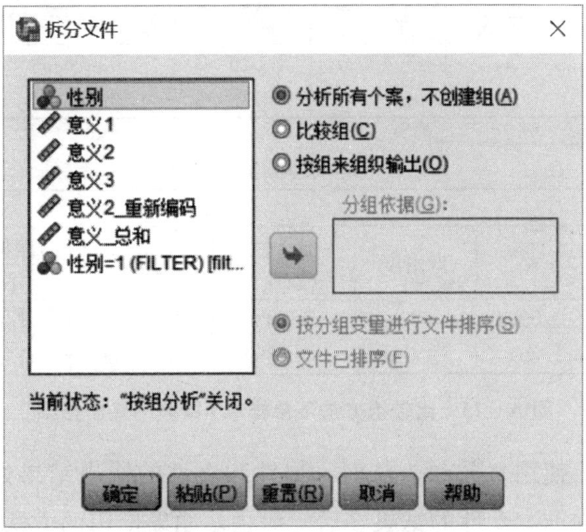

图 A-21　拆分文件对话框

5. 单击确定。

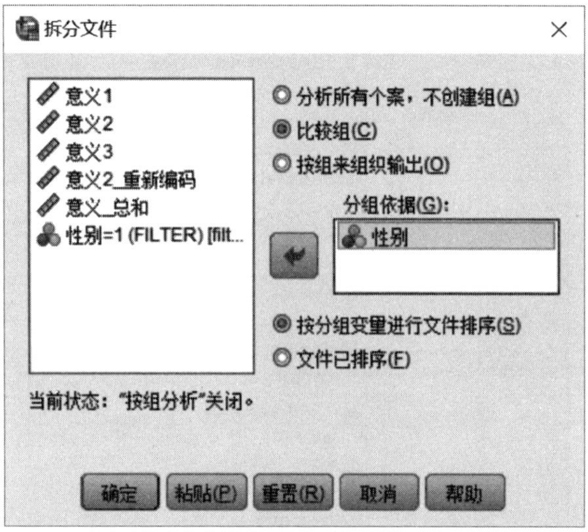

图 A－22　拆分文件对话框（接上图）

单击确定后，你应该在数据编辑器窗口右下角看到“拆分依据 性别”。

男性和女性的输出结果见图 A－23。所检验的问题是，男性或女性对**意义 1** 的回答与中性回答“3”之间是否存在显著差异。（注：有关如何运行单样本 t 检验的更多内容，可参看本书第 5 章。）

T－检验

单样本统计

性别		个案数	平均值	标准差	标准误差平均值
男	意义 1	5	3.400 0	1.516 58	0.678 23
女	意义 1	5	4.000 0	1.732 05	0.774 60

单样本检验

性别		检验值 = 3					
		t	自由度	显著性（双尾）	平均值差值	差值 95% 置信区间	
						下限	上限
男	意义 1	0.590	4	0.587	0.400 00	−1.483 1	2.283 1
女	意义 1	1.291	4	0.266	1.000 00	−1.150 6	3.150 6

图 A－23　比较组方法下单样本 t 检验的输出结果

可以注意到，使用比较组方法时，男性和女性的输出结果处于同一张表格，其中男性的结果在前，女性的结果在后。但是，如果使用的方法是按组来组织输出，那么男性和女性的输出结果将处于不同表格。（同样，作为本书第 5 章内容的回顾，男性或女性对**意义 1** 的平均回答是否显著有别于“3”？二者都不显著，因

为 p 值 0.587 和 0.266 均大于 0.05。)

取消拆分文件程序

与前面选择个案程序讨论的内容一样，你若想继续对整个样本数据执行分析，则要首先取消拆分文件程序。取消拆分文件程序的步骤为：在拆分文件对话框选回分析所有个案，不创建组，然后单击确定（见图 A-24)。(或者，如果在使用拆分文件程序或选择个案程序之后关闭了 SPSS，那么功能选项将在 SPSS 再次启动时自动取消。)

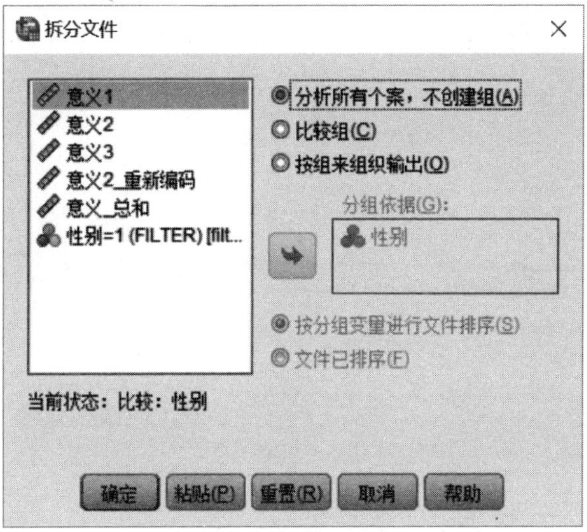

图 A-24 取消拆分文件程序

重新编码程序、计算程序、选择个案程序和拆分文件程序的讨论到此为止。

注 释

1. 虽然重新编码步骤 3→3 显得多此一举，但如果漏了这一步，数据文件中所有取值为 3 的数据就会变成缺失值。

2. 只要重新编码变量的取值范围相同（所有变量的回答都是 1，2，3，4 和 5)，则只需运行 1 次 SPSS，就能对多个变量重新编码。为了添加额外变量，需在每个变量被移入数字变量→输出变量方框时，为相应的重新编码变量分配名称。例如，如果再有一项**意义 4**，且它是负向项目，那么**意义 4** 将被移入数字变量→输出变量方框，同时须在输出变量区域的名称方框输入变量名**意义 4 _ 重新编码**。因为已经为**意义 2 _ 重新编码**变量输入过重新编码数值，所以不用再次输入这些数值。

3. 因为**意义 2** 是负向项目，所以用**意义 2 _ 重新编码**计算量表总分。

4. 加总变量的一个替代方法是在 SPSS 中运行求和（sum）函数。函数是 SPSS 中的内置命令，用以对变量执行特定操作。但是，这些函数的内容超出本书范围。

5. 用 *t* 检验来说明选择个案程序时，因为样本量只有 5 个，所以结果不大可能显著（功效太低）。

附录 B

参考答案

第 1 章　SPSS 介绍

1. C

个案处理摘要[a]

	个案					
	包括		排除		总计	
	个案数	百分比	个案数	百分比	个案数	百分比
年龄	7	100.0%	0	0.0%	7	100.0%
性别	7	100.0%	0	0.0%	7	100.0%
健康水平	7	100.0%	0	0.0%	7	100.0%
活动次数	7	100.0%	0	0.0%	7	100.0%

a. 限于前 100 个个案。

个案摘要[a]

		年龄	性别	健康水平	活动次数
1		86.00	男	4.00	2.00
2		72.00	女	7.00	6.00
3		59.00	女	6.00	5.00
4		86.00	女	8.00	7.00
5		92.00	女	4.00	1.00
6		68.00	男	2.00	3.00
7		73.00	男	8.00	5.00
总计	个案数	7	7	7	7

a. 限于前 100 个个案。

D. 个案摘要表中输出值标签（male/female）。如果创建了值标签，结果中默认输出的就是这些标签，而不是最初在 SPSS 中输入的数值（1，2）。这种做法很好，便于解读结果，以免在忘记把哪组指定为 1、哪组指定为 2 时，把 male 和 female 弄错。

2. B

个案处理摘要[a]

	个案					
	包括		排除		总计	
	个案数	百分比	个案数	百分比	个案数	百分比
therapy	12	100.0%	0	0.0%	12	100.0%
gender	12	100.0%	0	0.0%	12	100.0%
selfesteem	12	100.0%	0	0.0%	12	100.0%
angermanage	12	100.0%	0	0.0%	12	100.0%

a. 限于前 100 个个案。

个案摘要[a]

	therapy	gender	selfesteem	angermanage
1	非引导性	男	25.00	12.00
2	非引导性	男	30.00	15.00
3	非引导性	男	34.00	13.00
4	非引导性	女	28.00	19.00
5	非引导性	女	39.00	21.00
6	非引导性	女	42.00	15.00
7	引导性	男	37.00	9.00
8	引导性	男	29.00	19.00
9	引导性	男	26.00	22.00
10	引导性	女	38.00	17.00
11	引导性	女	43.00	11.00
12	引导性	女	26.00	21.00
总计 个案数	12	12	12	12

a. 限于前 100 个个案。

3. B

个案摘要[a]

	gender	number classes	hoursworked
1	男	3.00	20.00
2	男	5.00	10.00
3	女	5.00	20.00
4	女	4.00	14.00
5	女	6.00	6.00
6	男	2.00	0.00
7	女	1.00	40.00
8	女	3.00	20.00
9	男	5.00	15.00
10	女	6.00	25.00
Total N	10	10	10

a. 限于前 100 个个案。

第 2 章 描述性统计：频率，集中趋势和变异性

1. A. 就性别而言，有 4 个男孩和 4 个女孩。就击球方式而言，有 4 个脚尖击球和 4 个脚后跟击球。

B.

统计

	个人体验	距离	准确性
平均值	4.625 0	38.875 0	5.750 0
标准差	2.615 20	7.100 05	1.832 25

C.

报告

性别		个人体验	距离	准确性
男孩	平均值	5.500 0	42.500 0	6.000 0
	标准差	2.886 75	6.454 97	2.160 25
女孩	平均值	3.750 0	35.250 0	5.500 0
	标准差	2.362 91	6.396 61	1.732 05

三个变量的平均值都是男孩更高，同时男孩在三个变量上的标准差也更大。

D.

报告

击球方式		个人体验	距离	准确性
脚尖击球	平均值	5.000 0	44.000 0	4.500 0
	标准差	2.160 25	4.690 42	1.290 99
脚后跟击球	平均值	4.250 0	33.750 0	7.000 0
	标准差	3.304 04	5.058 00	1.414 21

脚尖击球的个人体验更多（5.00），距离更远（44.00），脚后跟击球的准确性更高（7.00）。脚后跟击球在三个变量上的标准差都更大。

E.

报告

性别	击球方式		个人体验	距离	准确性
男孩	脚尖击球	平均值	5.500 0	47.500 0	4.500 0
		标准差	0.707 11	3.535 53	0.707 11
	脚后跟击球	平均值	5.500 0	37.500 0	7.500 0
		标准差	4.949 75	3.535 53	2.121 32
女孩	脚尖击球	平均值	4.500 0	40.500 0	4.500 0
		标准差	3.535 53	2.121 32	2.121 32
	脚后跟击球	平均值	3.000 0	30.000 0	6.500 0
		标准差	1.414 21	2.828 43	0.707 11

用脚后跟击球的女孩平均个人体验最少（3.00），无论是男孩还是女孩，用脚尖击球方法时，平均准确性都最低（4.50）。在所有四种情况下，用脚尖击球的男孩平均击球距离最远（47.50）。

2. A. 就地理位置（location）而言，每个地区（西海岸、中西部、东海岸）有 10 个人。数据集中有 15 个男性和 15 个女性。

B.

统计

	taste	clarity
平均值	6.866 7	8.133 3
标准差	1.455 86	1.166 58

C.

报告

location		taste	clarity
西海岸	平均值	6.900 0	7.800 0
	标准差	1.286 68	1.032 80
中西部	平均值	7.800 0	8.700 0
	标准差	0.918 94	1.159 50
东海岸	平均值	5.900 0	7.900 0
	标准差	1.523 88	1.197 22

口感（taste）和纯净度（clarity）的平均值以中西部为最大，分别为 7.80 和 8.70。口感（taste）和纯净度（clarity）的标准差以东海岸为最大，分别为 1.52 和 1.20。

D.

报告

gender		taste	clarity
男	平均值	6.666 7	8.066 7
	标准差	1.588 65	1.279 88
女	平均值	7.066 7	8.200 0
	标准差	1.334 52	1.082 33

女性对口感（taste）和纯净度（clarity）的平均评分最高，分别为 7.07 和 8.20。男性对口感（taste）和纯净度（clarity）评分的标准差最大，分别为 1.59 和 1.28。

E.

报告

gender	location		taste	clarity
男	西海岸	平均值	6.600 0	8.000 0
		标准差	1.140 18	1.224 74
	中西部	平均值	8.000 0	8.800 0
		标准差	0.707 11	1.303 84
	东海岸	平均值	5.400 0	7.400 0
		标准差	1.673 32	1.140 18

续表

gender	location		taste	clarity
女	西海岸	平均值	7.200 0	7.600 0
		标准差	1.483 24	0.894 43
	中西部	平均值	7.600 0	8.600 0
		标准差	1.140 18	1.140 18
	东海岸	平均值	6.400 0	8.400 0
		标准差	1.341 64	1.140 18

东海岸男性对口感（taste）和纯净度（clarity）的平均评分最低，分别为 5.40 和 7.40。中西部男性对口感（taste）和纯净度（clarity）的平均评分最高，分别为 8.00 和 8.80。

3. A. 有 15 个男性和 15 个女性。在社会经济地位（ses）的每个组内各有 10 个人，即 10 个低、10 个中、10 个高。

B.

统计

	hourstv	readingscores
平均值	3.150 0	28.266 7
标准差	1.379 22	12.342 62

C.

报告

gender		hourstv	readingscores
男	平均值	3.336 7	25.933 3
	标准差	1.529 76	11.907 18
女	平均值	2.963 3	30.600 0
	标准差	1.235 12	12.732 41

男性 hourstv 的平均值更大（3.34），女性 readingscores 的平均值更大（30.60）。男性 hourstv 的标准差更大（1.53），女性 readingscores 的标准差更大（12.73）。

D.

报告

gender	ses		hourstv	readingscores
男	低	平均值	3.340 0	18.000 0
		标准差	1.477 92	9.874 21
	中	平均值	3.900 0	23.800 0
		标准差	1.039 83	6.300 79
	高	平均值	2.770 0	36.000 0
		标准差	2.031 50	12.165 53

续表

gender	ses		hourstv	readingscores
女	低	平均值	3.340 0	18.000 0
		标准差	1.477 92	9.874 21
	中	平均值	3.600 0	36.400 0
		标准差	0.518 41	11.326 96
	高	平均值	1.950 0	37.400 0
		标准差	0.958 51	6.580 27

中 ses 的男性看电视最久（3.90）。高 ses 的女性平均阅读得分最高（37.40）。

第 3 章　绘制图形

1. A.

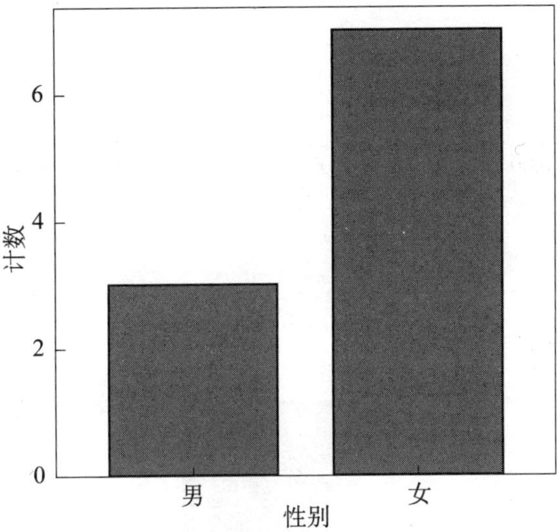

有 3 个男性和 7 个女性。

B.

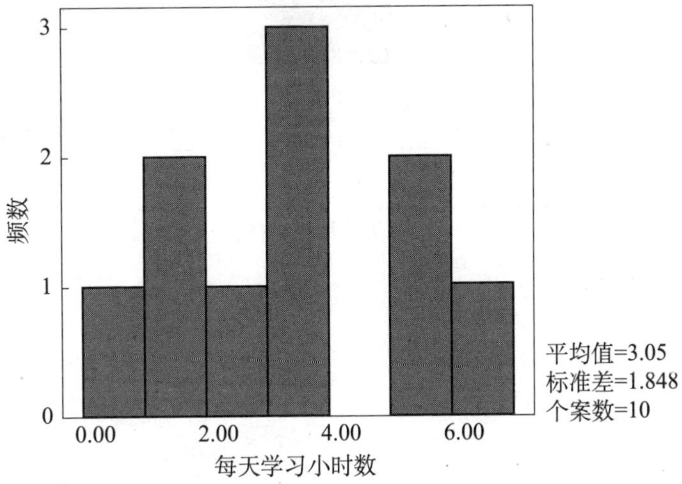

每天用于学习的平均小时数是 3.05 小时。

C.

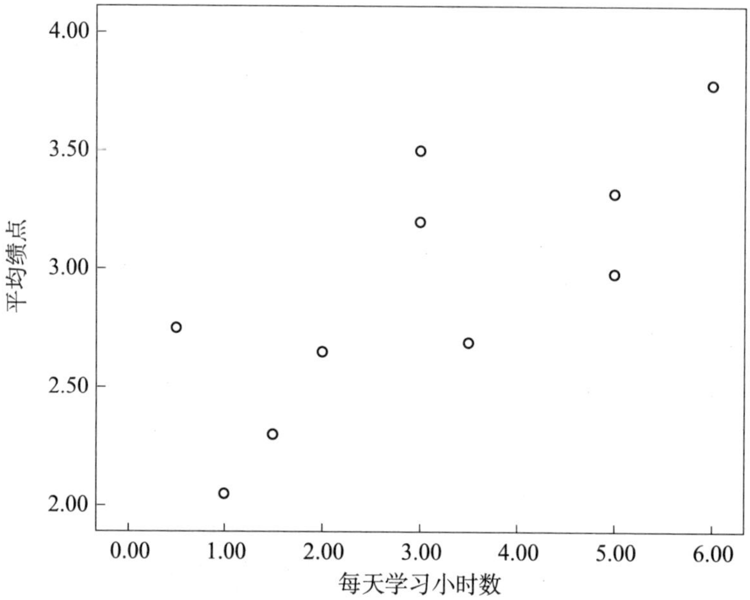

D.

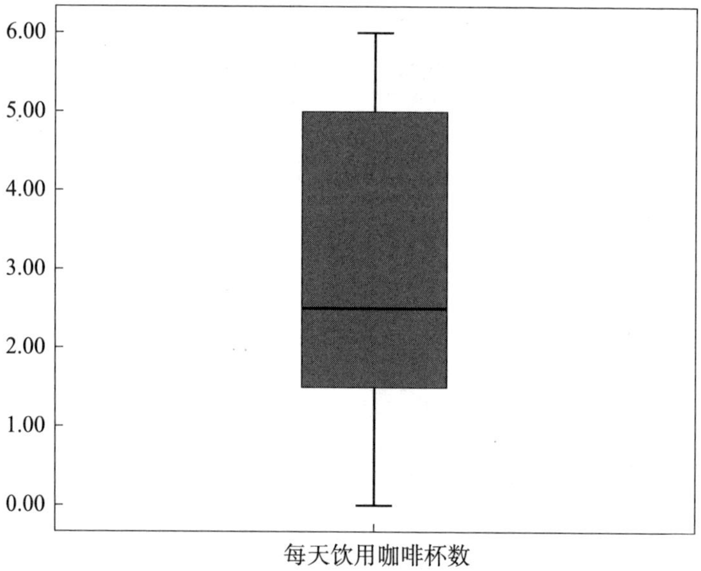

图中无异常值。

2. A.

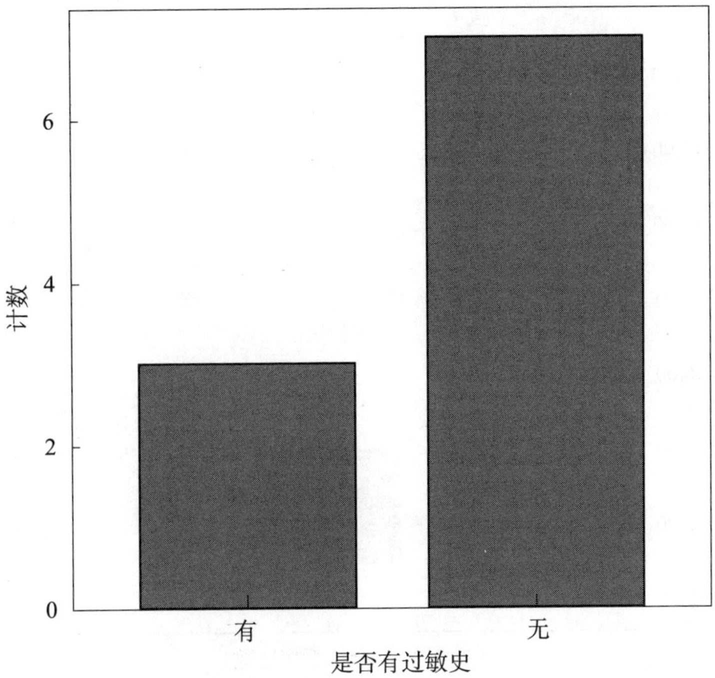

3 个人有过敏史，7 个人无过敏史。

B.

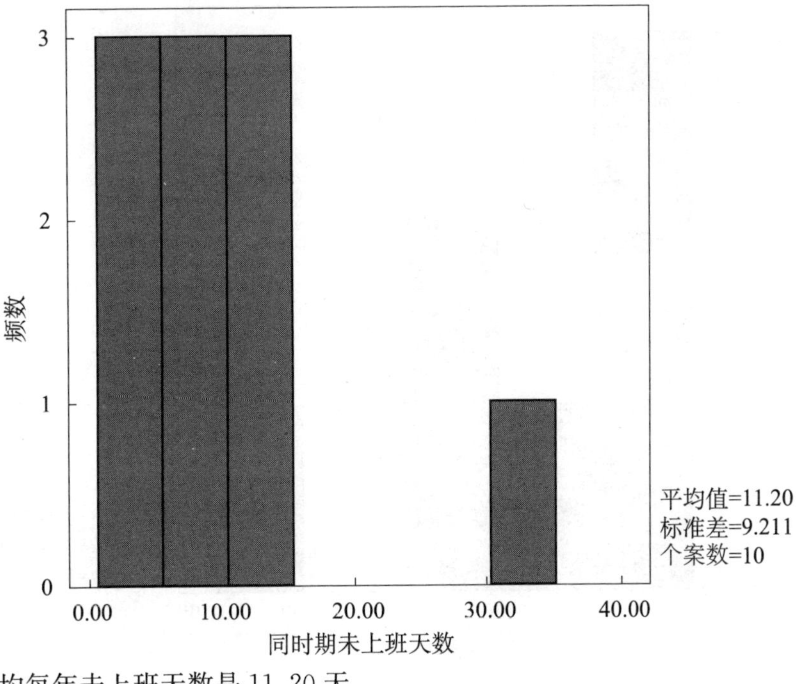

平均每年未上班天数是 11.20 天。

C.

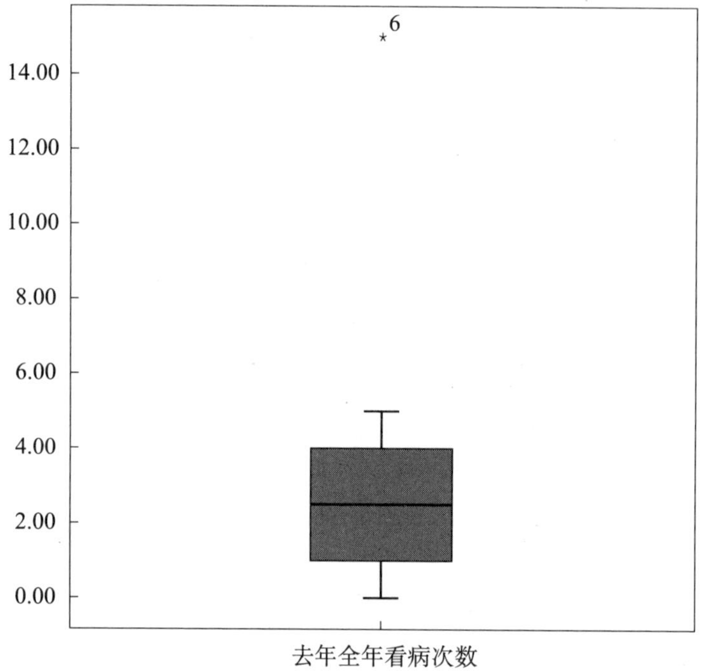

去年看病的 15 个人中第 6 个人是异常值。

3. A.

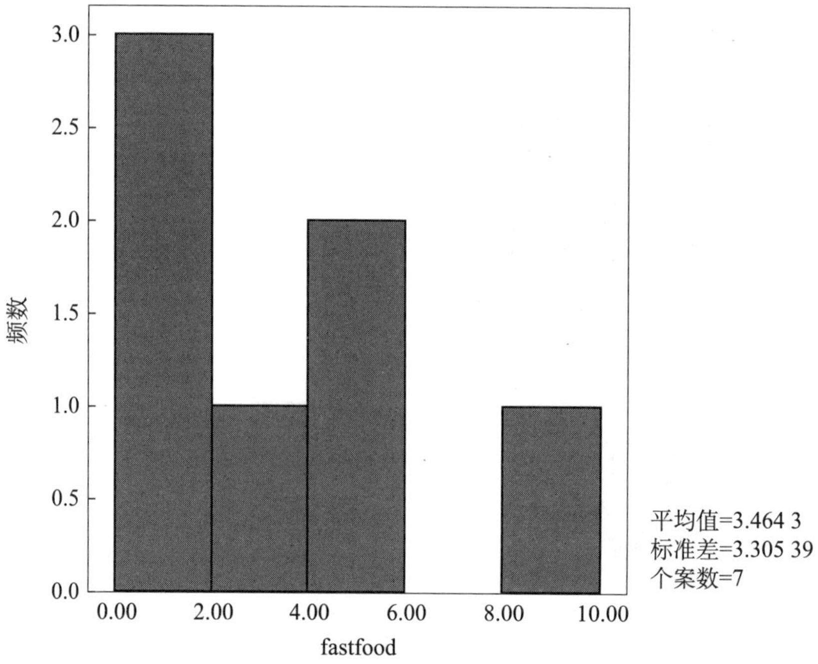

B.

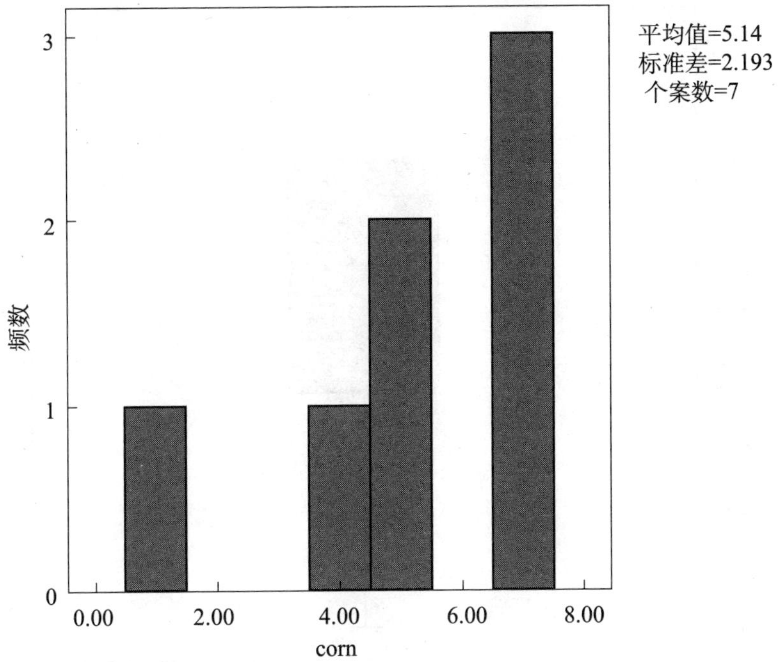

对 corn 的平均喜爱程度值是 5.14。

C.

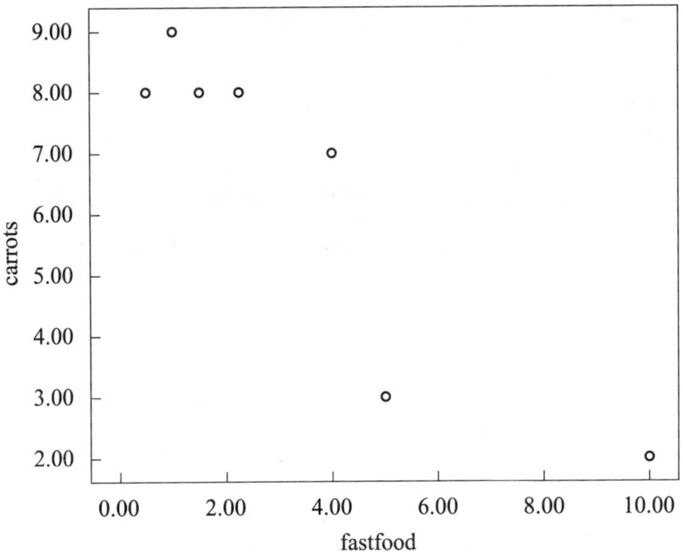

D.

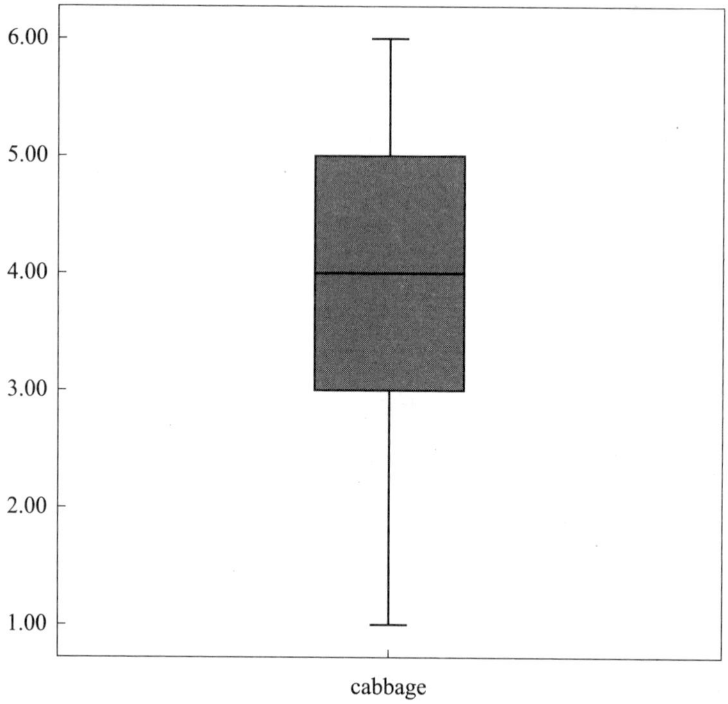

图中无异常值。

第 4 章　可靠性（用系数 alpha 度量）

1. A. alpha 系数＝0.72。

B. 量表可靠性一般。

C. 基于 20 位养老院居民的回答，算得 7 项居民满意度调查的 alpha 系数。量表的可靠性一般，alpha 系数为 0.72。量表总分的平均值为 25.75，方差为 7.18。

2. A. alpha 系数＝0.95。

B. 量表可靠性极好。

C. 基于 30 位被调查者的回答，算得 10 项适应能力调查的 alpha 系数。量表的可靠性极好，具有很高程度的内在一致性，alpha 系数为 0.95。量表总分的平均值为 50.37，方差为 13.59。

3. alpha 系数的估计值很低，因为它是基于组合量表算得的结果。因为两个量表测度不同特征，所以应该分开计算各自的 alpha 系数。回想一下，alpha 系数测度的是一组量表项目的内在一致性。当混合两个测度不同内容的量表时，内在一致性会减低，因为自信和动手能力测度的内容不一样。

第 5 章 单样本 t 检验

1. A. $H_0:\mu = 50$ $H_1:\mu \neq 50$

B. “预言者选中获胜足球队与随机选择（50%）有差异吗?”

C. 否。被调查者的正选率与 50%无差异（p=0.085)。

D. 效应值=(48.006 7−50)/4.043 81=−0.48(或 0.48)。基于 Cohen 准则，该效应值是小的（尽管它接近中等程度的效应值)。

E. 预言者选择获胜足球队的正选率（M=48.07%，SD=4.04%）与随机水平无差异，$t(14) = -1.85$，$p>0.05$，d=0.48。

2. A. $H_0:\mu = 50$ $H_1:\mu \neq 50$

B. “当地学区四年级学生的数学成绩与全国平均水平（50）有差异吗?”

C. 是。这些学生的数学成绩显著高于全国平均水平（p=0.018)。

D. 效应值=(55.44−50)/10.735 77=0.51。基于 Cohen 准则，该效应值是个中等程度的效应值，它表示当地学区学生的数学成绩比全国平均水平高出将近一半的标准差。

E. 当地学区参加新计划的学生，其标准数学考试得分（M=55.44，SD=10.74）显著高于 50 分这个全国平均水平，$t(24) = 2.53$，$p<0.05$，d=0.51。

3. A. $H_0:\mu = 3$ $H_1:\mu \neq 3$

B. “学生是支持还是反对候选人?”

C. 这些学生既不支持候选人也不反对候选人（p=0.290)。

D. 效应值=(3.16−3)/1.056 76=0.15。基于 Cohen 准则，该效应值很小。

E. 这些学生既不显著支持候选人也不显著反对候选人（M=3.16，SD=1.06)，$t(49) = 1.07$，$p>0.05$，d=0.15。

第 6 章 独立样本 t 检验

1. A. $H_0:\mu_{微创} = \mu_{传统}$ $H_1:\mu_{微创} \neq \mu_{传统}$

B. “微创手术和传统手术的疼痛水平之间存在差异吗?”

C. 方差没有显著不同，莱文 F 值为 0.005，$p > 0.05$ 。

D. 是（p=0.001)。

E. $d = -3.58\sqrt{\frac{15+15}{15\times 15}} = -1.31$（或 1.31)。该效应值很大，它表明微创手

术的平均疼痛水平比传统手术低 1.31 个标准差。

F. 微创手术与传统手术的疼痛水平之间存在显著差异，$t(28)=-3.58$，$p<0.05$，$d=1.31$。微创手术（$M=4.73$，$SD=1.67$）的疼痛水平显著低于传统手术（$M=6.87$，$SD=1.60$）。

2. A. $H_0: \mu_{系统脱敏}=\mu_{冲击}$ $H_1: \mu_{系统脱敏}\neq\mu_{冲击}$

B. “接受系统脱敏疗法和接受冲击疗法的两组患者，其蛇焦虑得分之间存在差异吗?”

C. 方差没有显著不同，莱文 F 值为 2.29，$p>0.05$。

D. 是（$p=0.010$）。

E. $d=-2.86\sqrt{\dfrac{10+10}{10\times 10}}=-1.28$（或 1.28）。该效应值很大，它表明接受系统脱敏疗法患者的蛇焦虑得分比接受冲击疗法患者低 1.28 个标准差。

F. 系统脱敏疗法与冲击疗法的蛇焦虑得分之间存在显著差异，$t(18)=-2.86$，$p<0.05$，$d=1.28$。接受系统脱敏疗法患者（$M=47.10$，$SD=6.82$）的蛇焦虑得分少于那些接受冲击疗法的患者（$M=59.30$，$SD=11.64$）。

3. A. $H_0: \mu_{有宠物}=\mu_{无宠物}$ $H_1: \mu_{有宠物}\neq\mu_{无宠物}$

B. “有宠物的养老院和无宠物的养老院中，两组居民的满意度之间存在差异吗?”

C. 方差没有显著不同，莱文 F 值为 0.241，$p>0.05$。

D. 否（$p=0.284$）。

E. $d=-1.08\sqrt{\dfrac{30+30}{30\times 30}}=-0.28$（或 0.28）。该效应值是小的。

F. 有宠物的养老院和无宠物的养老院中，两组居民的满意度之间不存在显著差异，$t(58)=-1.08$，$p>0.05$，$d=0.28$。

第 7 章　相依样本 t 检验

1. A. $H_0: \mu_{观影前}=\mu_{观影后}$ $H_1: \mu_{观影前}\neq\mu_{观影后}$

B. “观看竞选宣传影片之后，被调查者对候选人的态度与观影前有差异吗?”

C. 否（$p=0.001$）。

D. $d=-6/5.73212=-1.05$（或 1.05）。效应值为 1.05，这表明观看竞选宣传影片之后，被调查者对候选人的态度比观影前高出 1.05 个标准差。这个效应值是大的。

E. 观看竞选宣传影片之后（$M=60.13$，$SD=17.53$），被调查者明显比观影前（$M=54.13$，$SD=15.68$）更为喜欢政治候选人，$t(14)=-4.05$，$p<0.05$，$d=1.05$。

2. A. $H_0:\mu_{放松训练前压力}=\mu_{放松训练后压力}$　　$H_1:\mu_{放松训练前压力}\neq\mu_{放松训练后压力}$

B. “放松训练之后与放松训练之前相比，空中交通指挥员的压力水平有差异吗?”

C. 是（$p=0.047$）。

D. $d=1.4/3.69156=0.38$。效应值为 0.38，这表明与放松训练之前相比，放松训练之后的压力水平低了 0.38 个标准差。这个效应值是小的。

E. 与放松训练之前相比（$M=36.23$，$SD=9.76$），空中交通指挥员在放松训练之后的压力水平（$M=34.83$，$SD=8.78$）明显低了，$t(29)=2.08$，$p<0.05$，$d=0.38$。

3. A. $H_0:\mu_{训练前}=\mu_{训练后}$　　$H_1:\mu_{训练前}\neq\mu_{训练后}$

B. “与训练之后相比，接受运动心理学家训练之前的网球射击精度存在差异吗?”

C. 是（$p=0.002$）。

D. $d=-4.2/4.21223=-1.00$（或 1.00）。效应值为 1.00，这表明接受 8 周训练后，网球射击精度提高了 1 个标准差。这个效应值是大的。

E. 与训练之前相比（$M=85.07$，$SD=6.46$），大学网球运动员在训练之后的网球射击精度（$M=89.27$，$SD=5.78$）明显提高了，$t(14)=-3.86$，$p<0.05$，$d=1.00$。

第 8 章　主体间单因素方差分析

1. A. $H_0:\mu_{药品A}=\mu_{药品B}=\mu_{安慰剂}$　　H_1:至少有一个均值与其他不等

B. “周期性偏头痛患者的疼痛程度取决于药品类型吗?”

C. 方差没有显著不同，$F(2,18)=1.27$，$p>0.05$。

D. 是（$p=0.002$）。

E. $\eta^2=\frac{46.205}{93.057}=0.50$。这个效应值是大的。

F. 药品 A 和药品 B 的疼痛水平低于安慰剂。药品 A 和药品 B 的疼痛水平之间无显著差异。

G. 周期性偏头痛患者的疼痛水平随患者所用药品类型的不同而不同，$F(2,$

18）= 8.88，$p<0.05$，$\eta^2=0.50$。由图基事后比较程序的结果可知，使用药品 A（$M=4.64$，$SD=1.61$）或药品 B（$M=4.60$，$SD=1.87$）的患者，其疼痛水平显著低于使用安慰剂（$M=7.76$，$SD=1.30$）的患者。药品 A 和药品 B 的疼痛水平之间无显著差异。

2. A. $H_0:\mu_{摩托车}=\mu_{混合动力汽车}=\mu_{非混合动力汽车}$　H_1:至少有一个均值与其他不等

B. “不同交通工具所有者对油价的失望情绪有区别吗?”

C. 方差没有显著不同，$F(2,27)=0.05$，$p>0.05$。

D. 是（$p<0.001$）。

E. $\eta^2=\frac{101.267}{169.367}=0.60$。这个效应值是大的。

F. 混合动力汽车所有者的失望情绪没有摩托车和非混合动力汽车所有者那么强烈。

G. 不同交通工具所有者对油价的失望情绪不同，$F(2,27)=20.08$，$p<0.05$，$\eta^2=0.60$。由图基事后比较程序的结果可知，混合动力汽车所有者（$M=3.50$，$SD=1.43$）或摩托车所有者（$M=5.80$，$SD=1.69$），其失望感水平显著低于非混合动力汽车所有者（$M=8.00$，$SD=1.63$）。同时，混合动力汽车所有者的失望感水平显著低于摩托车所有者。

3. A. $H_0:\mu_{公司A}=\mu_{公司B}=\mu_{公司C}$　H_1:至少有一个均值与其他不等

B. “不同公司对警报信号的反应时间有区别吗?”

C. 方差没有显著不同，$F(2,42)=0.001$，$p>0.05$。

D. 否（$p=0.974$）。

E. $\eta^2=\frac{132.844}{104\,933.2}=0.001$。这个效应值（基本上）为 0。

F. 方差分析不显著，无须进行图基检验。

G. 不同公司对警报信号的反应时间没有显著差异，$F(2,42)=0.03$，$p>0.05$，$\eta^2=0.001$。

第9章　主体间双因素方差分析

1. A. $H_0:\mu_{男士}=\mu_{女士}$　$H_1:\mu_{男士}\neq\mu_{女士}$

$H_0:\mu_{用手机}=\mu_{不用手机}$　$H_1:\mu_{用手机}\neq\mu_{不用手机}$

H_0:不存在性别×手机使用的交互作用

H_1:存在性别×手机使用的交互作用

B. “男士和女士的驾驶得分之间存在差异吗？”

“边开车边用手机打电话和开车不打电话的驾驶员，其驾驶得分之间存在差异吗？”

“性别和手机使用之间存在交互作用吗？”

C. 各情况的方差之间无显著差异，$F(3,20)=2.47$，$p>0.05$。

D. 性别不显著（$p=0.584$）；手机使用显著（$p<0.001$）；性别×手机使用不显著（$p=0.258$）。

E.

检验	偏 η^2
性别	0.02
手机使用	0.76
性别×手机使用	0.06

手机使用的效应值最大。

F. 以驾驶得分为因变量，性别和手机使用为自变量，进行了主体间 2×2 方差分析。手机使用存在显著作用，$F(1,20)=61.63$，$p<0.05$，偏 $\eta^2=0.76$，其中边开车边用手机打电话的驾驶员（$M=31.58$，$SD=4.42$），其驾驶得分显著低于不打电话的驾驶员（$M=44.50$，$SD=3.53$）。性别不存在显著作用，$F(1,20)=0.31$，$p>0.05$，偏 $\eta^2=0.02$。此外，交互作用也不显著，$F(1,20)=1.36$，$p>0.05$，偏 $\eta^2=0.06$。

2. A. $H_0:\mu_{方法A}=\mu_{方法B}$ $H_1:\mu_{方法A}\neq\mu_{方法B}$

$H_0:\mu_{自然科学}=\mu_{社会科学}$ $H_1:\mu_{自然科学}\neq\mu_{社会科学}$

H_0:不存在方法×专业的交互作用

H_1:存在方法×专业的交互作用

B. “不同教学方法的数学焦虑之间存在差异吗？”

“自然科学和社会科学这两类专业的数学焦虑之间存在差异吗？”

“教学方法和大学专业之间存在交互作用吗？”

C. 各情况的方差之间无显著差异，$F(3,36)=2.26$，$p>0.05$。

D. 教学方法（$p=0.002\,2$）、大学专业（$p=0.001$）以及教学方法×大学专业（$p=0.008$）均显著。

E.

检验	偏 η^2
教学方法	0.24
大学专业	0.27
教学方法×大学专业	0.18

大学专业的效应值最大。

F. 以数学焦虑为因变量，教学方法和大学专业为自变量，进行了主体间 2×2 方差分析。教学方法存在显著作用，$F(1,36)=11.35$，$p<0.05$，偏 $\eta^2=0.24$，其中方法 B（$M=35.55$，$SD=8.44$）的数学焦虑显著低于方法 A（$M=45.75$，$SD=14.29$）。大学专业存在显著作用，$F(1,36)=13.20$，$p<0.05$，偏 $\eta^2=0.27$，其中自然科学专业（$M=35.15$，$SD=9.20$）的数学焦虑显著低于社会科学专业（$M=46.15$，$SD=13.48$）。此外，教学方法×大学专业交互作用也显著，$F(1,36)=7.88$，$p<0.05$，偏 $\eta^2=0.18$。在方法 B 情况下，自然科学专业（$M=34.30$）与社会科学专业（$M=36.80$）的数学焦虑之间差异很小。但是在方法 A 情况下，社会科学专业（$M=55.50$）的数学焦虑显著高于自然科学专业（$M=36.00$）。

3. A. 31～50 磅分组中食用全谷类的减轻重量最多（11.50 磅）。

11～30 磅分组中食用非全谷类的减轻重量最少（0.40 磅）。

B. 对于 11～30 磅分组，食用全谷类所减重量比食用非全谷类稍多（多了 2.00 磅）。但是，对于 31～50 磅分组，食用全谷类所减重量显著多于食用非全谷类（多了 9.40 磅）。交互作用表明，超重 31～50 磅且食用全谷类这一分组所减重量显著多于其他组。全谷类食品似乎对那些实验开始时超重更多的人（31～50 磅）特别有效。

第 10 章　主体内单因素方差分析

1. A. $H_0: \mu_{前3个月}=\mu_{中间3个月}=\mu_{后3个月}$　　H_1：至少有一个均值与其他不等

B. “防旷课项目下，旷课数目随时间变化吗？”

C. 存在显著差异（$p<0.01$——格林豪斯-盖斯勒；$p<0.01$——球形度假设）。

D. 偏 $\eta^2=0.52$。

E. 每个检验的显著水平为 0.016（0.5/3）。

F. 随着时间推移，旷课数显著不同，格林豪斯-盖斯勒调整的 F 值为 $F(1.71,23.98)=15.20$，$p<0.05$，偏 $\eta^2=0.52$。相依样本 t 检验表明，学生在后 3 个月（$M=25.47$，$SD=8.18$）的旷课数显著低于中间 3 个月（$M=32.00$，$SD=7.46$），$t(14)=3.92$，$p<0.016$，也显著低于前 3 个月（$M=33.00$，$SD=7.08$），$t(14)=4.75$，$p<0.016$。但中间 3 个月与前 3 个月的旷课数之间不存在显著差异，$t(14)=0.87$，$p>0.016$。

（注：如果你使用的是球形度假设结果，那么需要将格林豪斯-盖斯勒的自由

度替换为 2 和 28，并在上述结果中删去“格林豪斯-盖斯勒调整的 F 值为”。）

2. A. $H_0: \mu_{治疗之前} = \mu_{4周} = \mu_{8周}$ H_1:至少有一个均值与其他不等

B. “接受心理分析疗法时，幸福感随时间变化吗?”

C. 无显著差异（$p=0.330$——格林豪斯-盖斯勒；$p=0.341$——球形度假设）。

D. 偏 $\eta^2=0.07$。

E. 无须进行后续检验，因为整体方差分析不显著。

F. 接受心理分析疗法时，幸福感得分不随时间变化，格林豪斯-盖斯勒调整的 F 值为 $F(1.50,20.94)=1.12$，$p>0.05$，偏 $\eta^2=0.07$。

（注：如果你使用的是球形度假设结果，那么需要将格林豪斯-盖斯勒的自由度替换为 2 和 28，并在上述结果中删去“格林豪斯-盖斯勒调整的 F 值为”。）

3. A. $H_0: \mu_{免费无线网} = \mu_{付费无线网} = \mu_{没有无线网}$ H_1:至少有一个均值与其他不等

B. “在不同无线网类型情况下，到快餐店用餐的可能性有区别吗?”

C. 存在显著差异（$p<0.01$——格林豪斯-盖斯勒；$p<0.01$——球形度假设）。

D. 偏 $\eta^2=0.70$。

E. 每个检验的显著水平为 0.016（0.5/3）。

F. 在不同无线网类型情况下，到快餐店用餐的可能性显著不同，格林豪斯-盖斯勒调整的 F 值为 $F(1.78,16.00)=20.53$，$p<0.05$，偏 $\eta^2=0.70$。相依样本 t 检验表明，消费者在提供免费无线网快餐店（$M=7.00$，$SD=2.58$）用餐的可能性显著高于提供付费无线网快餐店（$M=3.80$，$SD=2.30$），$t(9)=4.95$，$p<0.016$，也显著高于不提供无线网快餐店（$M=3.40$，$SD=1.96$），$t(9)=5.25$，$p<0.016$。但后两者用餐可能性之间不存在显著差异，$t(9)=0.80$，$p>0.016$。

（注：如果你使用的是球形度假设结果，那么需要将格林豪斯-盖斯勒的自由度替换为 2 和 18，并在上述结果中删去“格林豪斯-盖斯勒调整的 F 值为”。）

第 11 章 主体内有交互作用方差分析

1. A. $H_0: \mu_{认识行为} = \mu_{精神分析}$ $H_1: \mu_{认识行为} \neq \mu_{精神分析}$

$H_0: \mu_{之前} = \mu_{八周} = \mu_{十六周}$ H_1:至少有一个均值与其他不等

H_0:不存在时间×疗法的交互作用

H_1:存在时间×疗法的交互作用

B. “接受认识行为疗法和精神分析疗法的患者，其幸福感得分有差异吗?”

“幸福感得分随时间变化吗？”

“接受认识行为疗法和精神分析疗法的患者，其幸福感得分随时间变化吗（存在交互作用吗）？”

C. 时间（$p=0.007$——格林豪斯-盖斯勒；$p=0.002$——球形度假设）与时间×疗法（$p<0.001$——格林豪斯-盖斯勒；$p<0.001$——球形度假设）均显著。但是疗法不显著（$p=0.388$）。

D.

检验	偏 η^2
时间	0.29
疗法	0.04
时间×疗法	0.49

时间×疗法的效应值最大。

E. 以时间（之前、八周和十六周）为主体内因子，疗法（认识行为和精神分析）为主体间因子，进行了主体内有交互作用的方差分析。时间对幸福感有显著影响，格林豪斯-盖斯勒调整的 F 值为 $F(1.36,24.44)=7.46$，$p<0.05$，偏 $\eta^2=0.29$。两疗法类型对幸福感的影响不显著，$F(1,18)=0.78$，$p>0.05$，偏 $\eta^2=0.04$。时间×疗法这个交互作用显著，格林豪斯-盖斯勒调整的 F 值为 $F(1.36,24.44)=17.02$，$p<0.05$，偏 $\eta^2=0.49$。从交互作用图可知，在治疗之前和八周时，两疗法组的幸福感得分之间没有太大差异。但是，在十六周时，接受认识行为疗法的患者，其幸福感得分显著高于接受精神分析疗法的患者。

（注：对于时间和时间×疗法，如果你使用的是球形度假设结果，那么需要将其格林豪斯-盖斯勒自由度都替换为 2 和 36，并在上述结果中删去“格林豪斯-盖斯勒调整的 F 值为”。）

2. 简单效应分析的结果表明，十六周时，接受认识行为疗法的患者（$M=24.00$，$SD=3.71$），其幸福感得分显著高于接受精神分析疗法的患者（$M=20.00$，$SD=2.94$），$t(18)=2.67$，$p<0.016$。（该检验的 p 值约为 0.0156，可通过如下步骤获得该数值：双击独立样本检验表，然后双击 0.016 这个数值。）在治疗之前，两疗法组患者的幸福感得分无显著差异，$t(18)=-0.54$，$p>0.016$，同样，八周时也无显著差异，$t(18)=-0.25$，$p>0.016$。

3. A. H_0：$\mu_{项目之前}=\mu_{项目四周时}=\mu_{项目八周时}$　　H_1：至少有一个均值与其他不等

B. “在项目开始之前、开始四周和开始八周这 3 个时间点，有导师教师的压力水平有差异吗？”

C. 存在显著差异，时间显著（$p=0.001$——格林豪斯-盖斯勒；$p<0.001$——球形度假设）。

D. 八周时的压力水平显著低于四周时和项目开始之前。项目开始之前和开始四周这两个时点之间不存在显著差异。

E. 用简单效应分析来评价有导师教师在3个时间点的压力水平是否不同。主体内单因素方差分析的结果表明，时间显著，格林豪斯-盖斯勒调整的 F 值为 $F(1.17,10.56)=18.39$，$p<0.05$，偏 $\eta^2=0.67$。取显著性水平为0.016，对每个检验进行了相依样本 t 检验。结果表明，有导师教师在项目开始八周时的压力水平显著低于项目开始之前，$t(9)=4.41$，$p<0.016$，也显著低于项目开始四周时的压力水平，$t(9)=4.46$，$p<0.016$。但是项目开始之前和开始四周两个时间点之间无显著差异，$t(9)=2.49$，$p>0.016$。有导师教师在3个时间点压力水平的平均值和标准差见下表。

（注：如果你使用的是球形度假设结果，那么需要将格林豪斯-盖斯勒的自由度替换为2和18，并在上述结果中删去"格林豪斯-盖斯勒调整的 F 值为"。）

有导师教师在3个时间点的平均值和标准

	有导师教师	
时间	平均值	标准差
之前	41.00	3.30
四周	39.60	4.09
八周	34.70	6.00

第12章　皮尔逊 r 相关系数

1. A. $H_0:\rho=0$　　$H_1:\rho\neq 0$

B. "学习时长和考试成绩之间存在相关关系吗?"

C. $r=0.68$。

D. 显著（$p<0.001$）。

E. 效应值是大的（$r=0.68$）。

F. 学习时长和考试成绩之间存在显著的正相关关系，$r(23)=0.68$，$p<0.05$。

2. A. $H_0:\rho=0$　　$H_1:\rho\neq 0$

B. "婚姻满意度和移情性理解水平之间存在相关关系吗?"

C. $r=0.56$。

D. 显著（$p=0.004$）。

E. 效应值是大的（$r=0.56$）。

F. 婚姻满意度和移情性理解水平之间存在显著的正相关关系，$r(23)=0.56$，$p<0.05$。

3. A. $H_0:\rho=0$　　$H_1:\rho\neq 0$

B. “家长为孩子（3 岁时）读书所花时长与后来孩子二年级时的英语考试成绩之间存在相关关系吗？”

C. $r=0.52$。

D. 显著（$p=0.003$）。

E. 效应值是大的（$r=0.52$）。

F. 家长为孩子（3 岁时）读书所花时长与后来孩子二年级时的英语考试成绩之间存在显著正相关关系，$r(28)=0.52$，$p<0.05$。

第 13 章　一元线性回归

1. A. $H_0:\beta_{父亲}=0$　　$H_1:\beta_{父亲}\neq 0$

B. “父亲的乐观情绪可以预测其儿子（年轻的成年人）的乐观情绪吗？”

C. 显著（$p=0.001$）。

D. $R^2=0.44$。该效应值是大的。

E. $\hat{Y}_{儿子}=16.313+0.571\times$(父亲)。

F. 父亲的乐观情绪是其儿子的显著预测变量，$\beta=0.66$，$t(18)=3.75$，$p<0.05$，$R^2=0.44$。

2. A. $H_0:\beta_{入学考试}=0$　　$H_1:\beta_{入学考试}\neq 0$

B. “7 年级数学入学考试成绩可以预测数学期末成绩吗？”

C. 显著（$p<0.001$）。

D. $R^2=0.38$。该效应值是大的。

E. $\hat{Y}_{期末成绩}=47.92+0.506\times$(入学考试成绩)。

F. 7 年级数学入学考试成绩是数学期末成绩的显著预测变量，$\beta=0.62$，$t(28)=4.17$，$p<0.05$，$R^2=0.38$。

3. A. $H_0:\beta_{随和性}=0$　　$H_1:\beta_{随和性}\neq 0$

B. “员工随和性可以预测主管对其工作的满意度吗？”

C. 不显著（$p=0.093$）。

D. $R^2=0.12$。这是一个中等程度的效应值。

E. $\hat{Y}_{满意度}=5.332+0.097\times$(随和性)。

F. 员工随和性不是主管对其工作满意度的显著预测变量，$\beta=0.34$，$t(23)=1.75$，$p>0.05$，$R^2=0.12$。

第 14 章　多元线性回归

1. A. $H_0:\beta_{工作重要性}=0$　$H_1:\beta_{工作重要性}\neq 0$

$H_0:\beta_{晋升机会}=0$　$H_1:\beta_{晋升机会}\neq 0$

$H_0:\beta_{表达能力}=0$　$H_1:\beta_{表达能力}\neq 0$

B. $H_0:R^2=0$　$H_1:R^2>0$

C.

对每个预测变量：

“工作重要性可以预测工作满意度吗?”

“晋升机会可以预测工作满意度吗?”

“向老板表达想法的能力可以预测工作满意度吗?”

同时考虑所有预测变量：

“合起来看时，工作重要性、晋升机会和向老板表达想法的能力可以预测工作满意度吗?”

D. $R^2=0.57$。整个回归模型显著，$p<0.001$。

E. 工作重要性（$p=0.001$）和表达能力（$p=0.018$）均显著。晋升机会（$p=0.403$）不显著。

F. $R^2=0.57$。该效应值是大的。

G. $\hat{Y}_{工作满意度}=-5.756+1.051\times$(工作重要性）$+0.205\times$(晋升机会）$+1.069\times$(表达能力)

H. 以工作重要性、晋升机会和向老板表达想法的能力为自变量，工作满意度为因变量，进行了多元线性回归。整体上看：回归方程显著，$F(3,26)=11.51$，$p<0.05$，$R^2=0.57$。分别看每个预测变量：工作重要性是工作满意度的显著预测变量，$\beta=0.52$，$t(26)=3.65$，$p<0.05$。向老板表达想法的能力也是工作满意度的显著预测变量，$\beta=0.37$，$t(26)=2.53$，$p<0.05$。但是，晋升机会不是工作满意度的显著预测变量，$\beta=0.11$，$t(26)=0.85$，$p>0.05$。

2. A. $H_0:\beta_{宽恕心}=0$　$H_1:\beta_{宽恕心}\neq 0$

$H_0:\beta_{社会支持}=0$　$H_1:\beta_{社会支持}\neq 0$

B. $H_0:R^2=0$　$H_1:R^2>0$

C.

对每个预测变量：

“宽恕心可以预测幸福感吗？”

“社会支持可以预测幸福感吗？”

同时考虑所有预测变量：

“合起来看时，宽恕心和社会支持可以预测幸福感吗？”

D. $R^2=0.46$。整个回归模型显著，$p=0.001$。

E. 宽恕心（$p<0.001$）显著。社会支持（$p=0.246$）不显著。

F. $R^2=0.46$。该效应值是大的。

G. $\hat{Y}_{幸福感}=5.789+0.399\times$(宽恕心）$+0.299\times$(社会支持)

H. 以宽恕心和社会支持为自变量，幸福感为因变量，进行了多元线性回归。整体上看：回归方程显著，$F(2,22)=9.32$，$p<0.05$，$R^2=0.46$。分别看每个预测变量：宽恕心是显著预测变量，$\beta=0.66$，$t(22)=4.22$，$p<0.05$。但是，社会支持不是幸福感的显著预测变量，$\beta=0.19$，$t(22)=1.19$，$p>0.05$。

3. A. $H_0:\beta_{幸福感}=0$　　$H_1:\beta_{幸福感}\neq 0$

$H_0:\beta_{生活意义}=0$　　$H_1:\beta_{生活意义}\neq 0$

B. $H_0:R^2=0$　　$H_1:R^2>0$

C.

对每个预测变量：

“幸福感可以预测死亡恐惧吗？”

“生活意义可以预测死亡恐惧吗？”

同时考虑所有预测变量：

“合起来看时，幸福感和生活意义可以预测死亡恐惧吗？”

D. $R^2=0.13$。整个回归模型显著，$p<0.05$。

E. 生活意义（$p=0.010$）显著。幸福感（$p=0.176$）不显著。

F. $R^2=0.13$。该效应值是中等程度的效应值。

G. $\hat{Y}_{死亡恐惧}=36.434+0.290\times$(幸福感）$-0.349\times$(生活意义)

H. 以幸福感和生活意义为自变量，死亡恐惧为因变量，进行了多元线性回归。整体上看：回归方程显著，$F(2,47)=3.60$，$p<0.05$，$R^2=0.13$。分别看每个预测变量：生活意义是显著预测变量，$\beta=-0.41$，$t(47)=-2.68$，$p<0.05$。但是，幸福感不是死亡恐惧的显著预测变量，$\beta=0.21$，$t(47)=1.38$，$p>0.05$。

第 15 章　卡方拟合优度检验

1. A. H_0：眼睛大小与吸引力无关（参与者不偏爱两张照片中的某一张）

H_1：眼睛大小与吸引力有关（参与者偏爱两张照片中的某一张）

B. “眼睛大小与吸引力有关吗?”

C. 是（$p<0.001$）。

D. 参与者对大眼睛的照片有显著偏爱，$\chi^2(1,N=80)=20.0$，$p<0.05$。对于两种照片类型，75%的参与者认为大眼睛更具吸引力，25%的参与者认为小眼睛更具吸引力。

2. A. H_0：LED 电视和 LCD 电视的画质之间无差异

H_1：LED 电视和 LCD 电视的画质之间有差异

B. “LED 电视和 LCD 电视的画质之间存在差异吗?”

C. 否（$p=0.535$）。

D. LED 电视和 LCD 电视的画质之间无显著差异，$\chi^2(1,N=65)=0.39$，$p>0.05$。

3. A. H_0：消费者对三种咖啡无偏爱

H_1：消费者对三种咖啡有偏爱

B. “消费者对三种咖啡有偏爱吗?”

C. 是（$p=0.002$）。

D. 消费者对三种咖啡有显著偏爱，$\chi^2(2,N=150)=12.16$，$p<0.05$。对于三种价格水平的咖啡，20%的消费者偏爱 3 美元品牌，41%的消费者偏爱 6 美元品牌，39%的消费者偏爱 10 美元品牌。

第 16 章　卡方独立性检验

1. A. H_0：婴儿时期喂养方式与一年级时体重之间不存在关系

H_1：婴儿时期喂养方式与一年级时体重之间存在关系

B. “婴儿时期喂养方式与一年级时体重之间存在关系吗?”

C. 存在显著关系（$p=0.022$）。

D. 效应值＝－0.13（或 0.13）。这个效应值是小的。

E. 婴儿时期喂养方式与一年级时儿童是否超重之间存在显著关系，$\chi^2(1,N=300)=5.26$，$p<0.05$，V 相关系数为 0.13。用母乳喂养的儿童，其超重比率（16%超重）显著低于不用母乳喂养的儿童（28%超重）。

2. A. H_0：性别和电影偏好之间不存在关系

H_1：性别和电影偏好之间存在关系

B. “性别和电影偏好之间存在关系吗?”

C. 存在显著关系（$p<0.001$）。

D. 效应值=−0.40（或 0.40）。这是个中等程度的效应值。

E. 性别和电影偏好之间存在显著关系，$\chi^2(1, N=160)=26.02$，$p<0.05$，V 相关系数为 0.40。在动作片和剧情片之间做选择时，女性更喜欢剧情片（84%比 16%），男性更喜欢动作片（54%比 46%）。

3. A. H_0：老年人中，运动与心脏病患病率之间不存在关系

H_1：老年人中，运动与心脏病患病率之间存在关系

B. “老年人中，运动与心脏病患病率之间存在关系吗?”

C. 存在显著关系（$p=0.029$）。

D. 效应值=−0.11（或 0.11）。这个效应值是小的。

E. 老年人中，运动与心脏病患病率之间存在显著关系，$\chi^2(1, N=405)=4.77$，$p<0.05$，V 相关系数为 0.11。不运动老年人（13.7%）比运动老年人（6.7%）的心脏病患病率高。

（注：根据 Cohen 准则，尽管效应值小，但是可以注意到，不运动组的心脏病患病率是运动组的 2 倍（13.7/6.7=2.04），这表明小效应值可能对应着数倍的实际重要性。）

参考文献

American Psychological Association (2009). *Publication Manual of the American Psychological Association* (6th ed.). Washington, DC: Author.

Cohen, J. (1988). *Statistical Power Analysis for the Behavioral Sciences* (2nd ed.). Hillsdale, NJ: Lawrence Erlbaum Associates.

Cohen, J., Cohen, P., West, S. G., & Aiken, L. S. (2002). *Applied Multiple Regression/Correlation Analysis for the Behavioral Sciences* (3rd ed.). Mahwah, NJ: Lawrence Erlbaum Associates.

Howell, D. C. (2007). *Statistical Methods for Psychology* (6th ed.). Belmont, CA: Wadsworth.

Maxwell, S. E., & Delaney, H. D. (2004). *Designing Experiments and Analyzing Data: A Model Comparison Perspective* (2nd ed.). Mahwah, NJ: Lawrence Erlbaum Associates.

Stevens, J. P. (2002). *Applied Multivariate Statistics for the Social Sciences* (4th ed.). Mahwah, NJ: Lawrence Erlbaum Associates.

Tabachnick, B. G., & Fidell, L. S. (2007). *Using Multivariate Statistics* (5th ed.). Boston: Allyn and Bacon.

SPSS DEMYSTIFIED：A Simple Guide and Reference，3e by Ronald D. Yockey
ISBN：9781138286283

北京市版权局著作权合同登记号：01－2019－0335

图书在版编目（CIP）数据

SPSS其实很简单：第3版/罗纳德·约克奇著；胡强译.—北京：中国人民大学出版社，2019.9
（管理者终身学习）
书名原文：SPSS DEMYSTIFIED
ISBN 978-7-300-27422-5

Ⅰ.①S… Ⅱ.①罗… ②胡… Ⅲ.①统计分析-软件包 Ⅳ.①C819

中国版本图书馆CIP数据核字（2019）第201939号

管理者终身学习
SPSS其实很简单（第3版）
罗纳德·约克奇　著
胡　强　译
李静萍　校译
SPSS Qishi Henjiandan

出版发行	中国人民大学出版社		
社　　址	北京中关村大街31号	**邮政编码**	100080
电　　话	010－62511242（总编室）		010－62511770（质管部）
	010－82501766（邮购部）		010－62514148（门市部）
	010－62515195（发行公司）		010－62515275（盗版举报）
网　　址	http://www.crup.com.cn		
经　　销	新华书店		
印　　刷	北京宏伟双华印刷有限公司		
规　　格	175 mm×250 mm　16开本	**版　　次**	2019年9月第1版
印　　张	20 插页2	**印　　次**	2025年7月第4次印刷
字　　数	335 000	**定　　价**	49.00元

教师教学服务说明

中国人民大学出版社管理分社以出版经典、高品质的工商管理、统计、市场营销、人力资源管理、运营管理、物流管理、旅游管理等领域的各层次教材为宗旨。

为了更好地为一线教师服务，近年来管理分社着力建设了一批数字化、立体化的网络教学资源。教师可以通过以下方式获得免费下载教学资源的权限：

在中国人民大学出版社网站 www. crup. com. cn 进行注册，注册后进入“会员中心”，在左侧点击“我的教师认证”，填写相关信息，提交后等待审核。我们将在一个工作日内为您开通相关资源的下载权限。

如您急需教学资源或需要其他帮助，请在工作时间与我们联络：

中国人民大学出版社　管理分社

联系电话：010－82501048，62515782，62515735

电子邮箱：glcbfs@crup. com. cn

通讯地址：北京市海淀区中关村大街甲 59 号文化大厦 1501 室（100872）